A PRODUTIVIDADE DA ESCOLA IMPRODUTIVA

EDITORA AFILIADA

Dados Internacionais de Catalogação na Publicação (CIP)
(Câmara Brasileira do Livro, SP, Brasil)

Frigotto, Gaudênio
  A produtividade da escola improdutiva : um (re)exame das relações entre educação e estrutura econômico-social capitalista / Gaudênio Frigotto. — 9. ed. — São Paulo : Cortez, 2010.

  Bibliografia.
  ISBN 978-85-249-1640-3

  1. Capitalismo 2. Educação - Aspectos econômicos I. Título.

10-08607

CDD-370.193
-338.4737

Índices para catálogo sistemático:

1. Capitalismo e educação   370.193
2. Economia e educação   338.4737
3. Educação : Economia   338.4737
4. Educação e capitalismo   370.193

Gaudêncio Frigotto

A PRODUTIVIDADE DA ESCOLA IMPRODUTIVA

um (re)exame das relações entre educação e estrutura econômico-social capitalista

9ª edição
4ª reimpressão

A PRODUTIVIDADE DA ESCOLA IMPRODUTIVA
um (re)exame das relações entre educação e estrutura econômico-social capitalista
Gaudêncio Frigotto

Capa: aeroestúdio
Revisão: Fernanda Magalhães Brito
Composição: Linea Editora Ltda.
Coordenação editorial: Danilo A. Q. Morales

Nenhuma parte desta obra pode ser reproduzida ou duplicada sem autorização expressa do autor e do editor.

© 1989 by Gaudêncio Frigotto

Direitos para esta edição
CORTEZ EDITORA
Rua Monte Alegre, 1074 – Perdizes
05014-001 – São Paulo - SP
Tel.: (11) 3864-0111   Fax: (11) 3864-4290
E-mail: cortez@cortezeditora.com.br
www.cortezeditora.com.br

Impresso no Brasil – dezembro de 2022

A Miguel Domingos e Irma
que na escola do trabalho e da vida,
cultivando a pouca terra,
acumularam uma imensa sabedoria;

que quiseram seus filhos na escola
por entenderem que o domínio do saber
que nela se transmite é uma arma
na luta contra a tirania;

que sabem que a aposentadoria dividida
não é o juro nem a correção monetária
da soma dos seus anos de trabalho explorado,
mas apenas a forma pela qual o capital *aliena*,
degrada e avilta a vida do trabalhador.

A *Edith Ione*, Giovana e Larissa, Alexandra,
de quem e por quem tenho muito amor.

Sumário

Prefácio 11

Posfácio da 5ª edição brasileira e Prefácio da 1ª edição em castelhano 15

Apresentação 21

Introdução 25
  1. O âmbito da problemática.. 25
  2. Estruturação do trabalho... 28
  3. Notas metodológicas: indicação de alguns riscos e
     delimitação de alguns conceitos utilizados........................ 40

Educação como capital humano: uma teoria mantenedora do senso comum 45
  1. Teoria do capital humano: o movimento interno 46
    1.1 O apelo de Adam Smith e seus discípulos................ 46
    1.2 O conceito de capital humano nas análises
       macro e microeconômica....................................... 49
    1.3 O que se aprende na escola e o que é funcional
       ao mundo do trabalho e da produção...................... 57
    1.4 Da análise que "determina" as variações na
       renda (individual ou social) aos "determinantes"
       de rendimento escolar: o determinante que se
       torna determinado.. 60

2. A concepção do capital humano: do senso comum ao senso comum 63

2.1 O caráter de classe do método de análise da teoria do capital humano: o mito da objetividade e da racionalidade 65

2.1.1 O *homo oeconomicus* racional: o indivíduo como unidade-base de análise 69

2.1.2 O "fator econômico" e estratificação social: a transfiguração da classe social em variável... 72

As condições (históricas) que demandam e produzem a teoria do capital humano no desenvolvimento do modo de produção capitalista 82

1. Homem, trabalho e a especificidade do modo de produção capitalista da existência 85

2. A acumulação, concentração e centralização: leis imanentes do movimento de autovalorização do capital e medidas de seus limites 96

3. O Estado intervencionista como articulador dos interesses intercapitalistas e como capitalista: decorrência histórica das novas formas de relações de produção 116

3.1 O Estado intervencionista: decorrência histórica das novas formas de sociabilidade do capital 124

3.2 A teoria do capital humano e a especificidade do *modus operandi* da educação na recomposição imperialista 138

A produtividade da escola "improdutiva": um (re)exame das relações entre educação e estrutura econômico-social capitalista 151

1. Da natureza mediata das relações entre processo produtivo, estrutura econômico-social e processo educativo 154

2. A produção do trabalhador coletivo e as dimensões econômicas da prática educativa 163

3. A desqualificação do trabalho escolar: mediação produtiva no capitalismo monopolista 183
4. O trabalho como elemento de unidade técnico-político na prática pedagógica que medeia os interesses da "maioria discriminada" 203

Problemas e pseudoproblemas: recolocando as questões centrais do trabalho 238

Referências bibliográficas 255

Prefácio

Economia da educação. Eis uma área importante para a compreensão objetiva do fenômeno educativo e que está a exigir esforço sistemático dos estudiosos da educação.

Essa área se converteu em disciplina específica a partir do início da década de 1960 quando da difusão da chamada "teoria do capital humano". É, com efeito, em torno de tal teoria que têm girado os estudos de economia da educação.

No princípio (década de 1960) a referida teoria foi desenvolvida e divulgada positivamente, sendo saudada como a cabal demonstração do "valor econômico da educação". Em consequência, a educação passou a ser entendida como algo não meramente ornamental mas decisivo do ponto de vista do desenvolvimento da economia. Em tais circunstâncias, a economia da educação só não se tornou moda generalizada entre os educadores devido às dificuldades de se lidar com a nomenclatura técnica um tanto hermética das ciências econômicas. (Quem não se lembra das constantes referências ao caráter esotérico do economês?) Nesse momento, a teoria do capital humano se configurou como um dos elementos constitutivos e reforçados da tendência tecnicista em educação.

Em seguida (década de 1970), sob a influência da tendência crítico-reprodutivista, surge a tentativa de empreender a crítica da economia da educação. Buscou-se, então, evidenciar que a subordinação da educação ao desenvolvimento econômico significava torná-la funcional ao sistema capitalista, isto é, colocá-la a serviço dos interesses da classe dominante uma vez que, qualificando a força de trabalho, o processo educativo concorria para o incremento da produção da mais valia, reforçando, em consequência, as relações de exploração. Ilustrativas dessa fase são as obras de Barbara Freitag, *Estado, escola e sociedade* e de Wagner Rossi, *Capitalismo e educação*, publicados respectivamente em 1975 e 1978.

Num terceiro momento (década de 1980), busca-se superar os limites da crítica acima apontada, limites esses marcados pelo caráter reprodutivista próprio da concepção que estava na sua base. Um primeiro esforço sistemático nesse sentido ganha forma no livro de Cláudio Salm, *Escola e trabalho*, publicado em 1980. Aí ele se empenha em fazer a crítica das "críticas" pondo em evidência a improcedência da tese que liga direta e mecanicamente a educação com o processo de desenvolvimento capitalista. Entretanto, no afã de demonstrar a autonomia do desenvolvimento capitalista em relação à educação (o capital — afirma ele — não precisa recorrer à escola para a qualificação da força de trabalho; ele é autossuficiente; dispõe de meios próprios) Salm acaba por absolutizar a separação entre escola (educação) e trabalho (processo produtivo). Assim sendo, a escola não teria a ver com a produção. Como, então, explicar e justificar sua existência? Salm, ao concluir seu livro, limita-se a mencionar uma possível justificativa para a existência da escola: a formação da cidadania.

É nesse debate que se insere o presente livro. Gaudêncio Frigotto é, a meu ver, o educador que melhores qualificações reúne para realizar um empreendimento crítico (não reprodutivista) da economia da educação. De formação originariamente filosófica, Gaudêncio, ao assumir a condição de estudioso das questões educacionais, veio a integrar a competente equipe que desenvolvia o Programa Eciel, responsável por consistentes pesquisas cujo quadro de referência era o "teoria do capital humano". Ao retomar as reflexões filosóficas no contexto do doutorado em filosofia da educação, Gaudêncio vem a preencher os requisitos essenciais para empreender a crítica, com conhecimento de causa e a partir de seu interior, da teoria do capital humano. Com efeito, dispondo do instrumental teórico e tendo compreendido e vivenciado em sua experiência de

A PRODUTIVIDADE DA ESCOLA IMPRODUTIVA

pesquisa as características próprias da teoria do capital humano, estavam preenchidas as condições para desvendar as raízes, isto é, empreender uma crítica radical da referida teoria.

Daí, a estrutura deste livro.

O primeiro capítulo reconstitui a lógica interna à teoria do capital humano pondo em evidência o seu caráter circular e a inversão que marca as análises por ela produzidas.

Mas, qual a razão desta lógica? O que explica o surgimento desta teoria com essa lógica específica? O segundo capítulo se empenha em responder a tais questões através da reconstituição da gênese histórica da teoria em questão. Explicitam-se, então, as condições próprias do desenvolvimento do modo de produção capitalista a partir das quais se produziu a teoria do capital humano.

Está, assim, constituído o arcabouço a partir do qual se desenvolve a tese central do livro: a produtividade da escola improdutiva. Tal é o objeto específico do terceiro capítulo. Percebe-se, então, que a escola não é produtiva a serviço dos indivíduos indistintamente, no seio de uma sociedade sem antagonismos, como supunham os adeptos da teoria do capital humano. Também não é ela produtiva a serviço exclusivo do capital como pretendiam os críticos (reprodutivistas) da referida teoria. E nem mesmo é ela simplesmente improdutiva como pretendeu a crítica da crítica à teoria do capital humano. Como se coloca, então, as relações entre educação e estrutura econômico-social capitalista? Eis a questão que este livro procura esclarecer.

Se a teoria do capital humano estabeleceu um vínculo positivo entre educação e processo produtivo e seus críticos (reprodutivistas) mantiveram esse mesmo vínculo, porém com sinal negativo, a crítica aos críticos expressa no livro de Salm, desvincula a educação do processo produtivo. Ora, nas três situações postulava-se um vínculo direto, afirmado nos dois primeiros casos e negado no terceiro.

Este livro situa, a meu ver, de modo correto a natureza da relação entre educação e processo produtivo uma vez que capta a existência do vínculo mas percebe também que não se trata de um vínculo direto e imediato mas indireto e mediato. A expressão "produtividade da escola improdutiva" quer sintetizar essa tese. Com efeito, se para a teoria do capital humano bem como para seus críticos a escola é simplesmente produtiva e para Cláudio Salm ela é simplesmente improdutiva, para Gaudêncio a escola (imediatamente) improdutiva é (mediatamente) produtiva.

Este livro situa-se, pois, no ponto mais avançado atingido pela economia da educação.

E como o adequado entendimento das relações entre educação e processo econômico é de crucial importância para a compreensão da própria natureza e especificidade da educação, a leitura desta obra é imprescindível a todos os educadores. Constitui, pois, texto de consulta obrigatória nos cursos de formação de professores e especialistas em educação, sendo também de interesse para economistas, historiadores, filósofos e cientistas sociais.

Dermeval Saviani
São Paulo, outubro de 1984

Posfácio da 5ª edição brasileira e Prefácio da 1ª edição em castelhano

A produtividade da escola improdutiva publicado em 1984 no Brasil e com sua 4ª edição esgotada, tem como eixo de análise e apreensão das relações entre os processos econômico-sociais e os processos educativos num contexto em que a crise atual do capitalismo mundial já apresentava fortes indícios.

A questão central que se colocava naquele momento era de tentar entender as determinações históricas, no âmbito das relações sociais capitalistas, que alçaram a educação a um "fator" de produção — *capital humano,* como campo específico da economia. Tamanha era a centralidade deste tema nos anos 1960/70 nas economias desenvolvidas que Theodoro Schultz ganhou, em 1978, o prêmio Nobel de Economia justamente pelo desenvolvimento da *teoria do capital humano.*

A teoria do capital se apresentou nos anos 1970 como uma teoria do desenvolvimento econômico. Postulava explicar, ao mesmo tempo, as desigualdades de desenvolvimento entre as nações e as desigualdades individuais. Para esta teoria a vergonhosa e crescente desigualdade que o capitalismo monopolista explicitava e se tornava cada vez mais difícil de esconder, devia-se, fundamentalmente, ao fraco investimento em educação, esta tida como o *gérmen* gerador de capital humano ou maior e melhor capacidade de trabalho e de produtividade. A fórmula seria simples: maior investimento social ou individual em educação significaria maior produtividade e, consequentemente, maior crescimento econômico e desenvolvimento em termos globais e ascensão social do ponto de vista individual.

O projeto *Mediterrâneo*, patrocinado pela Organização de Cooperação e Desenvolvimento Econômico (OCDE) é, sem dúvida, a expressão mais eloquente da crença das técnicas de previsão de mão de obra (*man-power-aproach* derivadas da teoria do capital humano e, ao mesmo tempo, do seu fracasso). Não obstante o rápido desencanto a nível dos países desenvolvidos, a teoria do capital humano disseminou-se de forma avassaladora na América Latina por intermédio das políticas dos organismos internacionais (Banco Mundial, Fundo Monetário Internacional, Organização Internacional do Trabalho etc.).

A década de 1970 demarca, sem dúvida, o início das políticas educacionais na América Latina vincadas pelo vesgo reducionista do economicismo e resultante tecnicismo e cuja operacionalização se efetiva mediante a fragmentação dos sistemas educacionais e dos processos de conhecimento. Trata-se de políticas impostas, via de regra, por violentas ditaduras. O caso brasileiro é, neste particular, emblemático. Duas reformas, a universitária em 1968 e dos níveis de primeiro e segundo graus em 1971, completam um ciclo de ajuste da educação ao projeto do golpe civil-militar de 1964.

E a situação dos países da América Latina, 25 anos depois, supostamente de grandes investimentos no capital humano, situam-se hoje, na correlação de forças internacionais e na distribuição de renda interna, em melhores condições? Certamente não. E o que ocorreu para que as profecias tão alentadoras da teoria do capital humano não se cumprissem?

A assertativa de Marx, epígrafe do primeiro capítulo deste livro, de que *presos às representações capitalistas (os economistas burgueses) veem sem dúvida como se produz essa própria relação*, nos assinala as razões fundamentais deste fracasso. Ou seja, como nos mostra o sociólogo brasileiro Octavio Ianni, *na sociedade burguesa as relações de produção tendem a configurar-se em ideias, conceitos, doutrinas ou teorias que evadem seus fundamentos reais*.

A PRODUTIVIDADE DA ESCOLA IMPRODUTIVA

O que a teoria do capital humano evade e esconde são as relações capitalistas efetivas de produção, cuja lógica é, ao mesmo tempo, de acumulação, concentração e exclusão. O que estava sendo anunciado no fim dos anos 1960 era, justamente, a crise do padrão de acumulação centrado sobre a organização econômico-social que tinha como referência o Estado-nação e os modos de regulação social-democrata, Estado de bem-estar ou modelo fordista. Como bem o demonstra Eric Hobsbawm em *Nações e nacionalismos* (1991), o capital transnacional sob a hegemonia do capital financeiro — uma espécie de volátil ou nuvem que emigra de acordo com os espasmos da maximização do lucro — implode, do ponto de vista econômico a nação como referência básica. Com esta implosão os patamares de reprodução ampliada do capital, a recomposição dos níveis de lucro vão ter como parâmetro critérios transnacionais. A crise do capital neste final de século expressa só uma vez mais pela incapacidade do capitalismo de solidariamente socializar a enorme capacidade produtiva. A sua lógica o impele ao processo de exclusão e à criação de desertos econômicos e humanos.

E qual o sentido de reeditar este trabalho dez anos depois em uma conjuntura de colapso do socialismo real e onde, aparentemente, o capitalismo provou sua supremacia a ponto de, paradigmaticamente, Fukuyama expor a tese do *fim da história* para significar que a única história viável é a regida pela relações sociais de "tipo natural" — relações capitalistas?

Creio que Pablo Gentili ao prefaciar o livro *A educação e a crise do capitalismo real* (São Paulo: Cortez, 1995), no qual busco apreender as relações entre a base material e ideológica do capitalismo e sua mais ampla e aguda crise, neste final de século, e a educação, situa com precisão o sentido de insistir na reedição.

"Este libro es, de alguna manera, la continuación más elocuente de *A produtividade da escola improdutiva*, texto que todavía hoy continúa siendo de consulta obligada para quienes desarrollan pesquisas en el area de educación y trabajo. Esta linea de continuidad entre dos obras separadas por una década constituye, al mismo tiempo, un dato alentador y trágico. Alentador, porque Frigotto continúa discutiendo de forma clara y decidida los enfoques economicistas que reducen la educación a mero factor de producción, a 'capital humano'. Trágico, porque todavía hoy esta última perspectiva continúa expandiéndose con nuevos ropajes, con inéditas y sedutoras máscaras que convencen, incluso, a muchos intelectuales que las combatian en el pasado."

As novas roupagens ou máscaras, a que se refere Gentili, são as novas categorias de *sociedade do conhecimento, qualidade total, formação flexível, formação de competências e empregabilidade*, que na realidade apenas efetivam uma metamorfose do conceito de capital humano. Os componentes da formação, apenas com uma materialidade diversa exigida pela nova base científico-técnica, são os mesmos que constituem o constructo capital humano: habilidades cognitivas (educação abstrata, polivalente) e traços psicossociais, atitudes, valores etc. (criatividade, lealdade, espírito de equipe, colaboração com a empresa etc.). A subordinação unidimensional do educativo aos processos capitalistas de produção contínua intacta, ainda que mais sutil, velada e, por isso, mais violenta.

Esta subordinação vem hoje sobredeterminada pela avassaladora onda neoliberal que estatui o mercado como o *deus* regular das relações sociais transformando direitos como os da saúde, da educação, da habilitação etc., em mercadoria.

A continuidade da crítica e do desenvolvimento de referenciais e formas alternativas de organização social e de políticas educativas que propomos neste livro continua impondo-se no plano teórico, ideológico, mas sobretudo ético-político. A motivação básica da versão em espanhol é a de ampliar a possibilidade de intercâmbio crítico com intelectuais, professores, estudantes e técnicos que na América Latina sobretudo, mas não só, se empenham historicamente na construção destas alternativas vincadas por uma democracia efetiva no campo social e no campo educativo. Alternativa esta que por entendermos que os direitos básicos como: emprego ou renda mínima que faculte a reprodução digna da vida, saúde, educação habitação, lazer etc., por serem direitos não pode estar subordinados à esfera privada do mercado. Este mostrou-se historicamente incapaz de regular direitos. Trata-se de direitos que pressupõem, contrariamente ao que prega a ideologia neoliberal, uma ampliação crescente da esfera pública com controle democrático do fundo público.

No campo educativo somente na esfera pública é possível construir efetivamente uma alternativa que busque desenvolver as múltiplas dimensões do ser humano. Alternativa esta que neste texto, dentro de uma perspectiva gramsciana denominamos de escola unitária (síntese do diverso), formação omnilateral ou politécnica.

Contraditoriamente, o exame cuidadoso da natureza e especificidade da crise sem precedentes do capitalismo real neste fim de século, mesmo sob os escombros do colapso do socialismo real, nos indica que a razão cínica do *fim da história*, das celebrações apologéticas da sociedade pós-industrial e da "melancólica zombaria da historicidade" (Frederic Jameson, 1994) do pós-modernismo, há espaço para utopias que transcendam a barbárie do mercado. Os seres humanos ainda contam.

Gaudêncio Frigotto
Rio de Janeiro, janeiro de 1999

Apresentação

O presente trabalho tem com objeto de análise um (re)exame das relações entre a prática educativa escolar e a prática de produção social da existência no interior da estrutura econômico-social capitalista. A questão fundamental que o orienta é a de averiguar como a prática educativa, enquanto uma prática social contraditória, à medida que se efetiva no interior de uma sociedade de classes marcada por interesses antagônicos, se articula com os interesses burgueses e com os daqueles que constituem a classe dominada.

A ideia original surgiu na fase de elaboração da dissertação de mestrado do autor, gerada a partir de uma vinculação profissional com o Projeto Educação, do Programa Eciel (Programa de Estudos Conjuntos de Integração Econômica da América Latina). Tratava-se de um projeto que refletia o pensamento mais denso, entre nós, sobre as relações entre economia e educação, na ótica do desenvolvimento da "teoria" do capital humano. A dissertação se desenvolveu sobre uma das questões, ainda em discussão, acerca dos componentes cognitivos e não cognitivos (ideológicos) que se relacionam com o processo produtivo.

Tendo como formação básica a Filosofia, intrigava-nos o avanço e a natureza do pensamento econômico na educação, reduzindo, sob esta vertente, a questão educativa — uma relação política e social — a uma mera relação técnica. Intrigava-nos, de outra parte, o aparato metodológico e a sofisticação estatística dessas análises, e as indicações a que chegavam como, por exemplo, que "o turno escolar" era a variável que concentrava maior explicação na variação do rendimento escolar.

Ao querer analisar a influência e as consequências desse pensamento na política educacional brasileira, deparamos com a necessidade de desvendar a natureza epistemológica e a gênese histórica desse pensamento.

Por quê, a partir de um dado momento, a educação é transvestida com a mesma natureza do capital — "capital humano"? Qual o processo dessa metamorfose? E por quê justamente a "socialização desse capital", e não do capital social — os meios e instrumentos de produção — seria o meio pelo qual os "subdesenvolvidos" ou os assalariados atingiriam a prometida igualdade ou diminuição da desigualdade social?

Por esse caminho entramos em contato com a literatura que critica a teoria do capital humano e tenta averiguar a natureza das relações entre educação e trabalho, educação e a estrutura econômico-social capitalista. Neste percurso deparamo-nos com algumas questões de ordem teórica e prática que nos levaram a encaminhar este trabalho para um (re)exame das análises sobre as relações entre educação e a estrutura econômico-social capitalista.

Esse trabalho contou com a colaboração de muitas pessoas que, de diferentes formas, contribuíram para que algumas limitações fossem superadas.

A Dermeval Saviani, sem dúvida, debitamos grande parte daquilo que nos foi possível desenvolver neste trabalho, por sua orientação durante a elaboração da tese de doutorado[1] e pela densidade dos seus trabalhos publicados que nos desafiaram a tentar ir à "raiz" de alguns problemas.

Gostaríamos de agradecer também a Luís Antônio C. Cunha, pelo exaustivo exame do texto e pelas críticas e sugestões.

Aos colegas de curso de doutoramento que, desde a origem desse trabalho, se constituíram em críticos e colaboradores mais

---

1. O texto deste livro resulta da Tese de Doutorado em Educação defendida na Pontifícia Universidade Católica de São Paulo em agosto de 1983.

próximos. Não há como camuflar o pensar e elaborar coletivo neste trabalho, embora o mesmo guarde o caráter e responsabilidade de produção individual.

À Beatriz Maria Arruda de A. Pinheiro, aluna de graduação do Curso de Pedagogia da USU,[2] que, por sua formação econômica e por seu interesse na análise das questões postas neste trabalho, se dispôs a ler os originais e criticá-los da ótica de uma parcela dos destinatários — os alunos de graduação. As observações feitas nos foram de grande relevância para explicitar mais alguns aspectos e, mesmo, nos convencer de que outros necessitam serem desenvolvidos de outra forma para poderem ser utilizados a esse nível de ensino.

À Ercília Lopes, Regina Heredia Dória e Paulo dos Anjos Matias, respectivamente revisoras do texto e datilógrafo, nosso agradecimento.

Muitas das sugestões e críticas, certamente apenas foram atendidas parcialmente; em alguns dos aspectos criticados mantivemos a posição inicial, face ao caráter por excelência polêmico de boa parte do texto. Com isso queremos isentar a todos aqueles que nos ajudaram nesta obra por quaisquer problemas que por ventura ela engendre. O intuito que nos leva a divulgá-la não é outro senão aquele de entrar de forma mais comprometida no debate sobre o qual se desenvolve e que está longe de ser esgotado. Esse debate é, ao nosso ver, fundamental para dar consistência à nossa prática de educadores e/ou de cidadãos interessados na mudança das relações sociais que produzem a desigualdade e a injustiça.

---

2. Universidade Santa Úrsula.

Introdução

> Estudo e cultura não são para nós outra coisa senão a consciência teórica dos nossos fins imediatos e supremos e do modo de lograrmos traduzi-los em atos.
>
> A. Gramsci

1. O âmbito da problemática

Este trabalho, tanto em sua origem quanto em seu desenvolvimento e consequências, tem uma preocupação concreta e imediata: as atividades que realizamos no interior da pós-graduação em educação a nível de ensino e pesquisa.

Esta opção direciona o trabalho para um tipo de abordagem em que o aspecto "pedagógico", pelo menos em algumas partes, poderá determinar uma esquematização e simplificação da temática. Trata-se de um risco resultante de uma opção por um trabalho endereçado muito menos à "academia", entendida como o *locus* onde são discutidas ideias, e mais àqueles que consomem — muitas vezes sem o saber — no trabalho cotidiano de salas de aula, ou em departamentos de secretarias de educação, os inúmeros *slogans* e postulados derivados da chamada "teoria do capital humano".

Ao longo de cinco anos de trabalho, em contato com uma vasta literatura e pesquisadores que analisam os vínculos entre economia e educação, educação e trabalho (emprego), educação, e crescimento e desenvolvimento econômico, percebemos que a teoria do capital humano, que tem no arsenal da economia neoclássica, na ideologia positivista os elementos constitutivos, os pressupostos de seu estatuto teórico, vem, ao mesmo tempo, se constituindo numa teoria do desenvolvimento e numa "teoria da educação". Essa teoria, por sua vez, é reflexo de determinada visão do mundo, antagônica aos interesses da classe trabalhadora.

Quanto ao primeiro sentido — teoria do desenvolvimento — concebe a educação como produtora de capacidade de trabalho, potenciadora de trabalho e, por extensão, potenciadora da renda, um capital (social e individual), um fator do desenvolvimento econômico e social. Quanto ao segundo sentido, ligado ao primeiro — teoria da educação — a ação pedagógica, a prática educativa escolar reduzem-se a uma questão técnica, a uma tecnologia educacional cuja função precípua é ajustar requisitos educacionais a pré-requisitos de uma ocupação no mercado de trabalho de uma dada sociedade. Trata-se da perspectiva instrumentalista e funcional de educação.

O crescente volume de trabalhos, principalmente no âmbito da economia, sociologia e, mais recentemente, no campo da educação, que buscam efetivar uma crítica a essa teoria, impõe sérios riscos de repetições desnecessárias. É por termos presente isso que, dentro do caráter pedagógico deste trabalho, buscamos explicitar essas posições e indicar qual é a contribuição específica que se pretende dar aqui.

Inicialmente tínhamos como propósito efetivar uma análise histórica da influência e das consequências do pensamento econômico neoclássico introduzido no âmbito educacional, especialmente a partir da década de 1960, nos Estados Unidos, e posteriormente disseminado a nível de países subdesenvolvidos. Repentinamente parece que a "inteligência" imperialista indica aos países subdesenvolvidos e/ou aos miseráveis do mundo subdesenvolvido a chave mediante a qual, sem abalar as estruturas geradoras da desigualdade, é possível atingir a "igualdade" econômica e social — investimento no capital humano.[1]

---

1. M. Blaug nos dá conta de que, já em 1965, a literatura por ele levantada em relação ao investimento no capital humano ultrapassava 800 trabalhos. Estes trabalhos,

O contato com a literatura crítica que se ocupa da análise desse tipo de concepção tem revelado que um número crescente de livros, dissertações ou teses, tem-se empenhado em mostrar o caráter ideológico dessa concepção e suas consequências na política educacional em nosso meio. Notamos, entretanto, que essas análises não mostram a estruturação e evolução interna desse pensamento, seu caráter circular como consequência da ótica de classe que o engendra.

Por outro lado, se essas análises explicitam a conjuntura em que emerge a teoria do capital humano e sua função ideológica, não apreendem, de forma suficiente, as determinações de caráter orgânico do avanço do capitalismo que a produzem. Dito de outra forma, a não apreensão adequada da relação dialética entre a infra e superestrutura; da expansão mais rápida do trabalho improdutivo em face do trabalho produtivo como resultado da dinâmica do processo de produção capitalista cujo objetivo não é satisfazer necessidades humanas, mas produzir para o lucro; da necessária inter-relação entre trabalho produtivo e improdutivo, à medida que passamos de um capitalismo concorrencial para um capitalismo monopolista, onde o trabalho improdutivo é posto como condição de eficácia do trabalho produtivo, levam as análises que discutem as relações entre educação e estrutura econômico-social capitalista a se enviesarem, ora buscando um vínculo direto ora negando qualquer relação.

De fato, os trabalhos que efetivam uma análise crítica da teoria do capital humano têm tomado, basicamente, dois rumos:

a) a visão segundo a qual haveria uma vinculação direta entre educação, treinamento e produtividade — produtividade esta que representa um mecanismo de produção de mais valia relativa para o capital;

b) a visão que estabelece uma crítica tanto à ótica do capital humano quanto à visão dos críticos acima, postulando que a escola "não é capitalista" e o capital prescinde dela. Basicamente referimo-nos aqui à tese de Claudio Salm sobre *Escola e trabalho*.

---

porém, como veremos a seguir, desenvolvem-se dentro de uma mesma postura teórica, decorrente da visão funcionalista e empiricista da economia neoclássica.

O que postulamos em nossa análise é que, tanto os que buscam um vínculo linear entre educação e estrutura econômico-social capitalista, quanto aqueles que defendem um "desvínculo" total, enviesam a análise pelo fato de nivelarem práticas sociais de natureza distinta e de estabelecerem uma ligação mecânica entre infraestrutura e superestrutura, e uma separação estanque entre trabalho produtivo e improdutivo. Tomada a prática educacional enquanto uma prática que não é da mesma natureza daquela fundamental das relações sociais de produção da existência, onde ela se funda, mas enquanto uma prática mediadora que na sociedade de classes se articula com interesses antagônicos, a questão do vínculo direto ou do desvínculo não procede. Também não procede reduzir essa prática ao ideológico.

Seguindo esta direção de análise buscamos, fundamentalmente, mostrar as diferentes mediações que a prática educativa escolar estabelece com o modo capitalista de produção onde, no limite, a "improdutividade", a desqualificação do trabalho escolar, uma aparente irracionalidade e ineficiência em face dos postulados da teoria do capital humano constituem uma mediação produtiva. Por outro lado, concebendo a prática educativa como uma prática que se dá no interior de uma sociedade de classes, onde interesses antagônicos estão em luta, vislumbramos o espaço escolar como um *locus* onde se pode articular os interesses da classe dominada. Destacamos a prática social de produção da existência — as relações de trabalho — historicamente circunstanciadas; o trabalho humano, em suma, como o elemento de unidade técnica e política da prática educativa que articula os interesses da classe trabalhadora. Postulamos aqui, também, que para a escola servir aos interesses da classe trabalhadora não é suficiente desenvolver dentro dela a contraideologia proletária.

2. Estruturação do trabalho

O trabalho, para discorrer sobre a problemática acima esboçada, se estrutura em três capítulos cuja ordem de exposição não coincide com a da investigação.

No primeiro capítulo ocupamo-nos em demonstrar o caráter circular da evolução interna da teoria do capital humano, circularidade esta que deriva da ótica de classe que esconde; ou seja, a teoria do capital humano representa a forma pela qual a visão burguesa reduz a prática educacional a um "fator de produção", a uma questão técnica. Na primeira parte do capítulo buscamos demonstrar, seguindo o movimento interno da teoria, por meio dos enfoques básicos das pesquisas, que o que é determinante na origem passa por uma metamorfose e se constitui em determinado. A educação, o treinamento, que aparecem na teoria como fatores determinantes do desenvolvimento econômico, da equalização social, passam a ser determinados pelo "fator econômico" quando as pesquisas discutem as variáveis explicativas do acesso e do sucesso escolar.

Esse primeiro aspecto nos leva a explicitar a forma pela qual a teoria do capital humano formula seu estatuto epistemológico de tal sorte que, sob a aparência do rigor científico, da formulação e matematização da linguagem, da pretensa neutralidade, se constitui em uma mistificação e reforço do senso comum. Discutimos, sob este aspecto, o caráter de classe da visão positivista da teoria do capital humano, calcado sobre o mito da objetividade e nacionalidade do indivíduo.

Sustentamos, por outra parte, que a relevância dos vínculos que a teoria do capital humano busca estabelecer entre educação e desenvolvimento, educação e trabalho, vale ser explorada não pelo poder que tem de explicar, mas, ao contrário, pelo poder de mascarar a verdadeira natureza desses vínculos no interior das relações sociais de produção da sociedade capitalista. Ao pautar-se por um método positivista de análise, concebendo as relações sociais da sociedade do capital como dadas, produtos naturais, ou simplesmente com relações técnicas, a teoria do capital humano acaba por se constituir numa análise a-histórica. O caráter circular das análises decorre de sua função de efetivar uma apologia das relações sociais de produção da sociedade capitalista.

Em suma, neste primeiro capítulo, procuramos evidenciar que o caráter de classe da visão do capital humano estabelece uma redução: do conceito de homem, de trabalho, de classe e de educação.

O segundo capítulo, na ordem da construção da análise que efetivamos, é o ponto de partida.

O que é intrigante na teoria do capital humano — que postula uma ligação linear entre desenvolvimento e superação da desigualdade social, mediante a qualificação, porque levaria a uma produtividade crescente — é o fato dela surgir quando observamos historicamente uma reorganização do imperialismo, uma exacerbação do processo de concentração e centralização do capital, uma crescente incorporação do progresso técnico da produção — arma de competição intercapitalista — e uma consequente desqualificação do trabalho, criação de um corpo coletivo de trabalho e o anúncio da fase áurea do desemprego e subemprego no mundo.

Por outro lado, o que é aparentemente paradoxal, é que a teoria do capital humano, fundada sobre os pressupostos da economia neoclássica, da visão harmônica da sociedade, na crença do funcionamento linear dos mecanismos de mercado, surge exatamente no bojo dos mecanismos de recomposição da crise do mundo capitalista, onde a monopolização de mercado constrange o Estado a um crescente intervencionismo.[2] Surge exatamente no período histórico onde, ao lado da crise da superprodução, desnuda-se a vergonha do subdesenvolvimento, da miséria, desequilíbrios do consumo e acirramento da contradição capital-trabalho.

Partindo, então, da tese de que

> o modo de produção da vida material condiciona o desenvolvimento da vida social, política e intelectual em geral (e que), não é a consciência dos homens que determina o seu ser, mas, é seu social, inversamente, que determina sua consciência[2] (Marx, K., 1977a, p. 24),

---

2. Neste sentido, P. A. Baran indica que a "ascensão do capital monopolista ao poder econômico e social não implicou, inicialmente, a renúncia dos sacrossantos princípios do individualismo desenfreado, da automaticidade do mercado e da neutralidade do governo. Uma vez que esses princípios serviam admiravelmente como cortina de fumaça [...] os capitães da indústria monopolista não pouparam esforços para difundir e apoiar a ideologia da livre sobrevivência dos mais aptos" (Baran, Paul A. *A economia política do desenvolvimento*. Rio de Janeiro: Zahar, 1972).

A PRODUTIVIDADE DA ESCOLA IMPRODUTIVA

procuramos, neste segundo capítulo analisar as condições históricas, a base material sobre a qual e em função da qual nasce e se desenvolve a teoria do capital humano. Ou seja, em que condições históricas concretas do modo de produção capitalista essa formulação é produzida e encontra o espaço de sua produtividade específica, no interior das relações sociais capitalistas? Qual a mediação, ou as mediações, que tenta efetivar no bojo do movimento global do capital? Quais as contradições que a mesma enseja?

Estas questões encaminham a análise no sentido de mostrar que a teoria do capital humano não é um produto arquitetado maquiavelicamente por indivíduos iluminados, mas faz parte do conjunto de mecanismos que buscam dar conta das próprias contradições e crises do capitalismo em sua etapa de acumulação ampliada. Trata-se de mecanismos que preconizam a crescente intervenção estatal na economia, quer como reguladora da demanda, da distribuição (política de benefícios), quer como programadora de processo produtivo e do consumo (Napleoni, 1978). Tentamos evidenciar, porém, que o Estado capitalista, como regulador da vida do capital, se revela ineficaz. Esta ineficácia não é casual mas reside, de um lado, na natureza privada do capital e, de outro, no fato de o Estado, quer em sua forma liberal, quer em sua forma intervencionista, ser um estado de classe. A contradição fundamental capital-trabalho, capitalista-trabalhador assalarido é um "equilíbrio" que se situa além do alcance e do poder do Estado.

Este segundo capítulo, que busca discutir as condições históricas que produzem e demandam a teoria do capital humano, e que tem por fio condutor as questões acima, constitui-se metodologicamente no referencial básico para dar conta do que discutimos no primeiro capítulo e, principalmente, no terceiro. Esta análise, embora não sendo o foco central da tese, representa a condição sem a qual, a nosso ver, não é possível avançar na discussão das relações entre educação e estrutura econômico-social capitalista. Trata-se de resgatar uma direção de análise, mais que analisar a complexidade do enredo histórico que a mesma engendra. Certamente, ao privilegiarmos o caráter pedagógico e metodológico, corremos o risco de simplificações.

Na primeira parte do capítulo discutimos as categorias básicas — homem, trabalho e modo de produção da existência, buscando mostrar a especificidade do modo de produção capitalista. Especificidade que se define, basicamente, pela cisão do homem em relação às suas condições objetivas de produção da existência mediante o surgimento da propriedade privada e pela estruturação de um modo de produção da existência, onde se produz para o lucro e não para satisfazer as necessidades humanas. Tentamos mostrar que esta cisão se radicaliza à medida que o capitalismo avança. Nesta primeira parte, discutimos também as leis imanentes ao movimento de autovalorização do capital — acumulação, concentração e centralização — e as contradições e crises que advêm deste movimento.

Na segunda parte deste capítulo mostramos que o processo de centralização do capital que configura uma nova organização do mercado, tendo como resultado o processo de monopolização e oligopolização, vai aguçando as crises e contradições do modo capitalista de produção. A suposta livre concorrência, responsável pela harmonia do mercado, historicamente mostra-se inócua.

Uma nova figura é demandada como forma de salvaguardar o interesse do sistema capitalista no seu conjunto. O intervencionismo do Estado, agora também como produtor de mercadorias e de serviços, e mantendo seu poder de coação política e ideológica, passa a ser a forma pela qual o capital tenta contornar o aguçamento das crises cíclicas. O intervencionismo do Estado, neste contexto, não se apresenta como uma escolha, mas como uma imposição histórica das novas formas de sociabilidade do capital. Neste contexto é que são produzidas as teorias e/ou ideologias desenvolvimentistas dentro das quais a teoria do capital humano é uma especificidade no campo educacional. Trata-se de teorias que são produzidas no bojo dos mecanismos de recomposição do imperialismo capitalista, tendo como país líder os Estados Unidos.

Essas teorias têm como função produtiva específica a de evadir, no plano internacional, o novo imperialismo (Magdof, 1978), passando a ideia de que o subdesenvolvimento nada tem a ver com relações de poder e dominação, sendo apenas uma questão de modernização de alguns fatores, onde os "recursos humanos" qualificados — capital humano — se constituem no elemento fundamental. No plano interno dos países passa-se a ideia de que o conflito de classes, o antagonismo capital-trabalho pode ser superado mediante um processo meritocrático — pelo trabalho, especialmente pelo trabalho potenciado como educação, treinamento etc. (teses de Simonsen, Langoni, no Brasil).

A análise da constituição interna da teoria do capital humano que nos revela seu caráter de classe e sua função apologética quanto às relações capitalistas de produção, e a análise das condições históricas que a demandam e produzem iluminam o enfrentamento da questão básica que nos propomos discutir — a relação entre educação e a estrutura econômico-social capitalista.

O terceiro capítulo procura elucidar a controvérsia das relações entre a prática educacional escolar e a estrutura econômico-social no interior do capitalismo atual. Esta controvérsia tem como foco a visão linear dos teóricos do capital humano que postulam que a educação e o treinamento, enquanto potenciadores de trabalho, geram maior produtividade e, como consequência, maior desenvolvimento e maior renda.

Duas vertentes críticas, como já vimos, alimentam essa controvérsia entre nós:

a) a dos que veem a educação como potenciadora de trabalho e, portanto, geradora de produtividade, o que representa não um aumento de renda para o trabalhador, mas um mecanismo de aumento de exploração, de extração de mais valia relativa, pelo capital;

b) a posição segundo a qual tanto os teóricos do capital humano quanto seus "críticos" estão equivocados, na medida em que a escola é uma instituição situada à margem do sistema produtivo capitalista, cujo único vínculo é o ideológico.[3]

---

3. Esta é basicamente a tese que Salm defende ao discutir a relação entre a escola e o processo capitalista de produção. A tese de Salm representa um avanço e uma crítica adequada em relação à visão do capital humano e o tipo de literatura "crítica" aqui aludida. O desdobramento de seu trabalho, porém, que o leva a afirmar que a escola não é capitalista e o capital prescende dela, salvaguardando apenas o papel ideológico, se

Pretendemos demonstrar que a inserção da educação (escolar ou não escolar) no movimento global do capital, a nosso ver, existe e se dá por um processo de diferentes mediações. O vínculo não é direto pela própria natureza e especificidade da prática educativa, que não se constitui em uma prática social fundamental, mas numa prática mediadora.

Defendemos, então, a tese de que a relação que a teoria do capital humano busca estabelecer entre educação e desenvolvimento, educação e renda é efetivamente um truque que mais esconde que revela, e que neste seu escondimento exerce uma parcela de uma produtividade específica. Aceitamos que a educação escolar em geral não tem necessariamente um vínculo direto com a produção capitalista; ao contrário, esse vínculo direto tende a ser cada vez mais tênue, em face do movimento geral do capital de submeter de modo não apenas formal, mas real, o trabalhador produtivo às leis do capital. A história do capitalismo, neste sentido, é um esforço crescente de degradação do trabalho e do trabalhador.

Não aceitamos, porém, as teses que definem a escola apenas como um aparato ideológico, reprodutor das relações sociais de produção capitalista, uma instituição que se coloca à margem do movimento geral do capital porque os vínculos diretos com a produção capitalista são escassos.

Em suma, buscaremos defender a ideia de que a separação entre infra e superestrutura é um exercício de exposição, e por isso, partimos da suposição de que a escola, ainda que contraditoriamente, por mediações de natureza diversa, insere-se no movimento geral do capital e, neste sentido, a escola se articula com os interesses capitalistas. Entretanto, a escola, ao explorar igualmente as contradições inerentes à sociedade capitalista, é ou pode ser um instrumento de mediação na negação destas relações sociais de produção. Mais que isso, pode ser um instrumento eficaz na formulação das condições concretas da superação destas relações sociais

---

revela problemático. Salm efetiva uma separação entre infra e superestrutura, contrariando teoricamente o próprio referencial em que se apoia para sua análise (ver Salm, C. *Escola e trabalho*. São Paulo, 1980).

que determinam uma separação entre capital e trabalho, trabalho manual e intelectual, mundo da escola e mundo do trabalho. Isto nos indica, então, que a escola que não é por natureza capitalista no interior deste modo de produção tende a ser articulada com os interesses do capital, mas exatamente por não ser inerente ou orgânica deste modo de produção, pode articular-se com outros interesses antagônicos ao capital. Nisto se expressa o caráter diferenciado da prática educativa escolar em relação à prática fundamental de produção social da existência e sua especificidade mediadora.

Na análise desta problemática subdividimos o último capítulo em quatro tópicos. No primeiro discutiremos a natureza mediata das relações entre sistema produtivo e processo educativo. Sob este aspecto, procuramos mostrar que a tese que Salm sustenta procede quanto à crítica que faz aos teóricos do capital humano e aos seus "críticos", que veem no processo educativo um mecanismo de produção de mais valia relativa.

Entretanto mostramos que Salm, ao defender a tese de que a escola não é capitalista e o capital prescinde dela, apenas pelo fato de não encontrar um vínculo direto, não apreende o caráter orgânico das relações entre infraestrutura e superestrutura e a inter-relação entre trabalho produtivo e improdutivo.

A evidência do caráter problemático da análise de Salm se estabelece quando, ao admitir apenas o "vínculo ideológico" — e, enquanto tal, algo, de acordo com ele, que diz muito pouco — vai apontar, ao mesmo tempo, como saída para a escola progressista a proposta de Dewey — a formação do cidadão para a democracia. Por que o autor busca em Marx a base para refutar a visão dos teóricos do capital humano e de seus críticos sobre as relações entre educação e modo de produção capitalista e abandona esta perspectiva ao assinalar o papel da escola na perspectiva da mudança desse modo de produção?

No segundo tópico, baseados na compreensão marxista de trabalho produtivo e improdutivo e na evolução das formas de sociabilidade capitalista, detemo-nos em mostrar a sua necessária complementaridade dentro do processo de formação do corpo coletivo de trabalho. Neste âmbito buscamos mostrar diferentes mediações que se podem estabelecer entre o processo produtivo capitalista e o processo educativo escolar. Destacamos, especialmente, o fenômeno da tercialização da sociedade como decorrência histórica da forma de o capital desenvolver-se.

A natureza mediata entre o processo produtivo e a prática educativa escolar é posta, em suma, dentro da apreensão de que o trabalho produtivo, no interior do movimento da expansão capitalista, vai pondo seu outro — trabalho improdutivo. Trabalho produtivo e improdutivo, embora de natureza distinta, são partes de um mesmo movimento total — da produção, circulação e realização do valor.

Entretanto, à medida que a relação mediata entre educação e estrutura econômico-social capitalista se efetiva numa sociedade de classes, vai expressando, cada vez mais nitidamente, os interesses antagônicos que estão em jogo. O conflito básico capital-trabalho coexiste em todas as relações sociais e perpassa, portanto, a prática educativa em seu conjunto. A relação de produção e utilização do saber revela-se, então, como uma relação de classes.

O que a sociedade do capital busca é estabelecer um determinado nível de escolarização e um determinado tipo de educação ou treinamento, nível que varia historicamente de acordo com as mudanças dos meios e instrumentos de produção Esse nível, necessário à funcionalidade do capital, é historicamente problemático ao capital[4] na medida em que, por mais que o capital queira expropriar o trabalhador do saber, não consegue de todo, de vez que a origem deste saber é algo intrínseco ao trabalhador e à sua classe.[5]

---

4. O caráter problemático de escolarização já é nitidamente percebido pelos economistas clássicos que buscam estudar as "leis" que regem e estruturam a sociedade do capital. Smith, por exemplo, expressa essa preocupação quando recomenda "ensino popular pelo Estado, porém em doses homeopáticas" (ver Marx, K. *O capital*. Rio de Janeiro: Civilização Brasileira, 1980. Livro 1, t. 1, p. 144).

5. "Os industriais americanos compreenderam muito bem essa dialética inerente aos novos métodos industriais. Compreenderam que 'gorila domesticado' (referência à frase de Taylor) é apenas uma frase, que o operário continua 'infelizmente' homem e, inclusive, que ele, durante o trabalho, pensa demais, pelo menos, tem muito mais pos-

O terceiro tópico busca, justamente mostrar quais são os mecanismos que o capitalismo monopolista engendra para fazer face ao aumento do acesso à escola e aos anos de escolaridade, de vez que esse aumento se torna irreversível, quer pelas próprias contradições da expansão capitalista, quer pelo aumento de organização da classe trabalhadora.

Apontamos então que, ao movimento histórico de submissão real do trabalho ao capital, consubstanciado pela separação do trabalhador da concepção do processo de produção e de seu instrumento de trabalho, tornando-o mero executor, parece corresponder um esforço necessário de expropriação do saber através de uma crescente desqualificação do trabalho escolar. Se o objetivo do capital é reduzir todo o trabalho complexo a trabalho simples, e se isto implica uma desqualificação crescente do posto de trabalho, para a grande maioria, como poderia a sociedade do capital pensar numa elevação da qualificação para a massa trabalhadora? Neste sentido o processo de produção do saber, enquanto processo que implica pensar, refletir sobre as condições históricas concretas de onde emerge, tende, embora não sem luta, sem conflitos, a reduzir-se a uma transmissão de um "saber" em "pacotes de conhecimentos", um conhecimento pré-programado. Isso não atinge apenas os cursos profissionalizantes, os programas de treinamento, mas essa tendência passa a ser cada dia mais dominante nos diferentes níveis de ensino.

Argumentamos, então, que se o prolongamento da escolaridade — efetivando uma qualificação geral mínima — cumpre mediações importantes para as necessidades do capital, a desqualificação do trabalho escolar, quando a escolaridade se prolonga, no seu aspecto técnico-profissional e no seu aspecto político-cultural, será igualmente necessária aos desígnios do capital. A escola será um

---

sibilidades de pensar principalmente depois de ter superado a crise de adaptação. [...] Só o gesto físico mecanizou-se inteiramente; a memória do ofício, reduzida a gestos simples repetidos em ritmo intenso 'aninhou-se' nos feixes musculares e nervosos e deixou o cérebro livre" (ver Gramsci, A. *Maquiavel, a política e o Estado moderno*. Rio de Janeiro: Vozes, 1978. p. 404).

locus que ocupa — para um trabalho "improdutivo forçado" — cada vez mais gente e em maior tempo e que, embora não produza mais valia, é extremamente necessária ao sistema capitalista monopolista para a realização de mais valia; e, nesse sentido, ela será um trabalho produtivo.

A análise do caso brasileiro, neste particular, é singularmente reveladora. Toda a política educacional, desenhada especialmente após a segunda metade da década de 1960, tem nos postulados da teoria do capital humano seu suporte básico. Ao lado de uma política econômica que velozmente se associa ao capital internacional, cujo escopo é a exacerbação da concentração da renda e da centralização do capital, toma-se a "democratização" do acesso à escola — particularmente à universidade — como sendo o instrumento básico de mobilidade, equalização e "justiça" social. Produz-se, então, a crença de que o progresso técnico não só gera novos empregos, mas exige uma qualificação cada vez mais apurada. De outra parte, enfatiza-se a crença de que a aquisição de capital humano, via escolarização e acesso aos graus mais elevados de ensino, se constitui em garantia de ascensão a um trabalho qualificado e, consequentemente, a níveis de renda cada vez mais elevados.

Mais de uma década e meia tem-se passado e o que se verifica concretamente é que, ao contrário da distribuição de renda, a concentração se acentuou; e, ao contrário de mais empregos para egressos de ensino superior, temos cada vez mais um exército de "ilustrados" desempregados ou subempregados. A realidade, em suma, passa a demonstrar de forma cada vez mais clara que as "promessas" prognosticadas da política econômica e educacional não se cumpriram.

Neste contexto, a desqualificação da escola e, ao mesmo tempo, o aumento da escolaridade desqualificada são amplamente funcionais aos interesses da burguesia nacional associada ao capital internacional. À classe trabalhadora interessa uma escola que lhes dê acesso ao saber historicamente produzido, organizado e acumulado.

Revelar a natureza real das relações de produção de desigualdade, que a teoria do capital humano mascara, bem como mostrar a gênese da produção do desemprego ou subemprego de contingentes cada vez mais elevados de egressos de cursos superiores, formados para o não trabalho, e, mais amplamente, lutar pela qualificação da escola em geral, para transformá-la, é uma forma de aguçar a consciência crítica e instrumentalizar a classe trabalhadora para se organizar na busca da superação das relações sociais vigentes.

Nesta direção, procuramos mostrar que quanto mais eficaz e global for o trabalho escolar, na sua tarefa específica de transmissão do conhecimento elaborado e historicamente sistematizado, tanto mais ele significará um instrumento que se volta contra os interesses do capital. O esforço de nivelar por cima é um esforço contra o privilégio — elemento constitutivo da sociedade de classes. Este esforço, objetivamente, se materializa mediante uma direção política e uma qualidade técnica que vinculam o saber que se processa na escola aos interesses da classe trabalhadora. Saber que, historicamente, sempre lhe foi negado, mediante diferentes mecanismos, que vão da seletividade social ao oferecimento de uma escola desqualificada.

O último tópico centra-se na discussão da questão da unidade do teórico e do prático, do técnico e do político, na perspectiva do resgate da escola para os interesses da classe trabalhadora.

Contrariamente à tese de Salm, que separa "escola e trabalho", e dos teóricos do capital humano, que reduzem o trabalho a emprego, ocupação remunerada, focalizamos o trabalho, enquanto uma relação social que expressa a forma pela qual os homens produzem sua existência, como o elemento de unidade do técnico e do político, do teórico e do prático, no processo educativo.

Para esta análise retomamos, num primeiro momento, a herança teórica marxista e averiguamos em que medida ela efetivamente pode iluminar a tarefa de articulação do processo educativo escolar aos interesses da maioria discriminada — a classe trabalhadora. Em um segundo momento, discutimos alguns aspectos mais específicos sobre a questão da utilização dessa herança teórica numa formação social como a brasileira.

O que nos propomos, em suma, neste trabalho foi a tentativa de:

a) revelar o caráter circular da teoria do capital humano como decorrência da ótica de classe e de sua função apologética das relações capitalistas de produção da existência;

b) mostrar, através da análise da gênese histórica da teoria do capital humano, que a mesma não é resultante de um "maquiavelismo", mas sim uma produção decorrente das novas formas que assume a organização da produção capitalista em sua fase monopolista atual, onde o "novo imperialismo" necessita de mecanismos cada vez mais refinados para elidir seus fundamentos e contemporizar suas crises;

c) evidenciar, por fim, que a natureza específica das relações entre estrutura econômico-social capitalista e educação não é imediata, mas mediata.

No interior do capitalismo monopolista essa mediação se efetiva de diferentes formas: uma escolarização alienada em doses homeopáticas para a grande massa de trabalhadores; prolongamento desqualificado da escola; pelo volume de recursos alocados e que funcionam como realizadores de valor etc. Buscamos mostrar, entretanto, que a prática escolar, enquanto uma prática que se efetiva no interior da sociedade de classes, é perpassada por interesses antagônicos. O saber que se processa na escola, a própria orientação e a organização da escola são alvo de uma disputa. Essa disputa busca vincular "o saber social", produzido e veiculado na escola, aos interesses de classe.

A luta por uma escola de qualidade e a serviço da classe trabalhadora é, em última instância, um aspecto da luta mais ampla pela transformação das relações sociais de produção da existência, que têm como produto a desigualdade orgânica, o não trabalho, o parasitismo e a exploração.

3. Notas metodológicas: indicação de alguns riscos e delimitação de alguns conceitos utilizados

Tem sido usual em dissertações e teses apresentar um capítulo introdutório que contém a descrição dos passos metodológicos seguida de um esboço daquilo que se convencionou chamar de *quadro referencial teórico*. Neste trabalho evitamos adotar este procedimento por entendermos que, na própria forma de exposição, tanto os aspectos de encadeamento metodológico quanto a postura teórica que orienta o estudo devem se tornar claros para o leitor. Se a exposição não consegue tornar perceptíveis esses aspectos, a experiência tem mostrado que o capítulo inicial fica tendo apenas um caráter formal.

Neste item, então, buscamos apenas chamar a atenção para os riscos, especialmente pela forma de abordar a temática em discussão bem como delimitar o sentido que damos a alguns conceitos utilizados.

Para efetivar a análise acima esboçada incorremos em diversos riscos, especialmente levando-se em conta as condições objetivas de que dispomos para a produção deste trabalho. De muitos destes riscos certamente sequer temos consciência — especialmente daqueles ligados aos limites pessoais. Outros, porém, decorrem da própria postura metodológica do trabalho. O risco, neste sentido, é entendido como a condição para avançar na compreensão da problemática em foco.

O trabalho se orienta epistemologicamente pela concepção de que o processo de conhecimento implica delimitações quanto ao campo de investigação, porém não admite atomização do caráter de totalidade do objeto a ser investigado. A parte engendra a totalidade. Neste sentido, a análise da prática educativa escolar e suas relações com a estrutura econômico-social capitalista moveu-se, basicamente, nos âmbitos econômico, sociológico, político e filosófico.

Essa forma de abordar o (re)exame das relações entre a prática educativa escolar e a estrutura econômico-social capitalista decorre da concepção segundo a qual a prática pedagógica escolar não se define, enquanto uma prática social, apenas pelo seu aspecto pedagógico (pedagogismo), e a prática econômica — entendida como a relação social fundamental mediante a qual os homens produzem sua existência — não se reduz a uma visão economicista onde o social, o político e o filosófico estão excluídos. Ora, se tal enfoque se revela complexo, essa complexidade advém das múltiplas determinações que encerra a problemática em questão. O risco, então, não reside no âmbito epistemológico, mas nos limites do próprio autor quanto à apreensão destas diferentes dimensões.

Um outro risco que temos presente é o de que o trabalho, no seu conjunto, assume uma postura que tem como ponto de partida o caráter de classe do processo de conhecimento, à medida que tal processo se efetiva no interior de uma sociedade cindida em classes onde se digladiam interesses antagônicos. Ou seja, o conhecimento, quer em sua produção, quer em sua divulgação, articula-se com interesses de classes. A defesa da neutralidade científica não passa de um mecanismo de defesa do *status quo*, no caso dos interesses burgueses. Ao assumir uma ótica de crítica aos interesses burgueses e postular que tal ótica crítica carrega historicamente mais condições (embora não suficientes) para um desvendamento mais profundo do real, podemos ensejar uma interpretação apressada que se direciona para o relativismo absoluto, o ceticismo ou o caráter doutrinário do conhecimento. Aqui também o risco não reside no âmbito epistemológico, mas na precariedade, talvez, da discussão incorporada no texto sobre essa questão.

Finalmente, um último risco que temos presente em nosso trabalho decorre da sua própria evolução. Ou seja, na medida que passamos da ideia inicial de uma análise contextualizada — influência do pensamento econômico neoclássico veiculado na educação através da "teoria do capital humano", na realidade educacional brasileira — e ficamos ao nível da discussão mais teórica sobre a análise dos vínculos ou desvínculos entre educação e estrutura econômico-social capitalista, podemos incorrer numa análise abstrata. Três razões nos levam a pensar que tal fato não ocorre. Primeiramente, ao nos preocuparmos, de um lado, com a gênese histórica, ou seja, com as condições materiais objetivas que produzem e demandam a teoria do capital humano e, ao mesmo tempo, com a superação das pseudoquestões em relação aos vínculos ou desvínculos entre educação e estrutura econômico-social capitalista, fomos levados a centrar a análise na etapa mais avançada do capitalismo — capitalismo monopolista. Ora, embora o capital monopolista se configure de forma diversa, em formações sociais específicas, o fenômeno da internacionalização do capital se põe, ainda que diferenciadamente, como um fenômeno transnacional. Em segundo lugar buscamos, ao longo do texto, assinalar algumas especificações, no mais das vezes a título de exemplificação. Finalmente, como apontamos anteriormente, o foco central do estudo se localiza na tentativa de avançar na compreensão da problematicidade que subjaz às questões ou falsas questões sobre a relação entre prática educativa e estrutura econômico-social capitalista. Trata-se mais de uma direção teórico-metodológica para definir o caminho mais adequado na análise da especificidade da prática educativa, no conjunto das práticas sociais, no interior de formações sociais capitalistas.

Neste sentido a originalidade — se é que há alguma — deve residir não na temática escolhida, mas na forma pela qual buscamos o desvendamento dos problemas que as questões postas engendram e escondem. Entendemos, então, este trabalho mais como um ponto de partida, um horizonte, uma direção para análises circunstanciadas historicamente, e é por este prisma que gostaríamos que fosse lido. Trabalho que, para nós, transcende a tarefa acadêmica para inserir-se na tentativa de entender e desvendar a realidade, como mecanismo de poder transformá-la.

Ao longo do texto discutimos as categorias *modo de produção da existência, trabalho e homem* por se constituírem nos elementos básicos mediante os quais buscamos dar conta da análise a que nos propusemos. Dispensamo-nos, mediante indicação de referências específicas, de uma explicitação de outras categorias utilizadas, tais como: mediação, totalidade, contradição, por julgarmos que estas referências respondem de forma suficiente à apreensão de tais categorias. Dentro do caráter pedagógico deste trabalho, porém, julgamos importante situar o leitor para algumas categorias e conceitos utilizados, delimitando o sentido que damos neste trabalho.

a) *Classe burguesa, capitalista, dominante* — aparecem no texto como sinônimos e compreendem não apenas os donos (individuais ou associados) dos meios e instrumentos de produção, mas também aqueles que, embora não proprietários, constituem o *funcionário coletivo do capital*, ou seja o conjunto daqueles que gerem, representam e servem ao capital e suas exigências (Gorz, 1983).

b) *Classe proletária, trabalhadora, dominada, maioria discriminada* — também aparecem como sinônimos e designam o conjunto dos trabalhadores que no interior das relações capitalistas de produção, de uma forma ou de outra, são expropriados pelo capital.

Não estamos ignorando a heterogeneidade e mesmo as segmentações que historicamente se fazem presentes no interior das classes fundamentais e nem a diferenciação existente que ocorre em formações sociais específicas. De outra parte, não desconhecemos o fenômeno complexo e tampouco resolvido daquilo que a literatura sociológica identifica como "camadas médias", "pequena burguesia tradicional" e a "nova pequena burguesia" (Poulantzas, 1978). O que importa neste trabalho é demarcar os polos fundamentais que constituem a estrutura social capitalista, e que não se definem simplesmente pela propriedade ou não propriedade dos meios e instrumentos de produção, mas pela identidade de interesses, visão de mundo e realidade.

c) *Educação e/ou prática educativa* — embora neste trabalho estejamos nos referindo mais especificamente à prática educativa que se dá na escola, em diferentes momentos mostramos que a mesma se efetiva nas relações sociais de produção da existência no seu conjunto. A educação e/ou a prática educativa é, então, concebida

> como uma prática social, uma atividade humana concreta e histórica, que se determina no bojo das relações sociais entre as classes e se constitui, ela mesma, em uma das formas concretas de tais relações. (Grzybowski, 1983)

Dentro desta perspectiva, a prática educativa escolar é concebida como uma prática social contraditória que se define no interior das relações sociais de produção da existência, que se estabelecem entre as classes sociais, numa determinada formação social.

Nesta perspectiva, a prática educativa que se efetiva na escola é alvo de uma disputa de interesses antagônicos. Sua especificidade política consiste, exatamente, na articulação do saber produzido, elaborado, sistematizado e historicamente acumulado, com os interesses de classe.

Educação como capital humano: uma teoria mantenedora do senso comum

> Presos às representações capitalistas (os economistas burgueses), veem sem dúvida como se produz dentro da relação capitalista, mas não como se produz essa própria relação.
>
> *Marx*

Neste capítulo apresentaremos inicialmente as teses básicas da teoria do capital humano e mostraremos que elas são um desdobramento singular dos postulados da teoria econômica marginalista aplicados à educação. Não objetivamos fazer um tratado sobre a teoria marginalista, mas apenas recuperar os vínculos do capital humano com esta visão.[1] Discutiremos, num segundo momento, que o caráter circular das abordagens econômicas da educação, baseadas

---

1. A visão econômica marginalista caracteriza-se pela postura metodológica positivista que busca apreender o funcionamento da economia mediante a análise de unidades isoladas ou agentes econômicos (indivíduos, firmas) e, a partir desta visão atomizada, elabora uma teoria da economia como um todo mediante a agregação do comportamento destas unidades. O termo marginalista deriva da visão de que o indivíduo, dotado de "racionalidade" e "liberdade", faz as escolhas econômicas de acordo com a utilidade marginal ou desutilidade marginal dos bens disponíveis. Isto por sua vez, decorre, da concepção de que o "indivíduo", enquanto *homo oeconomicus*, relaciona racionalmente os seus desejos, as suas necessidades, seu orçamento com os preços dos bens, atingindo sempre, mediante esta relação, uma escolha ótima, o equilíbrio (ver, a esse respeito,

na perspectiva do capital humano, é decorrência do caráter positivista da teoria econômica que lhe serve de base — teoria esta que se constitui em uma apologia das relações sociais de produção da sociedade burguesa. Buscaremos evidenciar que o método de análise positivista constitui-se, então, na forma específica da visão burguesa dos nexos entre educação e desenvolvimento, educação e trabalho, capital e trabalho. Nexo este que esconde a verdadeira natureza de exploração das relações sociais de produção capitalista, determinando que esta teoria se constitua em um poderoso instrumento de manutenção do senso comum. A teoria mostra-se fecunda enquanto uma ideologia, tanto no sentido de falseamento da realidade quanto no de organização de uma consciência alienada.

1. Teoria do capital humano: o movimento interno

Buscamos, neste item, caracterizar de forma rápida o movimento interno da teoria do capital humano. Trata-se, como veremos, de um movimento que guarda em seu interior um caráter circular, um pensamento em "giro", recorrente aos mesmos supostos, mas que se desdobra em linhas muitas vezes aparentemente contrárias. Os supostos, o arsenal teórico sobre o qual a teoria se move, não são postos em questão. O movimento se dá exatamente na tentativa de encontrar, no mundo da imediaticidade empírica, de forma cada vez mais rigorosa, elementos que sustentam os supostos. Não nos demoraremos em demonstrar as polêmicas internas da teoria, apenas apontaremos os diversos deslocamentos das abordagens.

1.1 O apelo de Adam Smith e seus discípulos

É quase um lugar-comum entre aqueles que analisam os vínculos entre educação e desenvolvimento, educação e renda, educação

---

Himmelweit, S. O indivíduo como unidade básica de análise. In: Green, F.; Nore, P. *A economia um antitexto*. Rio de Janeiro: Zahar, 1979. p. 35-52).

A PRODUTIVIDADE DA ESCOLA IMPRODUTIVA

e mobilidade social apoiarem-se em alguns pensamentos da obra de Smith e seus discípulos. Este apelo, no mais das vezes, aparece como a busca de um critério de autoridade para realçar os desdobramentos de abordagens que pouco ou nada têm a ver com o que esses autores escreveram naquela época, e menos ainda com o método de investigação por eles adotado.[2] Uma das passagens clássicas de Smith, citada em grande número de trabalhos, é a seguinte:

> Um homem educado à custa de muito esforço e tempo para qualquer emprego que exige destreza e qualificações especiais pode ser comparado a uma daquelas máquinas caras. O trabalho que ele aprende a realizar, como será de esperar, acima dos salários habituais da mão de obra comum, compensar-lhe-á todo o custo de sua educação, com, pelo menos, os lucros habituais de um capital igualmente valioso.[3]

J. Stuart Mill, em 1848, quase um século depois da obra de Smith, na sua exposição sobre a economia política clássica retoma o pensamento de Smith de forma mais contundente:

> Para o propósito, pois, de alterar os hábitos da classe trabalhadora [...] a primeira coisa necessária é uma eficaz educação nacional das crianças da classe trabalhadora. Pode-se afirmar sem hesitação que o objetivo de toda a formação intelectual para a massa das pessoas deveria ser o cultivo do bom senso; o torná-las aptas a formular um julgamento sadio das circunstâncias que as cercam. Tudo o que se pode acrescentar a isso, no domínio intelectual, é sobretudo decorativo.[4]

---

2. De fato, enquanto os primeiros estavam preocupados em identificar as leis que regiam a sociedade capitalista nascente sem, no entanto, tirar dessas análises as consequências políticas, como dirá Marx ao criticá-los, os segundos se movem mais dentro de uma ótica "vulgar" de economia preocupados na apologia das relações sociais de produção vigentes nesta sociedade.

3. Smith, Adam. *A riqueza das nações*, 1776. Livro 1, Cap. 10. É preciso frisar que o conceito de educação, no contexto do trabalho de Smith, é nitidamente identificado com ensino vocacional, treinamento, formação profissional. Não guarda, portanto, o sentido genérico dado hoje, especialmente quando se apela para a ideia de Smith ou a ideia geral de capital humano, para justificar determinadas políticas governamentais.

4. Stuart Mill, J. *The principles of political economic*, 1848, apud Launay, J. Elementos para uma economia política de educação. In: Durand, José C. G. (Org.). *Educação e hegemonia de classe*. Rio de Janeiro: Zahar, 1978. p. 179. A concepção de educação como trei-

A. Marshal (1980), embora considere a educação "o mais valioso capital que se investe nos seres humanos", considera que a analogia feita por Smith entre o investimento em máquinas e educação é imperfeita pelo fato de o "trabalhador vender seu trabalho mas permanecer ele mesmo a sua propriedade", e pela intervenção de fatores que limitam o investimento na educação, como o poder aquisitivo das famílias. (Marshal, A., 1980).

Embora seja possível mencionar mais de uma dezena de trabalhos que se referem ao investimento nas pessoas após os fragmentos dos clássicos, é somente a partir do final da década de 1950 que esta ideia se desenvolve de forma sistemática,[5] especialmente por trabalhos de pesquisadores americanos e ingleses, colimando com o que se convencionou denominar, por analogia ao capital físico, de teoria do capital humano.

Vale assinalar que a ideia de "capital humano" surge, historicamente, bem antes, até mesmo no Brasil,[6] da década de 1950. O fato de que sua formulação sistemática e seu uso ideológico político somente se verificam a partir do fim da década de 1950 e início da década de 1960 aponta para a hipótese de que é efetivamente neste período que as novas formas que assumem as relações intercapitalistas demandam e produzem esse tipo de formulação.[7]

---

namento e adestramento para o trabalho é explícita em Stuart Mill, bem como uma tácita aceitação da desigualdade social.

5. B. F. Beker, por exemplo, menciona mais de duas dezenas de trabalhos desta natureza em artigo intitulado "The historical roots of the concept of human capital" (University of South Carolina, s/d.).

6. "Simultaneamente é necessário atender à sorte de centenas de milhares de brasileiros que vivem nos sertões, sem instrução, sem higiene, mal alimentados e mal vestidos, tendo contato com os agentes do poder público apenas através dos impostos extorsivos que pagam. É preciso agrupá-los instituindo colônias agrícolas; [...] despertar-lhes, em suma, o interesse incutindo-lhes hábitos de atividades e de economia. Tal é a valorização básica, essa sim que nos cumpre iniciar quanto antes — a *valorização do capital humano* [o grifo é nosso], por isso que a medida da utilidade social do homem é dada pela sua capacidade de produção" (ver Carone, Edgar. *A Primeira República*. São Paulo: Difusão Europeia do Livro, 1969. p. 245).

7. Veremos esse aspecto detalhadamente no Capítulo 2, onde abordaremos as condições históricas que demandam esta formulação.

1.2 O conceito de capital humano nas análises macro e microeconômicas

O conceito de capital humano, que a partir de uma visão reducionista busca erigir-se como um dos elementos explicativos do desenvolvimento e equidade social e como uma teoria de educação, segue, do ponto de vista da investigação, um caminho tortuoso. Percorrendo-se esse caminho depreende-se que o determinante (educação como fator de desenvolvimento e distribuição de renda) se transmuta em determinado (o fator econômico como elemento explicativo do acesso e permanência na escola, do rendimento escolar etc.). Essa circularidade de análise, veremos, decorre de sua função apologética da ótica de classe que representa.

Do ponto de vista macroeconômico, a teoria do capital humano constitui-se num desdobramento e/ou um complemento, como a situa Shultz, da teoria neoclássica do desenvolvimento econômico. De acordo com a visão neoclássica, para um país sair de estágio tradicional ou pré-capitalista, necessita de crescentes taxas de acumulação conseguidas, a médio prazo, pelo aumento necessário da desigualdade (famosa teoria do bolo, tão amplamente difundida entre nós). A longo prazo, com o fortalecimento da economia, haveria naturalmente uma redistribuição. O crescimento atingido determinaria níveis mínimos de desemprego, a produtividade aumentaria e haveria uma crescente transferência dos níveis de baixa renda do setor tradicional para os setores modernos, produzindo salários mais elevados.[8]

O conceito de capital humano, que constitui o construtor básico da economia da educação, vai encontrar campo próprio para seu desenvolvimento no bojo das discussões sobre os fatores explicativos do crescimento econômico. A preocupação básica ao nível

---

8. Esta tese toma força especialmente a partir dos estudos empíricos de Kuznets, através dos quais, tenta evidenciar que existe uma relação com o formato de um "U", entre igualmente de distribuição de renda e níveis de renda *per capita* (ver Kuznets, Simon. Economic growth and income inequality. *American Economic Review*, v. 6, n. 45, 1955). No Capítulo 2 retomaremos esta questão, ligando as teorias do desenvolvimento com a educação.

macroeconômico é, então, a análise dos nexos entre os avanços educacionais e o desenvolvimento econômico de um país.

A observação de que o somatório imputado à produtividade do estoque de capital físico e estoque de trabalho da economia, ao longo de determinado tempo, explicava apenas uma parcela do crescimento econômico desta economia levou à hipótese de que o resíduo não explicado pelo acréscimo do estoque de capital e de trabalho poderia ser atribuído ao investimento nos indivíduos, denominado analogicamente capital humano. Este resíduo engloba o investimento em educação formal, treinamento, saúde etc.

> O meu próprio interesse por este assunto surgiu no correr de 1956-57, quando eu era membro do Centro de Estudos Avançados das Ciências do Comportamento. Sentia-me perplexo ante os fatos de que os conceitos por mim utilizados, para avaliar capital e trabalho, estavam se revelando inadequados para explicar os acréscimos que vinham ocorrendo na produção. Durante o ano de minha permanência no Centro, comecei a perceber que os fatores essenciais da produção, que eu identificava como capital e trabalho, não eram imutáveis: sofriam um processo de aperfeiçoamento, o que não era devidamente avaliado, segundo a minha conceituação de capital e trabalho. Também percebi claramente que, nos Estados Unidos, muitas pessoas estão investindo, fortemente, em si mesmas; que estes investimentos humanos estão constituindo uma penetrante influência sobre o crescimento econômico; e que o investimento básico no capital humano é a a educação.[9]

Segundo T. Schultz, um dos pioneiros da divulgação da teoria do capital humano, que lhe valeu o prêmio Nobel de Economia em 1979,

> O componente da produção, decorrente da instrução, é um investimento em habilidades e conhecimentos que aumenta futuras rendas e, desse modo, assemelha-se a um investimento em (outros) bens de produção. (Schultz, T., 1962)

---

9. Schultz, T. *O valor econômico da educação*. Rio de Janeiro: Zahar, 1962. Certamente, Schultz teria grande dificuldade para justificar hoje o desemprego em massa nos Estados Unidos (perto de dez milhões de pessoas), embora esses indivíduos tenham "investido fortemente neles mesmos".

Schultz, como se pode depreender desses fragmentos e mais detalhadamente em suas obras (ver também Schultz, T. *O capital humano*, 1973), e os seus adeptos pretendem com o conceito de capital humano, a um tempo, complementar os fatores explicativos do desenvolvimento econômico na concepção neoclássica, explicar a alta de salários do fator trabalho nos países mais desenvolvidos e explicar, a nível individual, os diferenciais de renda.

A educação, então, é o principal capital humano enquanto é concebida como produtora de capacidade de trabalho, potenciadora do fator trabalho. Neste sentido é um investimento como qualquer outro.

O processo educativo, escolar ou não, é reduzido à função de produzir um conjunto de habilidades intelectuais, desenvolvimento de determinadas atitudes, transmissão de um determinado volume de conhecimentos que funcionam como geradores de capacidade de trabalho e, consequentemente, de produção. De acordo com a especificidade e complexidade da ocupação, a natureza e o volume dessas habilidades deverão variar. A educação passa, então, a constituir-se num dos fatores fundamentais para explicar economicamente as diferenças de capacidade de trabalho e, consequentemente, as diferenças de produtividade e renda.

O conceito de capital humano — ou, mais extensivamente, de recursos humanos — busca traduzir o montante de investimento que uma nação faz ou os indivíduos fazem, na expectativa de retornos adicionais futuros. Do ponto de vista macroeconômico, o investimento no "fator humano" passa a significar um dos determinantes básicos para aumento da produtividade e elemento de superação do atraso econômico. Do ponto de vista microeconômico, constitui-se no fator explicativo das diferenças individuais de produtividade e de renda e, consequentemente, de mobilidade social.

A tese central da teoria do capital humano que vincula educação ao desenvolvimento econômico, à distribuição de renda, configurando-se como uma "teoria de desenvolvimento", sem desviar-se de sua função apologética das relações sociais de produção da sociedade burguesa, vai desdobrando-se, no campo da pesquisa, em trabalhos aparentemente contrários. Assim é que as pesquisas se deslocam do campo macroeconômico para o microeconômico e, dentro destas esferas, tomam especificidades diversas. O que dá coerência aos trabalhos é o arsenal teórico e ideológico no qual todos os enfoques se afunilam. Neste sentido, como veremos adiante, a aparente polêmica de caráter "científico" que se estabelece apenas serve para esconder o caráter circular das abordagens.[10]

A nível macroeconômico, o trabalho de Harbinson e Myers, sobre comparações internacionais, efetivado em 1960,[11] é o mais completo e que tem gerado maior impacto e alimentado o discurso — especialmente nos governos dos países subdesenvolvidos — sobre a eficácia da educação como instrumento de desenvolvimento econômico e distribuição de renda e equalização social. Estes autores tomaram um índice de desenvolvimento de recursos humanos formado na base do fluxo de pessoas matriculadas nas escolas secundárias com idade entre 15 e 18 anos, e fluxo de pessoas entre 20 e 24 anos que estavam no ensino superior, de 75 países, e o correlacionaram com o PNB *per capita* de cada país. A correlação encontrada foi de $r^2=0{,}789$. Inferiu-se daí a relevância da educação para o desenvolvimento econômico.

Esse trabalho, embora mantenha ainda hoje, pelo menos entre nós, um forte apelo ideológico, foi muito criticado internamente pelos adeptos da teoria do capital humano.[12]

---

10. As abordagens mais frequentes para o estudo das relações entre educação a desenvolvimento (crescimento) econômico são as comparações internacionais, comparações intertemporais, comparações interindustriais e a análise do "fator residual". O segundo e o terceiro tipo de abordagem tiveram pouco impacto quando comparados com o primeiro e o último.

11. Harbinson, F. H.; Myers, C. M. *Education manpower and economic growth*. New York: McGraw-Hill, 1964. No Brasil, os trabalhos de Langoni (*As causas do crescimento econômico no Brasil*. Rio de Janeiro: Anpec, 1974; e Distribuição de renda e o desenvolvimento econômico no Brasil. *Estudos Econômicos*, v. 2 n. 5, 1972) se enquadram nesta ótica. O mesmo vale em relação ao que escreve sobre educação e distribuição de renda (ver Simonsen, M. H. *Brasil 2001*. Rio de Janeiro: Anpec, 1969).

12. Toda vez que nos referimos à crítica interna estamos entendendo as críticas que partem dos próprios adeptos da teoria do capital humano, que se atêm não no questionamento dos supostos da teoria, mas de alguns aspectos dos trabalhos que buscam demonstrá-la e confirmá-la.

A PRODUTIVIDADE DA ESCOLA IMPRODUTIVA

Entre outras críticas sobressaem: as ponderações que os autores fazem na construção do seu índice de desenvolvimento de recursos humanos; o fato de compararem um fluxo (pessoas no processo educacional) com um estoque — (PNB *per capita*) das pessoas que estavam no mercado de trabalho; de outra parte, o fato de o modelo estatístico de correlação não permitir inferências de causação, mas apenas de vínculo. Resta saber, dizem os críticos, se é educação que gera mais desenvolvimento ou se o desenvolvimento gera mais educação.

Uma forma mais elaborada e até mesmo altamente formalizada de abordagem do vínculo entre educação e desenvolvimento econômico foi a introdução do "fator H" (recursos humanos) numa função neoclássica de produção, geralmente sob a fórmula de Cobb-Douglas,[13] onde toda a variação de PIB ou de renda *per capita* não explicada pelos fatores A (nível de tecnologia), K (insumos de capital), L (insumos de mão de obra) seria devida ao fator H (mão de obra potenciada com educação, treinamento etc.).

O trabalho de Denison (Denison, E. F., 1962) é o mais conhecido entre os que introduziram inicialmente o "fator H" na função de produção, nos Estados Unidos e em outros países.

A suposição básica do modelo é de que os fatores recebem o valor dos seus produtos marginais, donde "o crescimento do produto, no tempo, pode ser atribuído ao crescimento dos vários insumos e às mudanças na tecnologia" (Sheehan, J., 1973).

Nesse contexto, o "resíduo" do crescimento econômico, não explicado pelos fatores A, K, L, seria atribuído ao fator capital humano.

As críticas internas sobre o modelo, a despeito de sua capacidade de formalização e matematização, são inúmeras. M. Abramovitz, por exemplo, denomina o "resíduo" atribuído à educação, treinamen-

---

13. A fórmula geral de Cobb-Douglas é geralmente apresentada pela equação: $X = AK^a L^{1-S}$ onde X = volume de produtos; A = nível de tecnologia; K = insumos de capital; L = insumos de mão de obra; a uma constante; $^{1-S}$ é igual à unidade para dar rendimentos constantes de escala.

to etc., "índice de nossa ignorância", querendo enfatizar a debilidade desse tipo de medida (Abromovitz, 1962). De outra parte, a suposição básica de que os "fatores recebem o valor de seus produtos marginais" implica a suposição de que a concorrência perfeita prevaleça no mercado desses produtos, o que conflitua com o crescente caráter monopolista da economia capitalista, e a crescente intervenção do Estado. Além dessas críticas, Becker e Atkinson enfatizam que existem razões teóricas pelas quais o treinamento no próprio trabalho (Becker, G. S., 1964, p. 8-11) e certos tipos de progresso técnico (Atkinson, A. B. e Stiglitz, J. E., 1969) gerem divergências entre as remunerações dos fatores e o valor dos produtos marginais.

As tentativas de se mensurar, em termos macro, a contribuição da educação para o crescimento econômico têm esbarrado, do ponto de vista da investigação, nas mais diversas críticas internas à teoria. Essas críticas fundamentalmente se prendem à debilidade das medidas que tentam apreender o impacto da educação sobre o crescimento. A visão positivista, cujo patamar de sustentação se calca sobremodo na mensuração dos fenômenos, no rigor formal, na aplicação do modelo físico de ciência às ciências sociais, fica vulnerável. Isto faz com que a teoria do capital humano se desloque da esfera macroeconômica para a microeconômica.

Estabelecem-se, ao nível das diferentes correntes de pesquisa, polêmicas que podem deixar ao leitor menos familiarizado com a área, uma impressão de visões diametralmente antagônicas. Ao contrário, o que está em jogo é apenas o caráter de maior ou menor possibilidade de precisão na apreensão do dado ou a representatividade da amostra, validade dos testes etc.[14]

O suposto básico microeconômico é de que o indivíduo, do ponto de vista da produção, é uma combinação de trabalho físico e

---

14. Um exemplo desse tipo de polêmica interna é a discussão que se estabeleceu entre Langoni e Castro na década de 1970 (ver Castro C. M. Investimento em educação no Brasil: comparação de três estudos. *Revista de Pesquisa e Planejamento Econômico*, Rio de Janeiro, v. 1, n. 1, p. 141-59, jun./nov. 1971; Langoni, C. G. Investimento em educação no Brasil: um comentário. *Revista de Pesquisa e Planejamento Econômico*, v. 1, n. 2, p. 381-92, dez. 1971. Castro, C. M. Investimento em educação no Brasil: uma réplica. *Pesquisa e Planejamento*, Rio de Janeiro, v. 1, n. 2, p. 393-401, dez. 1971).

educação ou treinamento. Supõe-se, de outra parte, que o indivíduo é produtor de suas próprias capacidades de produção, chamando-se, então, de investimento humano o fluxo de despesas que ele deve efetuar, ou que o Estado efetua por ele, em educação (treinamento) para aumentar a sua produtividade. A um acréscimo marginal de escolaridade, corresponderia um acréscimo marginal de produtividade. A renda é tida como função da produtividade, de onde, a uma dada produtividade marginal, corresponde uma renda marginal. Na base deste raciocínio (silogístico) infere-se literalmente que a educação é um eficiente instrumento de distribuição de renda e equalização social. O cálculo da rentabilidade é efetivado a partir das diferenças entre a renda provável de pessoas que não frequentaram a escola e outras, semelhantes em tudo o mais (critério *ceteris paribus*) e que se educaram. Daí decorrem também as teses relacionadas com a mobilidade social.[15]

O deslocamento da análise macro para a micro não muda em nada os supostos da teoria.[16] Ao contrário, trata-se de uma medida técnica para livrar a investigação das críticas de caráter pouco consistente da construção dos índices que permitem calcular a rentabilidade da educação.

Os trabalhos de Becker (Becker, 1964) e Blaug (Blaug, M., 1972) entre outros, assinalam a natureza deste tipo de análise.

Desenvolveu-se dentro da ótica microeconômica uma grande quantidade de trabalhos sobre análises de custo-benefício, taxa de

---

15. Nlau, P. M.; Ducan, O. D. *The American occupational structure*. New York: 1967; Anderson, C. A. A skeptical note on education and mobility. *American Journal of Sociology*, v. 66, 1961; Pastore, J.; Owen, C. Mobilidade educacional, mudança social e desenvolvimento no Brasil: notas preliminares. *Revista da Pontifícia Universidade Católica de São Paulo*, v. 35, n. 67/68, 1968; Pastore, J. *Desigualdade e mobilidade social no Brasil*. São Paulo: Editora Queiroz, 1979.

16. A visão microeconômica da teoria do capital humano ressuscita os conceitos da teoria neoclássica do marginalismo. Afasta-se desta relação, como veremos adiante, questões relativas aos rendimentos do monopólio, a divisão social do trabalho e toda a crítica da forma privada de apropriação do lucro (ver Attali Jacques; Mac Guillaume. *A antieconomia*: uma crítica à teoria econômica. Rio de Janeiro: Zahar, 1975. p. 187-209).

retorno,[17] e mesmo técnicas de provisão de mão de obra[18] (*manpower approach*) cujo objetivo, no primeiro caso, é tentar mensurar, a nível micro, o efeito de diferentes tipos e níveis de escolarização, em termos de retorno econômico; e, no segundo, buscar ajustar requisitos educacionais a necessidades do mercado de trabalho nos diferentes setores da economia, tanto a nível macro, como micro.

Embora as análises microeconômicas aparentemente permitam uma maior confiabilidade na construção dos indicadores utilizados, a redução das variáveis que explicam renda à idade e experiência, de um lado, a dificuldade de se construir os perfis idade-renda e as hipóteses que supõem, aqui também, um mercado em concorrência perfeita, de outro, fazem com que essas análises se tornem cada vez menos frequentes e menos aceitas pelos próprios adeptos da teoria do capital humano. De outra parte, o fracasso das técnicas de previsão de mão de obra do Projeto Mediterrâneo, igualmente reforçam o descrédito destas análises.

Uma das críticas internas mais recentes a este raciocínio simplório é efetivada pelas análises que tentam refutar a sua linearidade com a tese da segmentação do mercado de trabalho.[19] Acrescenta-se

---

17. Além dos trabalhos de Becker, Blaug, inúmeros outros vêm sendo produzidos nesta área. Entre outros, ver Psacharopolous, G. *The rate of return to investment education at the regional level*. Havaí, 1969; Klinov-Malul, Ruth. *Profitability of investment in education in Israel*. Jerusalém, 1966; Prest; Tuvey. Cost-benefit analysis: a survey. *Economic Journal*, v. 75, n. 300, 1965; Mishan, E. J. *Cost-benefit analysis*. London, 1971; no Brasil temos as análises de C. L. Langoni e C. M. Castro.

18. A aplicação de maior impacto em termos de abrangência e mesmo em termos do fracasso — da técnica de *man-power-approach* foi no projeto Mediterrâneo, pela Organização de Cooperação e Desenvolvimento Econômico (OCDE), abrangendo Espanha, Grécia, Itália, Portugal, Turquia e Iugoslávia. Ver, a respeito dessa técnica, Parnes, H. S. Manpower analysis in educational planing. Paris, OCCD, 1964.

19. Para uma ideia dessa tese, e para uma orientação bibliográfica pertinente ao assunto, ver Lima, Ricardo. Mercado de trabalho: o capital humano e a teoria da segmentação. *Revista Pesquisa e Planejamento Econômico*, Rio de Janeiro, IPEA, v. 10, n. 1, p. 217-72, abr. 1980. Outros trabalhos, desenvolvidos por autores como Edwards, Reich e Gordon, preocupam-se em caracterizar a segmentação do mercado como um processo decorrente da transição de um capitalismo competitivo para um capitalismo monopolista. Ver, a esse respeito, Gordon D. M. *Theories of poverty an underemployment*: orthodox, radical and dual labor market perspective. Lexington, 1972; Reich, M.; Gordon, D. M.;

a essas críticas os que buscam mostrar que os salários têm pouco a ver com a produtividade do trabalho. Há, de um lado, o aspecto legal, e de outro, as conquistas da pressão dos trabalhadores.

1.3 O que se aprende na escola e o que é funcional ao mundo do trabalho e da produção

Um outro tipo de crítica interna à teoria do capital humano, desenvolvida em pesquisas mais recentes, refere-se ao privilégio que essa teoria tem dado aos componentes cognitivos na explicação do sucesso profissional, rentabilidade etc. Contrastam-se pesquisas que buscam evidenciar que os aspectos ligados a atitudes, valores, resultado do processo de socialização que se efetiva na escola são mais importantes para a produtividade das pessoas na organização enquanto fornecem hábitos de funcionalidade, respeito à hierarquia, disciplina etc.

Os trabalhos que enfatizam a funcionalidade da escola enquanto desenvolve atitudes, valores etc., têm, ao nível de crítica interna, como base, apelos distintos.

Um primeiro conjunto de trabalhos deriva de uma inspiração tipicamente da sociologia funcionalista, em cuja fonte encontramos os trabalhos de Parsons.[20] Robert Dreeben desenvolve um trabalho sistemático defendendo a tese de que, dadas as características estruturais próprias da escola — composição dos agentes, horários, prêmios e sanções, complexidade, diferenciação de papéis — aprende-se nela um conjunto de normas que vão definindo atitudes de independência, realização, universalismo, especificidade, funcionais às organizações da sociedade industrial.[21]

Edwards, R. C. A theorie of labor market segmentation. *Industrial Relations Research Association*, 1972.

20. Parsons, T. The school class as a social system: some functions in American society. In: Helsey, R. H. et al. *Educations, economy and society*. New York, 1961.

21. Dreeben, Robert. *On what is learning is school*. Massachusetts, 1968.

Outro conjunto de trabalhos, com apelo às análises marxistas, tem-se desenvolvido ultimamente nos Estados Unidos valendo a esses autores a identificação, nos meios acadêmicos, de os "Radicais Americanos". Destacam-se, entre os mais citados na literatura nacional que aborda esta questão, os trabalhos de Bowles, Gintis, C. R. Edwards, Levi, Carnoy, entre outros.

Bowles, contestando a possibilidade de prover a equalização via escola, destaca que esta fornece uma força de trabalho disciplinada e habilitada, ao mesmo tempo que fornece os mecanismos de controle social para a estabilidade do sistema social capitalista.[22]

Gintis, ao refutar o vínculo existente entre a escolaridade e salário, enfatiza a relevância da formação de atitudes requeridas pelo mercado de trabalho.

> Na realidade a escola contribui para formar uma força de trabalho socialmente requerida inculcando uma mentalidade burocrática aos estudantes. (Gintis, 1971)

A escolarização, de acordo com Gintis,

> que influi de maneira considerável sobre a personalidade dos indivíduos, é reduzida progressivamente ao seu papel funcional: ela favorece as condições psicologicamente requeridas para formar a força de trabalho alienada que é desejada. (Gintis, 1974)

Edwards (1976), igualmente, enfatiza os traços desenvolvidos na escola e sua funcionalidade na hierarquia ocupacional da empresa moderna.

Em suma, para esses autores, a educação escolar é um aspecto da reprodução da divisão capitalista do trabalho. A organização escola, em seus principais aspectos, é uma réplica das relações de dominação e submissão da esfera econômica.

---

22. Bowles, S. Unequal education and reproduction of social division of labor. In: Carnoy, M. *Schooling in a corporate society*: the political economy of education in American. New York, 1972; Bowles; Gintis. The problem with the human capital theory: A marxian critique. *American Economic Review*, May 1975.

Estas análises, ainda que apontem para alguns aspectos significativos, apenas se desenvolvem dentro de uma linguagem marxista, mas se afastam do método e teoria marxista.

Trata-se de análises que, sob um aspecto, apenas deslocam o vínculo da relação economia-educação, educação-trabalho, dos traços cognitivos (treinamento de habilidades) para o campo afetivo, valorativo, comportamental, não transpondo o quadro das análises anteriores, de caráter funcional (ver Salm, Cláudio, 1980, p. 49-54).

Madan Sarup, ao analisar os trabalhos de Bowles e Gintis, salienta que "embora tenham uma posição marxista, sua visão de sociedade é funcional-estruturalista derivada de Durkheim e Parsons" (Sarup, Madan, 1980, p. 155). E isto

> parece constituir uma justificação lógica para a sua epistemologia, que é o positivismo, para sua metodologia, que é o empirismo, e para sua ontologia, que é o determinismo. (Id., ibid., p. 155)

A postura epistemológica positivista pode ser depreendida através dos métodos empíricos que adotam, usando uma "barragem de estudos para fazer estatisticamente suas demonstrações". Utilizam-se da análise estatística de uma forma acrítica, de sorte que seu método parece sempre referendar comprovações inequívocas, científicas.

Sarup salienta, também, o uso de diferentes estruturas conceptuais, imprimindo às análises um caráter eclético. Finalmente, o caráter funcional-estrutural de suas análises se reflete na insistente visão linear e determinista da "correspondência entre as relações sociais da produção e as relações sociais da educação", ou a "correspondência aproximada entre as relações sociais de produção e as relações sociais da vida familiar" (Id., ibid. p. 158 e 160).

Este tipo de enfoque não vislumbra que as relações capitalistas de produção não determinam, necessariamente, um total domínio sobre o homem e que este não é deterministicamente passivo. Certamente, nas relações escolares, familiares e de trabalho, não se reproduzem linearmente as relações capitalistas. Aceitar a análise dos autores, tal qual é apresentada, é cair no imobilismo e na crença da impossibilidade de organizar, no interior da escola, família, fábrica, e na sociedade civil em seu conjunto, os interesses dos dominados. O caráter reducionista da análise não permite aos autores perceberem que a reprodução, via escola, família etc., que efetivamente ocorre, não se dá de forma tão linear, mas por mediações de diferentes naturezas. Da mesma forma, não percebem que o trabalho escolar pode, igualmente por mediação, desenvolver um tipo de relação que favorece a ótica dos dominados. O problema básico da linha de análise dos citados autores reside na não apreensão das categorias fundamentais de análise do método histórico dialético.

1.4 Da análise que "determina" as variações na renda (individual ou social) aos "determinantes" de rendimento escolar: o determinante que se torna determinado

Um volume de trabalhos, cada vez maior, vem sendo produzido aplicando-se o modelo de "função de produção" neoclássico utilizado na análise dos vínculos entre educação e desenvolvimento, para a análise da escola. Trata-se tipicamente do uso desse paradigma econométrico para as variáveis do processo escolar. É neste âmbito que podemos demonstrar uma das faces da análise circular da teoria do capital humano.

Busca-se averiguar quais os principais fatores responsáveis pela repetência, evasão, atraso e fraco rendimento, através de uma matriz de variáveis relacionadas com as características da família (educação dos pais, *status* ocupacional, renda etc.), características do meio ambiente, características pessoais do aluno, características da escola etc.

O rendimento escolar, a permanência ou não ao longo da trajetória escolar são tidos como função de um conjunto de "fatores". As análises multivariadas, com elaborada sofisticação estatística, chegam sempre à mesma conclusão (quase metafísica) — o fator socioeconômico é que tem o peso maior na "determinação" das diferenças encontradas; em seguida, os fatores ligados à educação dos pais etc.

O trabalho mais conhecido internacionalmente é o *Coleman Report* (Coleman, J. S. et al., 1966). No Brasil, estes estudos foram desenvolvidos particularmente pelo Programa ECIEL.[23] Há, entretanto, um crescente número de dissertações e trabalhos de pesquisa que se desenvolvem nesta área.

Os mesmos supostos teórico-metodológicos que embasam a teoria do capital humano são transpostos para a análise dos "determinantes" da escolaridade. Apenas mudam os fatores ou variáveis que entram na função, porque muda a conexão que se busca fazer.

Como vimos anteriormente, o raciocínio da concepção do capital humano, tanto do ponto de vista do desenvolvimento econômico como da renda individual, é que a educação, o treinamento são criadores de capacidade de trabalho. Um investimento marginal (pelo menos até certo nível) em educação ou treinamento permite uma produtividade marginal. Concebendo o salário ou a renda como preço do trabalho, o indivíduo, produzindo mais, consequentemente ganhará mais. A definição da renda, neste raciocínio, é uma decisão individual. Se passa fome, a decisão é dele (indivíduo); se fica rico, também. (Aqui reside, como veremos adiante, o âmago da ideologia burguesa que justifica e mascara a desigualdade estrutural do modo de produção capitalista.)

Retomando o esquema da função de produção anteriormente apontado, teríamos então que Y (renda nacional, ou renda individual) é determinada por K (capital físico), L (trabalho), H (capital humano).

O fato de não ser proprietário, não dispor de um capital físico, ou de não pertencer à classe burguesa, nesta ótica pouco importa, uma vez que o indivíduo, investindo em capital humano, poderá aumentar sua renda (isso depende dele, pois a decisão é dele); e a

---

23. Programa de Estudos Conjuntos de Integração Econômica da América Latina (ECIEL) . Ver, também, Castro, Cláudio Moura. *Educação, educabilidade e desenvolvimento econômico*. MEC, 1976.

médio ou longo prazos, este investimento lhe permitirá ter acesso ao capital físico ou dispor do mesmo *status* e privilégios dos que o possuem. Essa tese, veremos adiante, será encampada pela visão do neocapitalismo ao postular a superação do conflito de classe pelo que se convencionou chamar a revolução gerencial.

Mas como se forma o "capital humano"? Pelo investimento em escolaridade, em treinamento, de acordo com a teoria. O "fator H" seria, então, determinado por um conjunto de anos de escolaridade ou de treinamento. Variando o tempo e o tipo de educação e variando o rendimento escolar, o desempenho, ou o aproveitamento, irão variar a natureza do capital humano e, consequentemente, os retornos futuros.

Mas o que determina tanto o acesso à escola, aos diferentes níveis e tipos de escolas, às diferentes carreiras, os diferentes rendimentos escolares ou os níveis de desempenho?

Ao aplicar o modelo de função de produção aos determinantes da escolaridade, as análises econômicas da educação nos dão a seguinte função:

Y (tomado quer como acesso à escola, tipos e níveis de escolas, carreiras, ou tomado como o tempo de permanência na escola, ou ainda, tomado como o desempenho ou rendimento escolar) seria função de um conjunto de fatores socioeconômicos ou do chamado *back-ground* socioeconômico familiar, fatores ambientais, nutrição, fatores escolares (escola, professor, equipamento, tecnologia educacional, currículo etc.). A matriz de fatores ou variáveis pode se estender ao "infinito".

Ocorre neste tipo de análise uma inversão que caracteriza o modelo circular de análise. Enquanto a educação é tida, na ótica do capital humano, como fator básico de mobilidade social e de aumento da renda individual, ou fator de desenvolvimento econômico, nestas análises, o "fator econômico", traduzido por um conjunto de indicadores socioeconômicos, é posto como sendo o maior responsável pelo acesso, pela permanência na trajetória escolar e pelo rendimento ao longo dessa trajetória. O que é determinante vira determinado. Ou seja, a escolarização é posta como determinante da renda, de ganhos futuros, de mobilidade, de equalização social pela equalização das oportunidades educacionais (tese básica do modelo econômico concentrador), e o acesso à escola, a permanência nela e o desempenho, em qualquer nível, são explicados fundamentalmente pela renda e outros indicadores que descrevem a situação econômica familiar.

Este exemplo exprime apenas uma faceta da circularidade da teoria do capital humano. Esta circularidade, como veremos no item a seguir, decorre do caráter burguês desta análise econômica — uma análise que representa uma apologia das relações sociais de produção e da prática educativa inerente ao modo de produção capitalista.

2. A concepção do capital humano: do senso comum ao senso comum

Não é propósito deste trabalho tentar acrescentar mais uma crítica sobre a incoerência interna da teoria do capital humano, ou mais especificamente, da visão neoclássica marginalista na qual esta teoria se funda.[24] Nem objetivamos fazer uma demonstração detalhada do movimento circular da teoria do capital humano. Simplesmente, no item anterior, buscamos evidenciar diferentes deslocamentos nas análises, acenando para o fato que em nenhum momento são postos em questão os supostos da teoria, para que e para quem ela serve.

É nosso interesse tentar demonstrar neste item que o caráter circular da teoria do capital humano deriva necessariamente da concepção de homem, de sociedade, que ela busca veicular e legitimar, e da função de escamoteamento das relações de produção que ocorrem concretamente na sociedade capitalista. Ou seja, a

---

24. Indicamos aqui alguns trabalhos que se ocupam desta crítica. A obra de P. Sraffa (*Produção de mercadorias por mercadorias*. Rio de Janeiro: Zahar, 1977) representa o trabalho que deflagra, dentro da chamada "crítica de Cambridge", um questionamento à teoria do valor e do capital dos neoclássicos. L. G. Belluzzo (em sua obra *Valor e capitalismo*: um ensaio sobre a economia política. São Paulo: Brasiliense, 1980) retoma Sraffa e tenta mostrar alguns de equívocos.

questão fundamental da necessária circularidade desta visão do capital humano é que o método em que ela se funda e desenvolve na análise do real traduz e, ao mesmo tempo, constitui-se em apologia da concepção burguesa[25] de homem, de sociedade, e das relações que os homens estabelecem para gerar sua existência no modo de produção capitalista.

Postas as premissas positivistas — tidas a priori como universais e neutras — o caráter de "aparente cientificidade" impõe um contínuo debate e renovadas críticas metodológicas processuais, tendo como elemento-chave a verificação empírica das premissas. Os modelos matemáticos, cada vez mais sofisticados,[26] serão utilizados para efetivar uma completa assepsia na linguagem não formal ou valorativa no campo da ciência econômica em geral e na aplicação da economia nas análises do fenômeno educativo.

Discutiremos, pois, num primeiro momento que a circularidade das análises decorre do método positivista adotado e que este, por sua vez é decorrência, da concepção de homem, de sociedade que interessa à classe burguesa (dominante). Trata-se, pois, de explicitar que uma das funções efetivas da teoria do capital humano reside não enquanto revela, mas enquanto esconde a verdadeira natureza dos fenômenos. Sair do aparente, da pseudoconcreticidade, do empírico imediato, implicaria uma mudança de método — o que parte do empírico, do concreto, e que por via do pensamento, pela análise progressiva das contradições internas dos fenômenos chega às leis que produzem tais fenômenos.[27]

---

25. Concepção burguesa é utilizada aqui com uma dupla intenção: primeiro para caracterizar a marca de classe do pensamento econômico neoclássico e da visão do capital humano; segundo, para identificar, nesta concepção e nesta classe (fundamental), não só os donos dos meios e instrumentos de produção, mas também aqueles que administram, gerenciam, organizam em nome dos donos do capital.

26. Não há, por parte do autor, nenhuma intenção de subestimar a relevância da estatística, da matemática, da quantificação no trabalho científico. O problema aqui situa-se no tipo de uso e de manipulação que se faz do real, através desse instrumental. Ver a esse respeito, Pinto, A. V. *Ciência e existência*. Rio de Janeiro: Zahar, 1979. p. 397-417.

27. A pseudoconcreticidade se caracteriza exatamente pelo mundo dos fenômenos externos, pela aparência do real, pelo mundo dos objetos fixados que dão a impressão

Essa mudança implicaria que a análise mostrasse a verdadeira natureza das relações de produção capitalista; das relações de classe. Isto significaria que a teoria do capital humano — especificidade da ideologia burguesa no ocultamento da natureza da sociedade capitalista — revelasse seu caráter falso.

A teoria do capital humano, fundada nos supostos neoclássicos — apologia da sociedade burguesa — para manter-se terá de ser circular; ou seja, em vez de ser a teoria instrumento de elevação do senso comum à consciência crítica, será uma forma de preservar aquilo que é mistificador deste senso comum.

Finalmente, mostraremos que a superação da circularidade da teoria do capital humano implica na utilização de um método que veicule a ótica da classe interessada na mudança das relações sociais de produção vigentes. Trata-se do método que veicula a ótica da classe dominada, única interessada na mudança estrutural e, por conseguinte, única interessada em analisar as leis que produzem as relações sociais de exploração no interior da sociedade capitalista. É o método histórico-dialético, como instrumento de rompimento e superação da circularidade, da elevação do empírico aparente ao concreto do real, do senso comum à consciência crítica. Método que é a um tempo instrumento de produção do conhecimento do real e instrumento de intervenção prática neste mesmo real.

2.1 O caráter de classe do método de análise da teoria do capital humano: o mito da objetividade e da nacionalidade

A análise econômica da educação, veiculada pela teoria do capital humano, funda-se no método e pressupostos de interpreta-

---

de serem condições naturais e não são imediatamente reconhecíveis como resultados da atividade social dos homens (ver Kosik, K. *Dialética do concreto*. Rio de Janeiro: Paz e Terra, 1969. p. 9-23; Saviani, Dermeval. *Educação*: senso comum à consciência filosófica. São Paulo: Cortez, 1980. p. 9-23; Mao Tse-Tung. Sobre a relação entre conhecimento e prática: a relação entre conhecer e agir. In: Sampaio, Carlos Augusto. *Filosofia de Mao Tse-Tung*. Belém: Boitempo, 1979. p. 12-29).

ção da realidade da economia neoclássica. Este modo de interpretação da realidade é um produto histórico determinado que nasce com a sociedade de classes e se desenvolve dentro e na defesa dos interesses do capital.

Ocupamo-nos, neste item, da caracterização dos elementos básicos do método da economia burguesa que fornece a base de análise da teoria do capital humano, os supostos sobre os quais se desenvolve, e as implicações concretas para a compreensão das relações que se estabelecem entre educação e a realidade econômico-social.

Uma das preocupações fundamentais do pensamento econômico burguês é veicular a ideia de que a economia é uma ciência neutra, isto é, que existe uma independência entre os valores e posições do pesquisador e o processo de investigação. A economia, neste sentido, expungida de valores, envolve apenas uma busca imparcial de verdades econômicas. Seu método de investigação será, pois, um método positivista, isto é, que busca apenas fazer afirmações positivas acerca de fatos verificáveis.[28]

A primeira consequência será isolar a economia da filosofia ou da política. A análise da estrutura econômica, o campo da economia se reduz ao "fator econômico".

Duas lealdades básicas caracterizam, então, os articuladores e defensores da economia burguesa: adotam um empirismo geral, com seus desdobramentos positivistas na busca do conhecimento, e um consequente individualismo metodológico do comportamento humano. Trata-se de um método que concebe o processo de conhecimento como resultante da análise de fatos, unidades (indivíduo, firma, família etc.) isoladas cuja tarefa básica é analisar o funcionamento destas unidades para, a partir da agregação das mesmas, elaborar uma teoria do comportamento da economia como um todo (Green, F.; Nore, P. [org.], 1978, p. 38).

Não é nosso propósito, neste trabalho, retomar uma discussão sobre as diferentes correntes do empirismo e de seu desdobramento

---

28. Não é ao acaso que a maioria dos textos de economia que veiculam o ideário burguês começam por uma "confissão" de fé no método positivista.

A PRODUTIVIDADE DA ESCOLA IMPRODUTIVA

mais significativo — o positivismo e o positivismo-lógico. Interessa-nos apenas identificar os princípios básicos destas correntes que se constituem no estatuto epistemológico angular da economia neoclássica.

O pensamento econômico neoclássico e, a partir dele, a teoria do capital humano traçam seu estatuto científico dentro do quadro epistemológico do positivismo-lógico que postula que, em termos de cognição, apenas dois tipos de proposições são válidos: as proposições analíticas e as sintéticas. As primeiras são proposições de linguagem, e as segundas factuais. Em outros termos, uma proposição verdadeira é analítica se não puder ser negada sem contradição ou se sua verdade decorrer do significado dos termos; é sintética se existem circunstâncias possíveis em que seria — ou teria sido — falsa. As primeiras nos dão uma verdade lógica e as segundas uma verdade empírica, cuja validade depende da resistência que a teoria ou hipóteses oferecem aos testes de verificabilidade e falseabilidade. A filosofia apenas é aceita enquanto instrumental lógico que permita uma assepsia total da linguagem. Uma supergramática da ciência.[29]

A análise de cada uma das premissas da economia neoclássica e da teoria do capital humano, sobre as quais se desenvolvem tanto os modelos conceptuais quanto as análises sob uma sofisticada linguagem matemática, encontram respaldo no conjunto dos princípios a seguir enunciados:

---

29. Ao leitor interessado em aprofundar esta problemática, sugerimos a leitura, entre outros trabalhos, dos seguintes autores: Strawson, P. F. Escritos lógico-linguísticos. In: Os pensadores. São Paulo: Abril, 1975. v. 52; Simpson, M. T. Semântica filosófica. Buenos Aires: Siglo XXI, 1973; Muguerza, J. [org.]. La concepción analítica de la filosofía. Madrid, 1974; Ayer. El positivismo lógico. México: Fundo de Cultura, 1965; Weimberg, J. R. Examen del positivismo lógico. Madrid: Aguilar, 1959; Kenneler, J. F. Introdução a filosofia da educação. Rio de Janeiro: Zahar, 1966; Kneller, J. F. La lógica v. y el lenguaje en la educación. Buenos Aires: El Ateneo, 1972. O pensamento popperiano constitui uma das mais refinadas formulações positivistas que dá respaldo à postura metodológica da economia burguesa. Ver a esse respeito Williams. K. Facing right: a critique of Karl Popper's experiente. Economic and Society, v. 4, n. 8, yang. 1975, apud Green, F.; Nore, [org.], op. cit. p. 35.

— as afirmações de conhecimento do mundo só podem ser justificadas pela experiência;

— o que quer que se tenha conhecido através da experiência poderia ter ocorrido de maneira diversa;

— todas as proposições significativas em termos de conhecimentos são as analíticas ou sintéticas, mas nunca ambas as coisas;

— quanto às proposições sintéticas, por serem refutáveis, não se pode saber *a priori* se são verdadeiras;

— as proposições analíticas não possuem conteúdo factual;

— as proposições analíticas são verdadeiras por convenção;

— uma lei causal conhecida é uma hipótese empírica suficientemente confirmada;

— o teste de uma teoria é o sucesso de suas previsões;

— na ciência não cabem julgamentos de valor;

— as ciências se distinguem por seu objeto e não por sua metodologia. (Hollis, M.; Nell, E. J., 1977, p. 21-2. Ver também Kneller, G. F., 1969)

É baseada neste conjunto de princípios que a economia neoclássica e seu desdobramento ou aplicação no campo educacional, se apresenta com postulados que entende como baseados em resultados de pesquisa científica cuja racionalidade empiricamente comprovada é tida como incompatível com qualquer juízo de valor ou ideologia.

O rigor lógico dos enunciados e a matematização da linguagem econômica neoclássica são tomados como critérios suficientes para gerar um conhecimento neutro, objetivo, livre da contaminação ideológica e da linguagem comum.

A objetividade, entendida como a isenção e neutralidade do sujeito cognoscente, e a racionalidade, entendida como a capacidade do indivíduo de ter esta isenção, são os jargões básicos do discurso burguês.

Coerente com a base positivista, a economia neoclássica burguesa se concebe como uma teoria formada por um arcabouço analítico atemporal, sendo uma questão empírica saber onde ela se aplica de maneira mais útil. Trata-se, pois, de uma teoria econômica que se julga geral para qualquer sociedade e momento histórico.

Calcada no argumento da neutralidade de seu método de análise, busca passar a ideia de que o sistema capitalista, suas leis, as relações que se estabelecem na produção etc., são algo de lógico e natural. Trata-se de uma visão utilitária, do *status quo*, das relações sociais da sociedade de classe.

A primeira e mais fundamental atomização elaborada pelo pensamento econômico burguês é a do homem concebido como um indivíduo natural e cuja característica é o seu comportamento racional.

2.1.1 O *homo oeconomicus* racional:[30] o indivíduo como unidade-base de análise

Para entendermos como a visão veiculada pela economia burguesa na análise da realidade em geral e especificamente no campo da educação se constitui num instrumento de reforço às concepções do senso comum, não em seu núcleo sadio mas na mistificação e fetichização do real, temos de partir para demonstrar a concepção de homem e de sociedade construída por esta visão burguesa.

Quem é o homo oeconomicus racional? Não sabemos quem ele é, o que compra, o que come, como vive ou vegeta, se faz parte do conjunto dos milhões de brasileiros desempregados ou subempregados, dos indigentes, dos subnutridos, ou de um terço da humanidade que se encontra na mesma situação. Sabemos que ele é um maximizador. No lugar da sua história concreta, das condições concretas de como sua existência é produzida, temos dele um retrato falado:

> Ele é um filho do Iluminismo e, portanto, um individualista em busca do proveito próprio [...]. Como produtor maximiza sua fatia de mercado ou de lucro. Como consumidor maximiza a utilidade por meio da comparação oniciente e improvável entre, por exemplo, morangos e cimento

---

30. Para uma análise mais detalhada do conceito de *homo oeconomicus* racional, ver Kosik, K. Metafísica da ciência e da razão. In: *Dialética do concreto*. Rio de Janeiro: Paz e Terra, 1969. p. 81-97.

marginal [...]. Da diferença individual, ao comércio internacional, está sempre alcançando os melhores equilíbrios objetivos entre desincentivos e recompensas. (Hollis, F., 1969, p. 37)

O *homo oeconomicus* é, pois, o produto do sistema social capitalista. Para a economia burguesa não interessa o homem enquanto homem, mas enquanto um conjunto de faculdades a serem trabalhadas para que o sistema econômico possa funcionar como um mecanismo. Todas as características humanas que dificultam o funcionamento desse sistema (reflexão, ética etc.) são indesejáveis e tidas como não científicas.[31] As duas características básicas exigidas deste homem desprovido de si mesmo enquanto totalidade, são a nacionalidade do comportamento e o egoísmo.

O homem reduz-se a uma abstração genérica, indeterminada, a-histórica, cuja nacionalidade e egoísmo lhe permitem escolher sempre o melhor. O argumento simplificado deste raciocínio é analisado por Himmelweit da seguinte forma:

> Pessoas desejam satisfazer, pelo consumo, necessidades. A divisão do trabalho e a troca resultam em maior satisfação para todos. Isto se aplica à venda de qualquer bem, inclusive à capacidade de trabalho do indivíduo. Ninguém é forçado a vender e, se vende, deve forçosamente ganhar algo ao fazê-lo. O método mais natural de organização da sociedade, por conseguinte, consiste em deixar que cada pessoa faça qualquer troca que deseje. Outros sistemas de organização econômica [...] onde não se permite a livre troca dos indivíduos [...] são antinaturais. Logicamente, o sistema capitalista onde se permitem todos os tipos possíveis de troca, é o mais natural. (Himmelweit, S., 1979, p. 39)

Sob esse conceito de homem genérico, abstrato, "livre", montam-se os princípios do liberalismo individual que constituem o arcabouço da teoria econômica neoclássica. Um dos supostos básicos, do qual derivam inúmeros outros, é de que num mercado em concorrência perfeita

---

31. Para a economia burguesa o homem existe enquanto uma grandeza física, como todas as demais, tratável matematicamente. O homem transforma-se num objeto-mercadoria, o mundo humano em mundo físico e a ciência do homem-objeto em física social. Ver, Kosik, K. op. cit., p. 82 ss.

o ótimo de cada um, racionalmente calculado a longo prazo, constitui para o ótimo de longo prazo de todos. O cálculo é a maximização da utilidade[32] (sic).

Tudo o que cai fora deste sistema é concebido como imperfeições, desequilíbrios (relações de poder, monopólios etc.) e resolvido pela suposição das condições *ceteris paribus* ou por explicações *ad hoc.*[33]

Caricaturando o mundo harmônico da visão burguesa, mundo que tende sempre ao equilíbrio, não importa se estático ou dinâmico, Marx no-lo apresenta da seguinte forma:

> A esfera que estamos abandonando, da circulação ou da troca de mercadorias, dentro da qual se operam a compra e a venda da força de trabalho é realmente um verdadeiro paraíso dos direitos inatos do homem. Só reinam aí liberdade, igualdade, propriedade e Bentham. Liberdade, pois o comprador e o vendedor de uma mercadoria, a força do trabalho, por exemplo, são determinados apenas por sua vontade livre. Contratam como pessoas livres, juridicamente iguais. O contrato é o resultado final, a expressão jurídica comum de suas vontades. Igualmente, pois estabelecem relações mútuas apenas como possuidores de mercadorias e trocam equivalente por equivalente. Propriedade, pois cada um só dispõe do que é seu. Bentham, pois cada um dos dois cuida de si mesmo. A única força que os junta e os relaciona é a do proveito próprio, da vantagem individual, dos interesses privados. É justamente por cada um cuidar de si mesmo, não cuidando ninguém dos outros, realizam todos, em virtu-

---

32. "A maximização fornece a força motriz da economia (neoclássica). Esse princípio afirma que qualquer unidade do sistema se moverá na direção de uma posição de equilíbrio, em consequência de esforços universais para maximizar a utilidade ou retornos. A maximização é uma lei básica geral que se aplica a unidades elementares e, por meio de regras de composição, a coleções maiores e mais complicadas dessas unidades" (Krupp, Sherman Roy. *Equilibrium theory in economcs and umfunction analysis as types of explanation*, apud, Hollis; Nell, op. cit. p. 78).

33. Argumentarão os economistas burgueses hodiernos que a ciência econômica evoluiu, e a visão simplificada da concorrência perfeita e de "mão invisível", diante das crises cíclicas da sociedade capitalista, foi amplamente revista. Keynes e os pós-keynesianos estão aí para demonstrá-lo. Realmente, isso ocorreu. O que nos interessa mostrar, porém, é primeiramente que estas análises pouco alteraram na substância os supostos básicos da visão burguesa da realidade social e econômica e em nada mudaram a visão de homem. De outra parte, embora internamente a análise econômica tenha "evoluído", a concepção do capital humano funda-se sobre a visão neoclássica ou marginalista.

de de uma harmonia preestabelecida das coisas, ou sob os auspícios de uma providência onisciente, apenas as obras de proveito recíproco, de utilidade comum, de interesse geral. (Marx, K., 1980. Livro 1, v. 1, p. 196)

A seguir, Marx nos mostra que para entender o que de fato ocorre com os personagens do drama, é mister sair da esfera da circulação ou da troca de mercadorias:

> Ao deixar a esfera da circulação ou da troca de mercadorias [...] parece-nos que algo se transforma na fisionomia dos personagens do nosso drama. O antigo dono do dinheiro marcha agora à frente como capitalista; segue-o o proprietário da força de trabalho como seu trabalhador. O primeiro com um ar importante, sorrindo, velhaco e ávido de negócios; o segundo tímido, contrafeito, como alguém que vendeu sua própria pele e apenas espera ser esfolado. (Id., ibid., p. 197)

A análise econômica burguesa, ao negar-se a transcender a esfera da troca de mercadorias, apenas glorifica a liberdade superficial do mercado, mercado que alcança seu desenvolvimento máximo sob o capitalismo. Desenvolvimento esse onde as relações entre pessoas acabam se tornando relações entre coisas. Descreve, então, apenas as aparências superficiais desse modo de produção.

Ao apresentar essa descrição do real, como uma análise científica, neutra, objetiva, acaba por reforçar o mundo da pseudoconcreticidade, da visão fetichizada do real, uma análise que não transcende o senso comum. E é nesta esfera que a teoria do capital humano se inscreve.

2.1.2 O "fator econômico" e estratificação social: a transfiguração da classe social em variável

A decorrência imediata da postura metodológica da análise econômica burguesa, centrada sobre a visão atomística do real, é a concepção da estrutura social como sendo resultante de uma construção do comportamento individual. Esta postura, vale lembrar, não é resultante do processo do pensamento — uma criação iluminista — mas decorre de

> determinadas formas históricas de desenvolvimento, nas quais as criações da atividade social do homem adquirem autonomia, e sob este aspecto se tornam fatores e se transferem à consciência acrítica como forças autônomas, independentes do homem e de sua atividade. (Kosik, K., 1969, p. 100)

Trata-se da ótica burguesa de conceber a realidade, ou seja, o modo pelo qual os interesses da burguesia a condicionam a perceber a gênese do real.

Se todos os indivíduos são livres, se todos no mercado de trocas podem vender e comprar o que querem, o problema da desigualdade é culpa do indivíduo. Ou seja, se existem aqueles que têm capital é porque se esforçaram mais, trabalharam mais, sacrificaram o lazer e pouparam para investir.

Dentro desta ótica, a sociedade capitalista não está dividida em classes, mas sim em estratos. A estratificação decorre de uma analogia do mecanismo de concorrência perfeita. Os indivíduos ganham seu lugar na hierarquia de estratificação segundo o critério de mérito.

O mérito é definido em termos de talentos individuais e motivação para suportar privações iniciais, como longos anos de escolaridade, antes de galgar os postos de elite. O modelo de concorrência perfeita não admite direitos adquiridos, dominação, pois supõe-se que o somatório das decisões feitas, fruto das aspirações pessoais, resultará num equitativo equilíbrio de poder.

Este tipo de análise, historicamente determinado, decorre da redução que a visão burguesa faz da formação social. Esta, em vez de ser concebida como sendo constituída — em qualquer modo de produção — pela estrutura econômica que forma a unidade e a conexão de todas as esferas da vida social, é transmutada em fatores (econômico-político, social...) isolados. Após dividi-los, passa-se a fazer conexões mecânicas, exteriores, para averiguar a preponderância de um ou de outro fator na determinação do desenvolvimento social ou mesmo na situação individual.

O antagonismo de classe — exploradores e explorados — transfigura-se numa estratificação social formada por escalas de "possuidores e não possuidores, de ricos e pobres, de gente que dispõe de uma propriedade e gente que dela não dispõe" (Kosik, K., 1969, p. 105).

A relação entre classes transforma-se numa relação entre indivíduos. A classe passa a constituir uma variável (classe média, alta e baixa) medida por "indicadores de posse e de riqueza pessoal".[34]

De outra parte, a separação estanque do econômico, do político, do social faz parecer que existe uma autonomia supra-histórica entre a posição econômica, a posição social e a distribuição de poder na sociedade (Kosik, K., 1969, p. 105).

Os diferentes fatores — econômico, social e político — se alternariam, de acordo com o estágio do desenvolvimento, na determinação fundamental da estrutura social. O econômico seria o determinante apenas na fase de um capitalismo não desenvolvido. Descarta-se com isso a questão metodológica e política de que

> a distribuição da riqueza (economia), a hierarquia e a estrutura de poder (poder) e a escala da posição social (prestígio) são determinadas pelas leis que têm origem na estrutura econômica da ordem social em determinada etapa do desenvolvimento. (Id., ibid., p. 107)

Este viés de análise que separa as dimensões econômicas e de poder e que coloca, de outra parte, a determinação de um "fator" ou de outro, como dependente do estágio de desenvolvimento capitalista, faz com que as análises passem a postular a superação do conflito de classe sem uma mudança do modo de produção capitalista. Esta é tipicamente a visão neocapitalista.

A passagem do capitalismo mercantilista para o concorrencial e deste para o monopolista foi determinada uma crescente diversi-

---

34. É importante assinalar que o movimento circular das explicações da teoria do capital humano, como vimos anteriormente, decorre de transmutação da análise das classes sociais para a análise do indivíduo dentro de uma estratificação. A investigação então só pode girar em círculo — a renda é função de mais escolaridade, esta é função do "fator econômico" — posse de bens etc., daí a análise dos determinantes da escolaridade.

ficação e complexificação interna da classe dominante. O surgimento dos gerentes, dos administradores, dos executivos configura aquilo que se convencionou denominar revolução gerencial.[35]

A partir desta complexificação ínterna da classe dominante, onde o grupo gerencial é concebido como não pertencente a ela por não ser proprietário, mas gestor, administrador da propriedade de outrem, postula-se que a propriedade e o controle dos meios de produção se divorciam e não estão mais em poder do mesmo grupo de pessoas.

Teríamos, então, chegado à sociedade pós-capitalista, onde o grupo gerencial, selecionado meritocraticamente entre todas as classes sociais — onde a escolaridade seria critério fundamental — teria o poder de subordinar a ganância do lucro a objetivos mais "dignos e justos". A separação entre a propriedade dos meios de produção e o controle demarcariam o fim da determinação do "fator" econômico, e com ele o fim da luta de classes.

Este tipo de análise decorre justamente da redução da classe à questão de ser ou não ser possuidor de uma propriedade. Dentro da visão marxista, embora a concepção de classe dominante descreva o papel predominante dos proprietários dos meios de produção, os quais, por este fato, têm poder de decidir sobre a vida dos que deles dependem, não significa que ela se defina apenas em termos de posição econômica. Na sociedade capitalista fazem parte da classe dominante também aqueles cujos interesses coincidem com os interesses da burguesia.

Os gerentes, os administradores, embora não proprietários, são escolhidos e controlados por estes de tal sorte que administram em nome do capitalista.

_____

35. Para uma análise mais detalhada da questão da revolução gerencial e a suposta separação entre a propriedade dos meios de produção e o controle e a consequente superação do conflito de classes, ver Beutel M. Classe e estratificação social. In: Green, F.; Nore P., op. cit., p. 52-74. Ver também, Braverman, H. *Trabalho e capital monopolista*: a degradação do trabalho no século XX. Rio de Janeiro: Zahar, 1977. Especialmente parte IV e V, p. 243-246. Retomaremos esta questão no Capítulo 2, quando discutiremos mais detalhadamente a ligação da tese do capital humano com as visões neocapitalistas.

De outra parte, mesmo que quisessem administrar, não de acordo com a ganância do lucro, mas movidos por objetivos distributivos, seriam impedidos pela própria natureza das relações econômicas capitalistas, onde a maximização do lucro é a meta básica e a condição de sobrevivência enquanto empresa capitalista. A acumulação não é uma questão de decisão individual, mas uma lei imanente da sociedade do capital e da competição entre os capitalistas.

Em suma, a diversificação crescente no interior da classe dominante não implica uma divergência de interesses e nem transgride o modo de produção capitalista a ponto de gerar mudanças fundamentais na estrutura de classe.

A transfiguração da classe em variável deriva da própria concepção marginalista que substitui

> a ideia de contradição pelo paradigma de harmonia. Não se trata mais de desvendar as leis de movimento nascidas da oposição de classes sociais no âmbito da produção, senão de postular as condições de equilíbrio do processo de troca.[36]

A teoria do valor-trabalho que privilegia as condições de produção é substituída pela ideia de utilidade que enfatiza a órbita de troca de valores de uso. A ideia de troca, por sua vez, supõe de imediato a ideia de igualdade de condições dos agentes. Esta redução estabelece o conceito de fator de produção. Capitalistas e trabalhadores apresentam-se no mercado, ambos legalmente iguais, como proprietários de fatores de produção. O primeiro entra com dinheiro e o segundo com força de trabalho.

Elimina-se do âmbito da análise econômica o problema das classes. O conceito de capital, uma relação social específica, própria de uma sociedade específica, delimitada historicamente, transfigura-se num "fator de produção" universal, existente em qualquer

---

36. Belluzzo, L. G., Distribuição de renda: uma visão da controvérsia. In: Tolipan, R.; Tinelli, A. C. *A Controvérsia sobre distribuição de renda e desenvolvimento*. Rio de Janeiro: Zahar, 1978. p. 17. Ver, também, do mesmo autor: A transfiguração crítica. *Estudos Ceprap*, São Paulo, Brasiliense, n. 24, p. 7-39, s/d.

sociedade humana. Reduz-se o capital aos seus aspectos puramente físicos (Id. ibid.).

A remuneração do capital é explicada dentro desta ótica, como consequência da privação, abstinência e poupança do capitalista.

Em síntese, o caráter de classe da análise econômica burguesa reduz e transfigura o conceito de homem, de classe, de capital e de educação.

O homem, um devir que se define no conjunto das relações sociais de produção de sua existência, um ser histórico, concreto, ativo, que se transforma na medida em que transforma o conjunto destas relações sociais (Gramsci, A., 1978, p. 38-44), é reduzido a uma concepção metafísica do indivíduo com uma natureza humana dada, genérica e a-histórica. A natureza de cada indivíduo, que é apenas um ponto de partida que se constrói nas relações sociais de produção da existência, num determinado contexto histórico, é tomada como ponto de chegada.

O homem, uma totalidade histórica concreta, que se distingue dos demais animais e da natureza, e se constrói pelas relações sociais de trabalho (produção) que estabelece com os demais homens, no modo de produção capitalista, reduz-se e transfigura-se num indivíduo abstrato, cujas características fundamentais são o egoísmo e a racionalidade.[37]

A produção historicamente determinada das classes fundamentais,[38] capitalistas — donos dos meios e instrumentos de produção e do capital, açambarcadores de mais valia — e de trabalhadores assalariados — "donos" apenas de sua força de trabalho, produtores da mais valia cuja sobrevivência depende de que os primeiros lhes cumpram esta força de trabalho, é tida como um dado natural.

---

37. Para um aprofundamento das influências do pensamento de Hobbes, Locke e Hume na teoria econômica do capitalismo nascente, ver Napoleoni, Cláudio. Smith, Ricardo, Marx. Rio de Janeiro: Graal, 1978. p. 41 ss.

38. As classes dos capitalistas e dos trabalhadores assalariados são fundamentais no sentido de que definem a especificidade, a essência das relações sociais que se estabelecem no modo de produção capitalista.

Entretanto,

a natureza não produz, de um lado, possuidores de dinheiro ou mercadorias e, de outro, meros possuidores das próprias forças de trabalho. Essa relação não tem sua origem na natureza, nem é mesmo uma relação social comum a todos os períodos históricos. (Marx, K., op. cit., p. 189)

No lugar do antagonismo de classe definido, de um lado, pelos interesses do capital de expropriar o trabalhador e, de outro, pelos interesses dos trabalhadores, passa-se à ideia de um *continuum* definido por uma estratificação social, resultante do esforço e mérito individual.

A desigualdade real, elemento fundamental que define a sociedade de classes, transfigura-se numa igualdade legal fundada numa liberdade abstrata da forma do Estado liberal.[39]

Na melhor das hipóteses, a liberdade que o trabalhador tem é escolher o capitalista para quem trabalhará, mas a liberdade de não trabalhar para capitalista algum é simplesmente a liberdade de passar fome ou sofrer degradação social (Green, F. e Nore, P., 1978). Em última instância, o trabalhador depende, para sobreviver, de que o capitalista se disponha a comprar sua força de trabalho.

Quem diz capacidade de trabalho, não diz trabalho, tampouco quem diz capacidade de digestão, diz digestão. Sabe-se que para digerir não basta um bom estômago. Quem diz capacidade de trabalho não põe de lado os meios de subsistência necessários para sustentá-la [...] A capacidade de trabalho [...] nada é se não se vende. (Marx, K., op. cit., p. 194)

O conceito de capital reduz-se a um mero fator de produção onde as máquinas em si, como capital constante e técnico, são tidas como capazes de criar valor independentemente da intervenção do trabalho humano. Mascara-se, desta forma, a origem real e única da produção da mais valia — o trabalho humano excedente apropriado pelo capitalista. O centro unitário de análise deixa de ser o valor-trabalho, e a relação de classe entre o trabalhador e o capita-

---

39. Em relação às categorias básicas da forma de Estado liberal. Ver Pereira, Luiz. *Capitalismo*: notas teóricas. São Paulo: Duas Cidades, 1977. Ver, também, Capítulo 2.

A PRODUTIVIDADE DA ESCOLA IMPRODUTIVA 79

lista transfigura-se numa relação de troca de agentes de produção igualmente livres.

Em suma, o conceito de capital humano, desenvolvido sob a herança da concepção burguesa de sociedade, que busca dar conta do investimento feito em educação para produzir capacidade de trabalho, e explicar, de um lado, os ganhos de produtividade não devidos aos fatores capital físico e trabalho, e, de outro, os ganhos salariais resultantes das taxas de retorno do investimento feito em educação estabelece:

a) um nivelamento entre o capital constante e o capital variável (força de trabalho) na produção do valor, ou seja, coloca-se o trabalhador assalariado, não apenas como "proprietário" de força de trabalho, adquirida pelo capitalista, mas proprietário ele mesmo de um capital — quantidade de educação ou de capital humano; considera o salário recebido, não como preço desta força de trabalho, mas como uma remuneração do capital humano adiantado pelo trabalhador, mascarando, desta forma, as relações capitalistas de produção e exploração (FGV/Iesae, 1981, p. 52).

b) Uma redução da concepção de educação na medida em que, ao enfocá-la sob o prisma do "fator econômico" e não da estrutura econômico-social, o educacional fica assepticamente separado do político, social, filosófico e ético. Como elemento de uma função de produção, o educacional entra sendo definido pelos critérios de mercado, cujo objetivo é averiguar qual a contribuição do "capital humano", fruto do investimento realizado, para a produção econômica. Assim como na sociedade capitalista os produtos do trabalho humano são produzidos não em função de sua "utilidade" mas em função da troca, o que interessa, do ponto de vista educativo, não é o que seja de interesse dos que se educam, mas do mercado. Neste contexto o ato educativo, definido como uma prática eminentemente política e social, fica reduzido a uma tecnologia educacional.

Esta redução estabelece uma dupla mediação produtiva no movimento global do capital. Um determinado nível de adestramento geral, básico, funcional à produção capitalista, quer a nível de uma educação elementar em "doses homeopáticas", quer em sistemas escolares particulares do tipo Senai, Senac, Senar etc., e uma produtividade resultante da desqualificação do trabalho escolar.

Por outra parte, a visão de capital humano, além de estabelecer este tipo de redução, vai reforçar toda a perspectiva meritocrática dentro do processo escolar. Assim como no mundo da produção todos os homens são "livres" para ascenderem socialmente, e esta ascensão depende única e exclusivamente do esforço, da capacidade, da iniciativa, da administração racional dos seus recursos, no mundo escolar a não aprendizagem, a evasão, a repetência são problemas individuais. Trata-se da falta de esforço, da "não aptidão", da falta de vocação. Enfim, a ótica positivista que a teoria do capital humano assume no âmbito econômico justifica as desigualdades de classe, por aspectos individuais; no âmbito educacional, igualmente mascara a gênese da desigualdade no acesso, no percurso e na qualidade de educação que têm as classes sociais.

A desarticulação da concepção burguesa veiculada pela teoria do capital humano implica sair da visão de superficialidade e de pseudoconcreticidade que a mesma instaura na análise dos vínculos entre economia e educação, educação e trabalho, e voltar o foco de análise nas relações sociais de produção específicas à sociedade do capital. Implica o abandono da análise das relações de troca e a volta à análise das relações que se estabelecem entre as classes sociais nas relações de produção da existência. Implica o abandono da ideia de equilíbrio, harmonia, e a identificação das contradições inerentes ao antagonismo de classe, oriundo da contradição fundamental capital-trabalho; implica, finalmente, superar a ideia de utilidade e voltar à ideia de valor-trabalho.

Não é propósito deste trabalho retomar aqui análises já efetivadas a esse respeito. Os trabalhos abaixo mencionados, entre outros, tanto no âmbito da economia política, quanto da economia (política) da educação, são exemplos indicativos dessa volta.[40]

---

40. Belluzzo, L. G. *Valor e capitalismo*: um ensaio sobre a economia política. São Paulo: Brasiliense, 1980; Salm, C. *Escola e trabalho*, op. cit.; Lautier, B.; Tortajada, R. *École, force*

No capítulo que se segue, buscamos delinear as condições históricas dentro do modo de produção capitalista em que efetivamente a teoria do capital humano é demandada. Essa abordagem histórica não visa apenas a esclarecer o presente para compreender-se como o modo de produção capitalista busca utilizar-se da prática educacional (escolar ou não), mas, especialmente, como é possível utilizar-se desta prática na perspectiva da mudança deste modo de produção.

---

de travail et salaire. Grenoble, 1978, Gorz, André [org.]. *Crítica da divisão do trabalho*. São Paulo: Martins Fontes, 1980; Finkel, Sara et al. El capital humano: conceptión ideológico. In: *La educación burguesa*. México: Nueva Imagen, 1977; Attalai, Jacques; Guillaume; Marc. Desigualdades, injustiça e exploração. In: *A antieconomia*, Zahar, 1975; Braverman, Harry. Trabalho e capital monopolista. *A degradação do trabalho no século XX*. Zahar, 1977; Maigneim, Y. *La division du travail manuel et intelectuel*. Paris: François Maspero, 1975.

As condições (históricas) que demandam e produzem a teoria do capital humano no desenvolvimento do modo de produção capitalista

> Na sociedade burguesa as relações de produção tendem a configurar-se em ideias, conceitos, doutrinas ou teorias que evadem seus fundamentos reais.
>
> *Octavio Ianni*

Mostramos no capítulo anterior que a "análise em giro" ou a circularidade de análise, presente na teoria do capital humano, é uma decorrência necessária da visão de mundo e de sociedade que a mesma busca solidificar. Trata-se de uma visão a-histórica que veicula os interesses da classe burguesa e, como tal, busca erigir uma apologia das relações sociais de produção da sociedade capitalista. Isto significa que na medida em que busca veicular os interesses burgueses, esta análise não tem como não ser circular. A superação da circularidade implica colocar a análise na ótica do interesse da classe dominada, o que equivale a historicizar as relações sociais de produção, onde a prática educacional se insere.[1] O

---

1. Esta postura epistemológica implica que se decline da visão positivista que postula a ideia da neutralidade da ciência, visão esta muito afeita à análise econômica bur-

A PRODUTIVIDADE DA ESCOLA IMPRODUTIVA

movimento desta historicização se inicia pela criação de uma visão de mundo na ótica dos interesses da classe dominada.

Partimos, neste capítulo, da tese de que a concepção econômica de educação veiculada pela teoria do capital humano não é uma "invenção da mente humana", mas um produto histórico determinado, decorrente da evolução das relações sociais de produção capitalistas.

> Nas minhas pesquisas cheguei à conclusão de que as relações jurídicas, assim como as formas de Estado, não podem ser compreendidas por si mesmas, nem pela evolução geral do espírito humano, inserindo-se, pelo contrário, nas condições materiais de existência. [...] na produção social de sua existência os homens estabelecem relações, necessárias, independentes de sua vontade, relações de produção que correspondem a um determinado grau de desenvolvimento das forças produtivas materiais. O conjunto destas relações de produção constitui a estrutura econômica, a base concreta sobre a qual se eleva uma superestrutura jurídica e política e à qual correspondem determinadas formas de consciência social. O modo de produção da vida material condiciona o desenvolvimento da vida social, política e intelectual em geral. (Marx, K. *Contribuição à crítica da economia política*, 1977, p. 24)

Interessa-nos, neste capítulo, situar historicamente as condições concretas infra e superestruturais, dentro do desenvolvimento do

---

guesa. Cabe ressaltar, entretanto, que se no capítulo anterior enfatizamos o caráter de classe da análise econômica da educação, que tenta preservar os interesses da classe burguesa dominante, e defendemos aqui a necessidade de se analisar esta questão colocando-a na ótica dos dominados, não queremos defender com isso a tese do relativismo absoluto em termos de prática científica. Queremos, ao contrário, mostrar que se, de um lado, nas ciências históricas o pesquisador é um engajado, comprometido, "não inocente", de outro, o fato da classe dominada ser a que tem interesse na historicização do real, na mudança, a pesquisa que se coloca na sua ótica tende a não ser conservadora, e embora não seja uma razão suficiente, tem mais probabilidade de se aproximar do concreto, do real.

Marx, no Posfácio da segunda edição de *O capital*, enfatiza o caráter engajado de sua crítica à economia política: "[...] se essa crítica representa a voz de uma classe, só pode ser a da classe cuja missão histórica é derrubar o modo de produção capitalista e abolir finalmente todas as classes — o proletariado" (ver, Marx, K. *O capital*. 2. ed. Rio de Janeiro: Civilização Brasileira, 1978. Posfácio, p. 12; ver também Löwy, M. Objetividade e ponto de vista de classe nas ciências sociais. In: *O método dialético e a teoria política*. Rio de Janeiro: Paz e Terra, 1978. p. 9-34; Schaff, A. O caráter de classe do conhecimento histórico. In: *História e verdade*. São Paulo: Martins Fontes, 1971. p. 141-86.

modo de produção capitalista, que demandaram esta formulação e criaram o espaço para que contribuíssem "produtivamente" para a ampliação da acumulação em geral do capital.

Partimos da suposição de que embora a teoria do capital humano tenha seus supostos teóricos fundados na visão econômica neoclássica — fase do capitalismo concorrencial — onde o liberalismo constitui a ideologia jurídico-política dominante, configurando a forma de Estado liberal, esta teoria encontra o espaço efetivo de sua necessidade e de seu desenvolvimento na fase monopolista, das últimas quatro décadas do modo de produção capitalista, cuja forma de Estado corresponde à fase do Estado intervencionista.[2]

Fundamentalmente, interessa-nos mostrar que a teoria do capital humano e seus desdobramentos em termos de políticas educacionais não são uma produção maquiavélica (sentido corrente) de uma maquinação feita pela vontade individual, mas resultantes das próprias contradições e crise do capitalismo em sua fase monopolista contemporânea.

Embora imediatamente o interesse focal de análise incida sobre a fase contemporânea do capitalismo monopolista, para o propósito pedagógico deste trabalho, e mesmo como embasamento teórico nos capítulos que se seguem, vamos, ainda que esquematicamente e sem pretensão de originalidade, discutir algumas categorias de análises e esboçar a especificidade do modo de produção capitalista.[3] Isto se justifica na medida que as diferentes fases do capitalismo e suas formas de legitimação jurídico-política, ou diferentes formas

---

2. O paradoxo, entretanto, é apenas aparente de vez que a forma de Estado intervencionista não transgride os supostos neoclássicos na sua essência, apenas representa uma nova estratégia do capitalismo buscar superar suas crises.

3. Restringimo-nos aqui basicamente à categoria modo de produção da existência por duas razões primeiramente por tratar-se da categoria mais ampla é fundamental que articule as demais categorias do método histórico dialético de análise do real; em segundo lugar, porque neste trabalho essa categoria é fundamental e, de outro, as categorias contradição, totalidade, mediação, que também permeiam esta análise, estão, em nosso entender, suficientemente analisadas na literatura recente no campo educacional. Veja-se, por exemplo, a tese de doutorado de Cury, J. *Educação e contradição*: elementos metodológicos para uma teoria crítica da educação. [Tese de doutorado] São Paulo: Pontifícia Universidade Católica, 1980. Sobre a categoria imediação, ver também Mello, G. N.

de Estado capitalista, não representam senão mecanismos de recomposição das crises inerentes ao caráter contraditório (da relação capital/trabalho) do modo de produção capitalista na consecução da maximização do lucro. Efetivamente, para entender o fenômeno do processo histórico do capitalismo monopolista, é preciso um exame prévio da natureza e da organicidade do capital. Isto nos leva, então, à análise das leis de acumulação, concentração e centralização como leis imanentes do capital e a medida dos seus limites. Finalmente, buscaremos discutir o surgimento histórico e a função da teoria do capital humano no interior das novas determinações que o movimento do capital monopolista impõe ao Estado como o articulador do capital e como capitalista particular.

1. Homem, trabalho e a especificidade do modo de produção capitalista da existência

O conceito de homem não é um conceito abstrato, a-histórico; pelo contrário, é um conceito concreto. Nesta concepção o homem não se define por uma natureza humana dada, universal, mas como um devir histórico que se faz, se produz pelo trabalho. A pergunta concreta, histórica, que põe adequadamente a apreensão do conceito de homem não é, pois, o que é o homem, mas como é produzido o homem. O homem concreto é concebido, então, como uma síntese das relações sociais que ele estabelece na produção de sua existência (Gramsci, A., 1978a, p. 38-44).

À medida que passamos da visão abstrata e genérica de homem para uma visão histórica, concreta, de um homem que se produz nas relações sociais de produção, o conceito de trabalho e de propriedade estão implicados nesta concepção.

[...] O trabalho é um processo de que participam o homem e a natureza, processo em que o ser humano com sua própria ação impulsiona, regula

---

Acerca da mediação: uma visão da escola. In: *Magistério de 1º grau*: da competência técnica ao compromisso político. São Paulo: Cortez/Autores Associados, 1982. p. 24-34.

e controla seu intercâmbio material com a natureza como uma de suas forças. [...] Atuando assim sobre a natureza externa e modificando-a, ao mesmo tempo modifica sua própria natureza. (Marx, K., op. cit., p. 202)

O homem enquanto natureza e animal se confunde com a natureza em geral e com o mundo animal; mas pelo trabalho, na relação com os demais homens, se distingue e se produz homem, torna-se o único ser capaz de apropriar-se da natureza, transformá-la, de criar, e fazer cultura.

Poder apropriar-se da natureza, transformá-la pelo trabalho é, então, uma condição para o homem poder produzir-se enquanto tal. A propriedade ou ser proprietário (não sob a forma capitalista privada de propriedade)

> originalmente significa uma relação do sujeito atuante (ou o sujeito que reproduz a si mesmo) com as condições de sua produção ou reprodução como suas próprias. (Marx, K. 1977, p. 92) [...] significa nada mais do que a atitude do homem ao encontrar suas condições naturais de produção como lhe pertencendo, como pré-requisitos de sua própria existência; sua atitude em relação a elas como pré-requisitos naturais de si mesmo que constituiriam prolongamento de seu corpo. (Id., ibid., p. 82)

Tirar do homem a condição originária de se produzir enquanto homem — ou seja, de todo homem poder apropriar-se pelo trabalho em relação com os demais homens, da natureza para transformá-la em seu benefício, ou romper com esta relação originária sob a forma capitalista privada de apropriação — é tirar e eliminar as condições de existir do homem.

O homem, historicamente, em todas as sociedades, entra em relação com os demais homens e com a natureza, transforma-a, produz bens úteis para sua manutenção e reprodução; não só produz o imediatamente necessário, mas pode — e é o caso da maior parte das sociedades — produzir um excedente.

De uma forma ou de outra, os homens repartem o produto de seu trabalho. De acordo como ocorrem as relações que os homens estabelecem na produção e apropriação desta produção, variam suas condições existenciais concretas, biológicas, sociais, culturais, educacionais.

Estas relações que os homens estabelecem na produção de sua existência não são relações de justaposição, determinadas pelo fato de serem eles mesmos natureza, mas orgânica e ativamente pelo trabalho e pela técnica. É neste sentido que a modificação do homem se dá mediante e na medida em que se modifica o conjunto de relações do qual ele é ponto central (Gramsci, A. op. cit., p. 40).

São, pois, as relações sociais que os homens estabelecem na produção de sua existência (relações de produção) que, juntamente com a capacidade de produzir (forças produtivas), constituem o *modo de produção* que nos fornece o método para caracterizar as sociedades e analisar suas transformações.

A categoria modo de produção da existência constitui-se, então, no elemento básico para entendermos como os homens concretamente se produzem pelo trabalho, e como historicamente as relações sociais de produção da existência variam.

O modo de produção da existência engloba as relações sociais de produção que os homens estabelecem, mediatizados ou não pela técnica, para produzirem produtos úteis para seu sustento e reprodução; as leis de acesso, apropriação dos bens produzidos; as ideias, instituições, ideologias que buscam legitimar o modo de os homens se relacionarem na produção de sua existência.

> O modo de produção não deve ser considerado simplesmente como reprodução da existência física dos indivíduos. Trata-se, antes, de uma forma definida de atividade destes indivíduos, uma forma definida de expressar suas vidas, um definido modo de vida deles. Assim como os indivíduos expressam suas vidas assim eles são. E o que eles são, portanto, coincide com sua produção, tanto com o que produzem, quanto como produzem. A natureza dos indivíduos, portanto, depende das condições materiais de sua produção. (Marx, K., 1977b, p. 113)

E o modo de produção deve ser entendido como uma articulação entre infra e superestrutura, que formam, na visão gramsciana, um "bloco histórico" — "conjunto complexo, contraditório e discordante das superestruturas, e o reflexo do conjunto das relações de produção". Há, dentro desta perspectiva, "uma necessária reciprocidade entre estrutura e superestrutura, reciprocidade que é precisamente o processo dialético do real" (Gramsci, A., 1978a, p. 52).

Concebendo-se o modo de produção como uma articulação necessária entre infra e superestrutura, não há por que distinguir, de forma estanque em qualquer modo de produção, a instância econômica (infraestrutura) e a instância jurídico-política e ideológica (superestrutura), como tendem colocar algumas das diferentes vertentes do marxismo.[4]

A articulação necessária e orgânica entre infra e superestrutura nos leva de imediato à necessidade de uma dupla superação: o economicismo vulgar e mecanicista e o idealismo. De outra parte, nos permite caracterizar como parciais e enviesadas as análises que buscam situar a prática educacional, no interior do modo de produção capitalista, quer como uma prática que se dá meramente ao nível da superestrutura e mesmo estritamente ao nível da ideologia, amiúde entendida apenas como falsa consciência, ilusão; quer como uma análise que vincula esta prática unicamente à base infraestrutural.

Para apreender os vínculos ou desvínculos entre a prática educativa escolar ou não escolar, com o mundo da produção, do trabalho, implica apreender concretamente a especificidade do modo de produção onde essa prática se efetiva. Implica, de outra forma, apreender o movimento concreto, as formas que historicamente assume este modo de produção em contextos e épocas diversas.

Em que consiste, basicamente, a especificidade do modo de produção capitalista?[5]

---

4. Para uma discussão mais detalhada sobre o modo de produção tomado como articulação entre infra e superestrutura, bem como para uma crítica à visão de Althusser e seus seguidores, veja Pereira, L. *Capitalismo*: notas teóricas. São Paulo: Duas Cidades, 1977. p. 11-72.

5. Como aludimos na introdução deste trabalho, utilizamos a categoria modo de produção capitalista sem referência específica a uma determinada formação social. Isso decorre, como vimos, do objetivo do presente trabalho, que busca mostrar, basicamente, que a teoria do capital humano — especificidade das teorias de desenvolvimento — só poderia aparecer no interior da formação capitalista onde as relações sociais de produção

Vimos que, em qualquer sociedade, pelo trabalho, os homens, juntamente com os outros (homens), entram em relação com a natureza e produzem a sua sobrevivência — produzem a si mesmos. Estas relações são mediatizadas e variam de acordo com a natureza e tipo de desenvolvimento das forças produtivas e dos instrumentos de trabalho utilizados. A natureza específica de qualquer modo de produção é historicamente determinada, então, pelo tipo de relação social que os homens estabelecem na produção de sua existência.

Não cabe aqui, para os limites e propósitos deste trabalho, retomar a análise detalhada das formações econômicas pré-capitalistas que nos permitem chegar a fixar o movimento mais global da transição para o modo de produção capitalista. Interessa-nos, apenas, enunciar, a partir disto, os pré-requisitos históricos para a existência desse modo de produção e os traços fundamentais de sua especificidade e evolução.

Fundamentalmente,

> a relação do trabalho com o capital, ou das condições objetivas do trabalho com o capital, pressupõem um processo histórico que dissolve as diferentes formas nas quais o trabalhador é um proprietário e o proprietário trabalha.

Essa dissolução implica a criação de condições em que

> o trabalhador apareça como trabalhador livre, como capacidade de trabalho puramente subjetiva, sem objetividade, enfrentando as condições objetivas da produção como sua não propriedade, como propriedade alheia, como valor existente em si mesmo, como capital. (Marx, K., 1977b, p. 91-3)

Marx, na análise sobre as formações econômicas pré-capitalistas (Id. ibid.), discute o processo histórico de dissolução dos modos

---

atingiram o maior grau de desenvolvimento. Importa apreender aqui a categoria fundamental que permeia as demais categorias (totalidade, contradição, mediação etc., do método histórico dialético).

de produção que precederam o modo de produção capitalista e os requisitos de transição.

Do ponto de vista da gênese das relações capitalistas de produção, a condição histórica básica é, pois, que o trabalhador apareça no mercado de trocas para vender sua força de trabalho duplamente livre: livre no sentido que esteja destituído de propriedade, a não ser sua força de trabalho, e livre do domínio total de alguém sobre ele, de sorte que não só as relações de troca possam se efetivar, como se efetivem formalmente sob uma aparência legal.

A cidadania (abstrata) constituiu-se como um direito fundamental da sociedade capitalista.

> O capitalismo tem que engendrar o sujeito livre e igual ante o direito, o contrato e a moeda, sem o que não poderia existir sua ação seminal: a compra e venda da força de trabalho e apropriação do valor. Esta liberdade efetiva implica como paralelo seu a igualdade abstrata da cidadania [...]. Com isso, tal abstração converte-se em fundamento de um poder voltado à reprodução da sociedade e da dominação da classe que a articula. (O'Donnel, G., 1981)

Para apreender a verdadeira natureza desta relação, devemos distinguir a relação capitalista/assalariado no âmbito da circulação, e esta mesma relação na esfera da produção.

No primeiro caso — na circulação — mesmo que a mercadoria força de trabalho possa ser percebida como uma mercadoria de natureza diversa das demais, a transação econômica formalmente se dá como sendo legal, ou seja, o capitalista dá dinheiro e o assalariado a força de trabalho.

Quando passamos para a esfera da produção, ao analisar como a força de trabalho é consumida, veremos que a troca de equivalentes do processo de circulação torna-se uma troca de coisas desiguais no processo produtivo. O que constrange o trabalhador à troca é a "coação econômica". A perda das suas condições objetivas de se apropriar da natureza como sua o constrange a se tornar um assalariado, um vendedor de si mesmo como uma mercadoria. Como tal entra no jogo do mercado.

Configura-se, então, historicamente, um modo de produção onde as relações sociais de produção da existência sociais são marcadas por uma cisão fundamental: proprietários dos meios e instrumentos de produção e assalariados, não proprietários, que dispõem, para a troca, unicamente de sua força de trabalho, criadora do valor, agora transfigurada em uma mercadoria, para o capitalista, igual a qualquer outra. Esta cisão delineia as classes fundamentais do modo de produção capitalista e o eixo para entender as relações sociais de produção e a prática educacional que se dá no seu interior.

Vale assinalar, neste ponto, que a questão da desqualificação da escola para a classe trabalhadora — o mito da "vocação" ou não vocação, o sucesso ou o fracasso escolar como resultantes do prêmio ou castigo pelo esforço ou displicência individual — enfim, as pseudoexplicações para os bloqueios no acesso e no percurso escolar somente serão apreendidas concretamente na medida em que se tenha a cisão da sociedade de classe como ponto de partida.

Uma segunda característica que marca a especificidade social e histórica do modo de produção capitalista, que o difere de todos os modos de produção que o precederam, consiste em ser um modo de produção mercantil onde a produção se organiza não mais em função do valor de uso, da utilidade, do consumo dos bens para seus produtores, mas em função do valor de troca, uma produção para a produção. A mercadoria constitui-se então, na forma elementar que assumem os produtos do trabalho humano na sociedade mercantil.

> Para ele (o capitalista), a mercadoria que possui não tem nenhum valor de uso direto. Do contrário, não a levaria ao mercado. Ela tem valor de uso para outros. Para ele só tem diretamente um valor-de-uso, o de ser depositária de valor e, assim, meio de troca. Por isso quer aliená-la por mercadoria cujo valor-de-uso lhe satisfaça. Todas as mercadorias são não-valores-de-uso, para os proprietários, e valores-de-uso para os não proprietários. Todas têm, portanto, de mudar de mãos. Mas, essa mudança de mãos constitui sua troca, e sua troca as relaciona uma com as outras como valores e realiza-se como valores, antes de poderem realizar-se como valores-de-uso. (Marx, K., 1980, p. 95)

As relações mercantis, na sociedade capitalista, implicam necessariamente a existência de uma mercadoria que, uma vez adquirida e consumida em combinação com as matérias primas e instrumentos de trabalho (meios de produção), incorpore um valor adicional às mercadorias produzidas. A força de trabalho, e não o trabalho, constitui-se nesta mercadoria particular da produção capitalista, cuja utilidade reside na capacidade de gerar uma quantidade de valor maior que seu próprio valor. O que constitui o objeto de troca entre capitalista e assalariado não é o trabalho, mas a força de trabalho.

O processo de trabalho, que é atividade dirigida com o fim de criar valores de uso, de apropriar os elementos naturais às necessidades humanas, condição necessária do intercâmbio material entre o homem e a natureza, condição natural e eterna da vida humana, recebe uma determinação social, histórica, e é convertido em trabalho genérico, abstrato, um trabalho separado dos sujeitos — força de trabalho.

A mercadoria, como forma elementar e básica da sociedade do capital, cuja essência é seu valor de troca, compõe-se, de acordo com a perspectiva marxista, de três partes: uma primeira parte — capital constante — que transmite ao produto um valor igual ao seu próprio valor, constituída pelo valor da parte de capital que se destina à aquisição dos meios de produção; uma segunda parte — capital variável — ou seja, parte do capital destinado a comprar força de trabalho. É variável exatamente porque é capaz de transmitir ao produto, além de seu valor, um valor adicional. Isto é, produz, além do trabalho necessário à reprodução de seu valor, um trabalho excedente, uma mais valia. A mais valia, constituiu-se na terceira parte componente da mercadoria. É, pois, na compra, apropriação e consumo desta mercadoria especial — força de trabalho, componente da mercadoria como um todo — que o capitalista encontra a fonte única do lucro.

Todo esforço do capital (e do capitalista) é, então, de ampliar a taxa de mais valia, taxa essa que mede o grau de exploração da força de trabalho.

O que interessa ao modo de produção capitalista não é a utilidade dos bens para seus produtores, mas a troca; não é o trabalho humano em si, mas a quantidade de trabalho consumido e repartido entre os diversos setores de produção.

O valor de troca, por sua vez, não é determinado pelo trabalho isolado de cada trabalhador, mas pelo trabalho socialmente necessário num contexto histórico determinado. Ele varia de acordo com a produtividade do trabalho, determinada basicamente pelo desenvolvimento das forças produtivas.

A produção para a troca transforma cada trabalhador num órgão do trabalho social. O trabalho concreto, útil de cada trabalhador vai-se dissolvendo em trabalho social, tornando-se trabalho abstrato e "a este título é conduzido à posição de substância do valor" (ver Belluzzo, L., *Estudos Cebrap*, n. 24, p. 7-39).

Isto pressupõe um processo histórico onde o trabalho particular se transforma em trabalho coletivo. Ao referir-se à transformação do trabalho concreta em trabalho abstrato, no interior do modo de produção capitalista, Marx assim se expressa:

> [...] esta abstração de trabalho em geral não é somente o resultado mental de uma totalidade concreta de trabalhos. A indiferença em relação a esse trabalho determinado (particular) corresponde a uma forma de sociedade na qual os indivíduos mudam com facilidade de um trabalho para outro, e na qual o gênero preciso de trabalho é para eles fortuito, logo indiferente. Aí, o trabalho tornou-se não só no plano das categorias, mas na própria realidade, um meio de criar a riqueza em geral e deixou, enquanto determinação, de constituir um todo com os indivíduos, em qualquer aspecto particular. (Marx, K., 1977a, p. 222)

A história da evolução e organização da sociedade capitalista, tendo por base as relações entre trabalho e capital, não é senão a história da radicalização da submissão do trabalho humano à lógica e à volúpia do capital. É a história da luta do capital e de seus proprietários para uma submissão cada vez mais total do trabalho ao capital.

A evolução da radicalização crescente da submissão do trabalho ao capital nos é descrita, em suas determinações mais gerais, na obra principal de Marx (*O capital*), principalmente no Livro I e no Capítulo VI (inédito) deste livro. Trata-se de um processo em que de uma submissão formal do trabalho ao capital, onde o trabalhador ainda dispõe de algum controle sob o processo de produção (seu instrumento, sua habilidade), passa-se a uma submissão real, onde o capital incorpora o próprio instrumento de trabalho e o progresso técnico, e onde o trabalhador vira instrumento do capital; ou seja, em vez de o operário utilizar os meios de produção, os meios de produção é que utilizam o operário.

A passagem dos modos de produção pré-capitalistas para o capitalista não se efetiva de forma abrupta. O modo de produção capitalista, historicamente determinado, passa a existir não só no momento em que se percebe como tal. Historicamente, pode-se observar que a sociedade capitalista, em formações sociais concretas, convive com traços dos modos de produção precedentes. O que ocorre é um processo onde os traços dos modos de produção precedentes vão sendo tragados paulatinamente até que o modo de produção capitalista seja dominante.

Desta forma, a reprodução das relações de produção capitalistas se dão inicialmente sob bases técnicas ainda pertencentes aos modos de produção precedentes. Embora existam as condições históricas onde o trabalhador é um não proprietário e está no mercado de troca para venda de sua força de trabalho, não se efetuou, de início, uma mudança essencial no processo de trabalho.

É no interior da manufatura que se criam as condições mais adequadas para a organização capitalista do trabalho. Primeiramente a organização do processo de trabalho toma a forma de cooperação simples, onde cada um realiza a mesma operação, com a única diferença que agora os trabalhadores estão reunidos num mesmo local, sob o controle do capital (capitalista). Rapidamente, porém, a manufatura evolui para formas de cooperação mais complexas e nasce a divisão técnica do trabalho. Parcializam-se as operações e cada trabalhador vai realizar tarefas cada vez mais parciais, limitadas. Esta forma de organização já permite ao capital se apropriar da força produtiva do trabalho coletivo, e ampliar, com isso, o trabalho não pago.

> [...] O trabalhador é proprietário de sua força de trabalho quando a mercadeja. [...] Sendo pessoas independentes, os trabalhadores são indivíduos

isolados que entram em relação com o capital, mas não entre si. Sua cooperação só começa no processo de trabalho, mas depois de entrar neste deixam de pertencer a si mesmos. Incorporam-se então ao capital. Quando cooperam, ao serem membros de um organismo que trabalha, representam apenas uma forma especial de existência do capital. Por isso a força produtiva que o trabalhador social desenvolve como trabalhador social é a produtividade do capital. [...] nada custando ao capital a força produtiva do trabalho coletivo, não sendo ela, por outro lado, desenvolvida pelo trabalhador antes de seu trabalho pertencer ao capital, fica parecendo que ela é força produtiva natural e imanente do capital. (Marx, K. 1980, p. 382)

As relações técnicas e sociais de produção existentes na manufatura não consubstanciam, porém, de forma acabada, uma submissão real do trabalho e do trabalhador ao capital, embora criem as condições para que tal ocorra. Embora o capitalista ou seu representante controle o processo de produção, o trabalhador ainda controla o manejo dos meios de produção. Mantém-se, aqui, uma das características básicas da relação homem-instrumento de trabalho e natureza, das sociedades que precediam o capitalismo; ou seja, o instrumento de trabalho, a "tecnologia" está ligada ao trabalhador, é como que uma extensão dele e lhe serve de mediação entre trabalho e natureza.

Esse domínio do instrumento de trabalho pelo trabalhador faz com que o capital dependa, para sua acumulação e ampliação, da habilidade do trabalhador, sua especialização etc.

A posse do instrumento dá ao trabalhador um poder de resistência contra o capital que se torna um obstáculo, um limite externo ao capital.

É na maquinaria que vai ocorrer uma submissão real do processo de trabalho e do trabalhador ao capital. O instrumento de trabalho não mais pertence ao trabalhador, e de ferramenta manual se transforma em máquina — um autômato. O trabalhador, com sua habilidade, sua qualificação, não passa mais a ser limite para o capital. O capital remove os limites que lhe são externos para a produção. O instrumento não está mais servindo de mediação entre o trabalho e a natureza. Inverte-se a relação, ou seja, o sistema de máquinas é que age, agora diretamente sobre a natureza, e o trabalho (e trabalhador) serve de mediação.

> [...] a máquina, que possui habilidade e força em lugar do operário, ela mesma o virtuose que possui uma alma própria nas leis mecânicas que operam nela; e, tal como o operário consome meios alimentares, assim ela consome carvão, óleo etc., para manter-se continuamente em movimento. A atividade de operário, reduzida a uma simples abstração de atividade, é determinada e regulada, em todos os seus componentes, pelo movimento da máquina, e não vice-versa.[6]

2. A acumulação, concentração e centralização: leis imanentes do movimento de autovalorização do capital e medidas de seus limites

> O que importa, ao analisar o movimento do capital, não é "ver como o capital administra estruturas existentes, mas como as cria e as destrói".
>
> *Schumpeter*

Com a incorporação do instrumento de trabalho ao capital, o progresso técnico vai-se constituir no elemento-chave para entender a determinação da produtividade do trabalho, a produção pela produção, a concorrência intercapitalista, como para entender as próprias crises cíclicas do capitalismo.

Conseguir o máximo de mercadorias com o mínimo de trabalho é uma lei do movimento global do capital que independe da vontade individual do capitalista embora este seja cúmplice. Esta lei se realiza mediante a necessidade de uma segunda,

> a de que não são as necessidades existentes que determinam a escala de produção, senão que, pelo contrário, é a escala de produção — sempre

---

6. Marx, K. *Lineamentos fundamentais (Grundisse)*, v. 2, apud Napoleoni, C. *Lições sobre o capítulo sexto (inédito) de Marx*. São Paulo: Livraria Editora Ciências Humanas, 1981. p. 87.

crescente — que determina a massa de produto. O objetivo é que cada produto contenha o máximo possível de trabalho não pago, [...] isso significa que a regulação de todo o tempo de de trabalho social é dada pela dinâmica de transformação constante de trabalho vivo, ou sob outro prisma, pela elevação continuada de composição orgânica do capital, o que equivale dizer, pela exacerbação da busca da produção pela produção. (Belluzzo, L., op. cit., p. 18-22)

Beluzzo destaca uma tríplice significação decorrente do fato de o processo de produção ter assumido, com a introdução do sistema de maquinaria, uma forma absolutamente objetiva:

Ao converter-se em autômato, o próprio instrumento de trabalho passa a enfrentar o trabalhador como capital. O instrumento de trabalho deixa de ser uma expressão da atividade subjetiva do trabalhador para se transformar na expressão personificada do capital que utiliza o trabalhador como seu instrumento. Em segundo lugar, a objetivação do processo de produção, ainda que não possa ser explicada senão como o coroamento dos desígnios do capital em extrair um volume crescente de trabalho não pago, significa a autonomização da estrutura técnica no sentido que a aplicação da ciência torna-se um critério que determina e estimula o desenvolvimento da produção imediata.

[...] A autonomização da estrutura técnica não significa apenas que o capital tenha absorvido as potencialidades subjetivas do trabalhador e as cristalizadas em formas materiais próprias (sistema de maquinaria). Mais que isso, o aperfeiçoamento destas formas materiais se revela ao nível da decisão social do trabalho, pelo surgimento de um setor especializado na produção dos elementos materiais, que compõem o capital constante, que agora se autonomiza frente ao setor destinado à produção de meios de consumo. (Belluzzo, L., op. cit., p. 21-2)

Este processo histórico onde o capital, enquanto uma relação social, busca desvencilhar-se cada vez mais da dependência dos limites impostos pelo trabalhador, pela resistência que este lhes impõe, desenha-se como um processo onde se busca expropriar do trabalhador os meios concretos desta resistência — seu "saber", sua qualificação, o domínio de técnicas, sua agilidade etc. A separação entre o operário e o seu instrumento vai determinando uma separação entre trabalhador e conhecimento, entre trabalhador e ciência.

O saber do trabalhador fica agora transferido à máquina. Extirpa-se a ciência do trabalhador comum. É com a incorporação do instrumento à maquinaria que se aguça o trabalho abstrato, desqualifica-se, de modo crescente, o posto de trabalho e prescinde-se cada vez mais da qualificação do trabalhador. Configura-se um trabalhador coletivo, permutável, porque para a maior parte das tarefas não se exige senão uma mínima qualificação. O poder de barganha, no interior do processo produtivo, diminui. A luta de classes — cujo elemento básico residia na renúncia do trabalhador produtivo em produzir se "desloca para uma luta mais ampla, que demanda novas formas de organização e de ação".[7]

Sendo o trabalho não mais o início do processo técnico, mas apenas o intermediário, passa a ser comandado pelo autômato que, à medida que necessita de qualificações e especificidades, estas são ditadas pela máquina. O capital instaura seu processo pedagógico próprio.

> A ciência, como produto intelectual em geral do desenvolvimento social, apresenta-se, do mesmo modo, como diretamente incorporada ao capital (sua aplicação, como ciência, separada do saber e da potencialidade dos operários considerados individualmente no processo material de produção); e o desenvolvimento geral da sociedade — porquanto é usufruído pelo capital em oposição ao trabalho e opera como força produtiva do capital contrapondo-se ao trabalho — apresenta-se como desenvolvimento do capital. (Marx, K. apud Napoleoni, op. cit., p. 91)

---

7. As análises de Gramsci sobre o Estado (sociedade política e sociedade civil) e sobre partido: (partido político, partido ideológico e partido revolucionário) captam, em nosso entender, a complexidade da luta de classes no interior do capitalismo contemporâneo, e indicam que o caminho da mudança e o campo desta luta não se dá, hoje, dominantemente no plano econômico, mas basicamente no plano político. A luta trava-se, então, inicialmente no âmbito da sociedade civil (esfera onde se dá a mediação entre a base econômica e o Estado no seu sentido estrito). A superação das relações de produção vigentes implicam um trabalho, uma revolução cultural, uma "reforma intelectual e moral", que se efetiva, inicial e basicamente, no bojo das organizações da sociedade civil (ver, a esse respeito, especialmente Gramsci, A. *Maquiavel*: a política e o Estado moderno. Rio de Janeiro: Civilização Brasileira, 1978; ver também, Glaucksmann. *Gramsci e o Estado*. Rio de Janeiro: Paz e Terra, 1980).

Notamos, pois, que com a maquinaria o processo de produção capitalista separa historicamente, cada vez mais, ciência e técnica, trabalho manual e trabalho mental.

É sob essas condições de submissão real do trabalho e do trabalhador ao capital — onde o processo de trabalho assume uma configuração adequada à relação econômica capitalista — que o modo de produção capitalista encontra seu espaço específico da acumulação e reprodução ampliada. É nesse quadro que a lei, cuja essência não é a produção para satisfazer necessidades, mas extração de mais valia, se expressa mais claramente como lei imanente do valor que comanda o processo de acumulação capitalista. É, igualmente, no interior de um capitalismo cada vez mais avançado que o caráter contraditório desta lei se explicita mais claramente e delineia as crises e limites da sociedade capitalista.

É originariamente em Marx, e posteriormente em Lenine e Rosa de Luxemburgo, que encontramos os elementos de análise histórica básicos que nos permitem entender o movimento do capital em sua exacerbação da produção pela produção, e assinalar as novas formas de relações de produção capitalistas, bem como o aguçamento das contradições e acirramento das crises do sistema capitalista de produção da existência.

Recuperar esses elementos, para além de seu efeito "pedagógico", é de todo necessário para, de um lado, entender as novas e presentes determinações que o Estado passa a ter em um contexto crescente de oligopolização da economia, tornando-se um articulador dos interesses intercapitalistas e, como tal, uma capitalista particular; e de outro, para compreender a gênese histórica da teoria do capital humano e sua função específica dentro do contexto em que ela surge.

Embora Marx tenha escrito sua obra principal num contexto histórico onde o desenvolvimento capitalista não apresentava o fenômeno da transnacionalização do capital, as novas formas de mercado oligopolizado, sua análise das leis imanentes e orgânicas do capital e do valor delineiam os elementos que prenunciam este fenômeno.

No conjunto de sua obra básica — *O capital* — Marx procura evidenciar que a lei do valor, como lei do movimento do capital, leva, inevitalmente, a um processo de acumulação, concentração e centralização do capital. Lei que delineia o movimento de autovalorização do capital e indica seus limites. O processo de acumulação, concentração e centralização não se reduz a uma questão de escolher ou não escolher, mas constitui-se numa força imanente do capital que impele o capitalismo a "expandir seu capital para convertê-lo, e só pode expandi-lo por meio da cumulação progressiva" (Marx, K., 1980, p. 688).

O processo de acumulação, concentração e centralização, embora distintos na sua manifestação, constituem-se em elementos indissociáveis de um mesmo movimento — o movimento de autovalorização do capital.

A *acumulação do capital*, condição do surgimento e da expansão capitalista, deriva dos métodos de expropriação da mais valia. Ao comprar "força de trabalho", o capitalista não compra apenas o trabalho necessário à reprodução desta força de trabalho. Pelo contrário, o interesse do comprador de força de trabalho é o trabalho excedente, o sobre-trabalho. O refinamento dos métodos de extração de mais valia é que vai permitir ao capital uma acumulação ampliada.

> Com a acumulação do capital desenvolve-se o modo de produção especificamente capitalista, e com o modo de produção especificamente capitalista a acumulação do capital. Esses dois fatores, na proporção conjungada dos impulsos que se dão mutuamente, modificam a composição técnica do capital e, desse modo, a parte variável se torna cada vez menor em relação à constante. (Id. ibid., p. 726)

Marx aponta aqui a tendência histórica do estreitamento da base que produz mais valia e, consequentemente, a contradição que o capital é levado a acirrar de maneira crescente (discutiremos logo adiante este aspecto).

A *concentração do capital* resulta, inevitavelmente, do processo de acumulação, determinada pela própria concorrência intercapitalista. Caracteriza-se esta, fundamentalmente, pela tendência à extensão ou volume do capital por capitalista ou empresa.

> Ao ampliar-se a massa de riqueza que funciona como capital, a acumulação aumenta a concentração dessa riqueza na mão de capitalistas individuais e, em consequência, a base da produção em grande escala e os métodos de produção especificamente capitalistas. (Id., ibid., p. 126)

A *centralização*, que não se confunde com acumulação e concentração, mas que delas resulta, define-se pela apropriação de capitalistas por capitalistas — a transformação de muitos capitais pequenos em alguns poucos grandes.

Contrariamente à visão burguesa, que tinha na concorrência perfeita uma "lei de natureza", Marx vai mostrar que é exatamente a partir dela e por ela que o sistema capitalista caminha para a centralização do capital.

> A batalha de concorrência é conduzida por meio da redução dos preços das mercadorias. Não se alterando as circunstâncias depende de produtividade do trabalho, e este da escala de produção. Os capitais grandes esmagam os pequenos [...] a concorrência acirra-se então na razão direta do número e inversa da magnitude de capitais que se centralizam. E acaba com a derrota de muitos capitalistas pequenos, cujos capitais ou soçobram ou se transferem para a mão do vencedor. (Id., ibid., p. 727-8)

Após analisar a acumulação primitiva do capital e sua gênese histórica, onde a "propriedade fruto dos esforços próprios é baseada, por assim dizer, na interpretação do trabalhador individual e independente com suas condições de trabalho", e onde a exploração desses proprietários que administram sua própria economia é substituída pela propriedade privada em sua forma capitalista e a consequente exploração da força de trabalho alheia, apenas aparentemente livre e independente, Marx vai mostrar novamente que a especificidade desta expropriação compreende a crescente concentração do capital. Concentração esta onde o capital, no seu próprio interior, ao expandir-se, vai criando o seu contrário, vai delineando seus limites e enfrentando crises mais agudas.

Essa expropriação se opera pela ação das leis imanentes a própria produção capitalista, pela centralização dos capitais. Cada capitalista elimina muitos outros capitalistas. Ao lado dessa centralização, ou da expropriação de muitos capitalistas por poucos, desenvolve-se, cada vez mais, a forma cooperativa do processo de trabalho, a aplicação consciente da ciência ao progresso tecnológico, a exploração planejada do solo, a transformação dos meios de trabalho em meios que só podem ser utilizados em comum, o emprego econômico de todos os meios de produção manejados pelo trabalho combinado, social, o envolvimento de todos os povos na rede do mercado mundial e, com isso, o caráter internacional do regime capitalista. À medida que diminui o número dos magnatas capitalistas que usurpam e monopolizam todas as vantagens desse processo de transformação, aumentam a miséria, a opressão, a escravização, a degradação, a exploração; mas, cresce também a revolta da classe trabalhadora, cada vez mais numerosa, disciplinada, unida e organizada pelo mecanismo do próprio processo capitalista de produção. O monopólio do capital passa a entravar o modo de produção que floresceu com ele e sob ele. A centralização dos meios de produção e a socialização do trabalho alcançam um ponto em que se tornam incompatíveis com o envoltório capitalista. O invólucro rompe-se. Soa a hora final da propriedade particular capitalista. Os expropriadores são expropriados. (Marx, K., 1980, p. 881-2)

O limite do processo de centralização do capital é apontado por Marx da seguinte forma:

Num dado ramo a centralização terá alcançado seu limite extremo quando todos os capitais nele investidos se fundirem num único capital. Numa determinada sociedade só seria alcançado esse limite no momento em que todo o capital social ficasse submetido a um único controle, fosse ele de um capitalista individual ou de uma sociedade anônima. (Id., ibid., p. 127)

O processo de incorporação do progresso técnico ao capital, decorrência do próprio movimento orgânico do capital, é a arma da luta intercapitalista no processo de concentração e centralização.

A incorporação de uma inovação tecnológica por parte de um capitalista individual lhe permite um lucro maior na medida em que lhe faculta — durante o período em que é o único a ter essa inovação rebaixar o valor das mercadorias cm relação ao socialmente determinado (ver Marx, K., 1980, p. 463-4). Os demais capitalistas,

A PRODUTIVIDADE DA ESCOLA IMPRODUTIVA

porém, imediatamente buscam igualar-se e mesmo superá-lo com a introdução de uma inovação tecnológica, mais avançada.

Mas a mesma lei que impulsiona o capital na busca de sua valorização crescente — reprodução ampliada — traz em suas entranhas seu contrário, ou seja, a tendência ao declínio da taxa de lucro, que em suas expressões mais agudas determina crises profundas no modo de produção capitalista. Para não cair num determinismo ou numa visão catastrófica de caráter imobilista, cabe enfatizar o aspecto contraditório da expansão capitalista, ou seja, não existe uma determinação imediata entre progresso técnico e queda da taxa de lucro. Gramsci chama a atenção a esse respeito ao criticar o economicismo croceano: "Em sua análise, Croce esquece o elemento fundamental da formação do valor e do lucro: o trabalho socialmente necessário". Em função disso, ele pressupõe que "todo o progresso técnico determina imediatamente uma queda da taxa de lucro". A afirmação é errônea posto que a lei da queda da taxa de lucro

> não é senão o aspecto contraditório de uma outra lei: a mais valia relativa, que determina a expansão molecular do sistema de fábricas e, portanto, o desenvolvimento do modo de produção capitalista.[8]

O que ocorre, fundamentalmente, é que com o aumento orgânico crescente do capital constante, determinado pela própria dinâmica da produção pela produção, necessária para a acumulação e reprodução ampliada do capital e, de outra parte, pela própria competição intercapitalista inerente a esse processo, vai-se determinando um estreitamento, uma redução cada vez maior do capital variável, base social da extração da mais valia. A incorporação crescente do progresso técnico (independentemente da escassez ou abundância da mão de obra) ao capital como arma para o aumento da produtividade e competição intercapitalista vai demandando relativamente, cada vez menos, trabalho produtivo.[9]

---

8. Gramsci, A. *Caderno 10*, apud Glucksmann, C. B. *Gramsci e o Estado*. Rio de Janeiro: Paz e Terra, 1980. p. 389.

9. Belluzzo, L. G., op. cit., p. 97-8. Adiante retomaremos este aspecto já que esta problemática, a nosso ver, necessita ser melhor analisada para se poder entender o tipo de mediação que a educação exerce no interior do modo de produção capitalista.

Em suma, em toda a trajetória de *O capital*, Marx está preocupado em mostrar o caráter antagônico do modo de produção capitalista, onde os seus limites entranham-se no próprio movimento de autovalorização do capital. Enquanto na primeira parte (Livro 1) vai mostrar o movimento do capital que busca historicamente remover os limites externos de sua expansão e o movimento mesmo da acumulação, concentração e centralização como leis de valorização do valor, ao discutir os esquemas de reprodução (Livro 2)

> busca mostrar a possibilidade de *funcionamento* de uma economia que por sua natureza é movida pela contradição entre tendência à potencialização ilimitada das forças produtivas e a base estreita (apropriação do tempo de trabalho) em que repousa.

Finalmente, na última parte de sua obra (Livro 3), vai mostrar que o próprio processo de acumulação leva o sistema a expandir-se mais que suas possibilidades de realizar o que produz e, com isso, determina o aparecimento de crises, cada vez mais agudas. A crise não é um "acidente" conjuntural, e sim, algo inerente ao caráter contraditório das relações capitalistas de produção.

Ao contrário das teses do "quanto pior melhor", ou das análises "subconsumistas",[10] as passagens acima destacadas, como de resto a trajetória de *O capital*, servem tanto para indicar a direção da análise para aqueles que se dispõem a examinar as pegadas do vir-a-ser do capital no seu movimento de autovalorização — movimento este que se dá sob máscaras, e as consequentes novas formas que vão assumindo as relações de produção no interior do sistema capitalista — como para detectar os seus limites intrínsecos e especificar a natureza de suas crises, as condições e possibilidades da passagem para um novo modo de produção.

---

10. A tese do "quanto pior melhor", em termos gerais, se define pela postura economicista e determinística que aponta que a passagem do capitalismo para socialismo implica a degenerescência do sistema capitalista. Neste sentido, quanto maior for a estagnação, a miséria, mais propícias seriam as condições de passagem. Correlata à tese do quanto pior melhor é a tese "subconsumista", que dá a entender que as crises do capitalismo são crises que se originam na falta de consumo.

Contrariamente ao que superficialmente possa parecer, as crises do modo de produção capitalista não são determinadas pela estagnação, mas pelas próprias "virtudes do desenvolvimento capitalista" (virtude na ótica do capital), pela superprodução.

A superprodução — com a não correspondente capacidade de realização do valor — vai determinando um aumento de excedente, um excesso de poupança, que constrange o capital não ter condições de investir tudo produtivamente.

Os trabalhos de Lenine e Rosa de Luxemburgo representam uma aplicação e um desenvolvimento da teoria marxista em uma fase mais recente e desenvolvida do capitalismo. Suas obras refletem concreta e historicamente as novas formas que assumem a organização e as relações de produção à medida que o capitalismo se expande. Captam, por outro lado, a especificidade que vem assumindo a tendência orgânica do movimento de autovalorização do capital. Movimento que, contraditoriamente, ao mesmo tempo que impele o capital a acumular, concentrar e centralizar mais, como necessidade intrínseca de seu modo de ser, vai, igualmente, circunscrevendo e agudizando os seus limites, indicando a possibilidade histórica de sua superação.

Antes das obras básicas de Lenine e Rosa, escritas, respectivamente, em 1916 e 1913, o trabalho de Hilferding, publicado em 1910, em Viena, sobre a fusão do capital bancário e industrial e a formação do capital financeiro (Hilferding, R., 1963, p. 201-56), vai revelar como se vão determinando novas formas de relações de produção pelo processo de concentração e centralização do capital — e a razão estrutural do fenômeno político do imperialismo.

Para Lenine, a obra de Hilferding — apesar de alguns erros grosseiros por tentar conciliar "marxismo com oportunismo" — ao mostrar o processo de fusão do capital bancário com o industrial, formando o capital financeiro, é de extrema relevância teórica para se entender a fase mais recente do desenvolvimento capitalista. O próprio Lenine vai apoiar-se em inúmeras passagens da obra de Hilferding, para mostrar que a fusão do capital bancário com o industrial vai determinar uma profunda concentração do capital e levar aos monopólios ou à fase imperialista do capital.

Embora o trabalho de Lenine, onde tenta fazer um balanço do desenvolvimento capitalista, e a obra de Rosa,[11] onde ao fazer uma análise econômica do imperialismo tentar explicitar a teoria marxista da acumulação, ambos produzidos meio século após a publicação de O capital, nem sempre estejam de acordo no modo de interpretar tanto certos aspectos da teoria marxista, quanto determinados fenômenos concretos que assumem as relações de produção capitalistas, no seu conjunto, são obras que ampliam a compreensão teórica marxista, e mostram como a tese de Marx vem encontrando concretização histórica.

Não é propósito deste trabalho assinalar e discutir as divergências entre Lenine e Rosa e nem mesmo discutir a crítica que Rosa efetiva sobre uma possível contradição na obra de Marx, entre o Livro 2 — onde desenvolve os esquemas de reprodução — e o Livro 3, onde discute a problemática da crise do modo de produção capitalista.[12] Interessa-nos exclusivamente mostrar aqui, através destas obras e do pensamento de seus autores, o movimento histórico do capital; como este movimento vai determinando novas formas de relações de produção; e, como estas novas formas expressam cada vez mais contundentemente a contradição capital-trabalho.

---

11. Para os propósitos deste trabalho limitamo-nos às obras básicas de Lenine (Vlademir Illitch Ulianov) e Rosa de Luxemburgo, respectivamente: Imperialismo: fase superior do capitalismo e a Acumulação do capital: estudo sobre a interpretação econômica do imperialismo.

12. A crítica de Rosa, na qual salienta que os esquemas de reprodução ampliado do Livro 2 de O capital conduzem a um resultado insatisfatório e contraditório em relação ao Livro 3, diz respeito ao fato de que, segundo ela, os esquemas de reprodução do Livro 2 dão a impressão de que é possível um desenvolvimento indefinido do capitalismo, apoiado apenas no mercado interno, enquanto no Livro 3, Marx coloca a contradição entre a capacidade ilimitada do desenvolvimento das forças produtivas e a capacidade limitada de desenvolvimento do consumo interno na condição da distribuição capitalista das rendas (ver Luxemburgo, Rosa de, op. cit.). Para indicar nosso posicionamento, aceitamos a argumentação de A. M. Catani, no trabalho O que é o imperialismo (São Paulo: Brasiliense, 1981. p. 70-1). O autor mostra que as críticas de Rosa são equivocadas, exigindo dos esquemas da reprodução mais do que querem mostrar, no conjunto da obra. No mesmo sentido, o trabalho de Belluzzo (op. cit.), embora não seja uma crítica à análise de Rosa, neste particular, ao analisar a teoria do valor, vai precisar o significado, na obra de Marx, dos esquemas da reprodução, e indiretamente nos serve para firmar nosso pensamento a respeito do equívoco da interpretação de Rosa a esse respeito.

A PRODUTIVIDADE DA ESCOLA IMPRODUTIVA 107

O trabalho de Lenine vai constituir-se numa análise científica concreta de como a teoria marxista, que expunha a tese de que a livre concorrência leva inevitavelmente à concentração do capital e prenuncia os seus limites de expansão, se concretiza historicamente.

> O imperialismo é, pela sua essência, o capitalismo monopolista. Isto determina já o lugar histórico do imperialismo, pois o monopólio, que nasce única e precisamente da livre concorrência, é a transição do capitalismo para uma estrutura econômica e social mais elevada. (Lenine, op. cit., p. 122)

O fenômeno dos monopólios, na sua gênese histórica, coincide com a fase áurea da livre-concorrência (1860-1880) e indica sua superação. É a partir da crise de 1900-1903 que, para Lenine, os cartéis[13] tornam-se a base de toda vida econômica e o capitalismo se transforma em imperialismo. O monopólio vai caracterizar-se, então, fundamentalmente, como sendo resultante da acumulação, concentração, centralização e integração do capital formado por associações monopolistas dos capitalistas, cartéis, sindicatos e trustes.[14]

Neste processo de monopolização, o papel do capital bancário e da fusão deste com o capital industrial é fundamental. De meros intermediários nos pagamentos, mostra-nos Lenine, os bancos vão se transformando em

> monopólios dos poderosos, dispondo da quase totalidade do capital-dinheiro do conjunto dos capitalistas e dos pequenos empresários, assim como da maior parte dos meios de produção e matérias primas. [...] Esta transformação [...] constitui um dos processos essenciais da transformação do capitalismo em imperialismo capitalista. (Lenine, op. cit., p. 30)

Lenine vai mostrar, com dados estatísticos, a tendência avassaladora de uns poucos bancos dominarem e submeterem os demais

---

13. "Cartel é entendido como acordo comercial realizado entre empresas produtoras, que embora conservem a autonomia interna, se organizam em sindicato para distribuir entre si cotas de produção, aos mercados e determinar preços, suprimindo a livre concorrência" (ver Catani, A. M. *O que é o imperialismo*. São Paulo: Brasiliense, 1981. p. 13).

14. O truste é entendido como sendo "associação financeira que resulta da fusão de várias firmas em uma única empresa" (Id. ibid.).

bancos de uma nação e do mundo. É este processo que vai determinar uma crescente fusão do capital bancário com o capital industrial, da qual resulta o capital financeiro.

Este processo vai determinar que

> uma parte sempre crescente do capital industrial — escreve Hilferding, citado por Lenine — não pertença aos industriais que o utilizam. Estes últimos só alcançam a disponibilidade através dos canais do banco, que é para eles o representante dos proprietários desse capital. Por outro lado, ao banco impõe-se investir na indústria uma parte, cada vez maior, dos seus capitais. E assim o banco torna-se, cada vez mais um capitalista industrial [...] o capital financeiro é, portanto, um capital de que os bancos dispõem e que os industriais utilizam.[15]

Lenine adverte também que, paralelamente à fusão do capital bancário com o industrial, fenômeno básico na configuração do capitalismo monopolista — "a mais recente fase do desenvolvimento do capitalismo" — estabelece-se uma união "pessoal" destas sociedades com o Estado, mediante a ocupação de postos estratégicos nos conselhos, na administração destas grandes empresas por antigos membros do governo, cujo conhecimento pode facilitar tanto informações[16] quanto facilidades na negociação de seus interesses com os governos.[17]

---

15. Hilferding, R. *El capital financiero,* op. cit. In: *Lenine,* op. cit., p. 40. Hilferding vai mostrar como a centralização e a concentração do capital vão demandar a ampliação dos sistemas de crédito. O crédito vai funcionar como uma mediação na competição inter-capitalista. O capital financeiro resulta exatamente da fusão do capital monetário com o capital produtivo, ou seja, da articulação entre as empresas industriais e o capital bancário.

16. As informações, por exemplo, das tendências dos investimentos do Estado ou de negócios futuros etc., constituem-se, do ponto de vista econômico, em elementos preciosos para os interesses das grandes empresas.

17. O caso brasileiro, sem dúvida, particularmente nas duas últimas décadas — quando a política econômica se definiu abertamente pelo capital internacional, tornando o país um "paraíso das multinacionais" — serviria de um excelente estudo de caso, setenta anos depois das observações de Lenine. Não são poucos os ex-ministros de Estado, generais ou técnicos de alto escalão que imediatamente após deixarem suas funções "públicas" [!] têm várias alternativas de trabalho em grupos financeiros ou outras grandes empresas multinacionais.

A monopolização do mercado pelo capital financeiro lhe permite um amplo domínio sobre as firmas não monopolizadas, obtendo enormes lucros e impondo a toda a sociedade um elevado tributo. O poder destas organizações transcende as fronteiras das nações. Elas prosperam, sobremaneira nos períodos de expansão das economias "nacionais" e nos períodos de crise. Não só detêm economias internas para fazer face a crises eventuais como se beneficiam da falência das pequenas e médias firmas para agregá-las a si.

O capitalismo monopolista configura, então, novas determinações nas relações de produção.

> O que caracterizava o antigo capitalismo, onde reinava a concorrência, era a exportação de mercadorias. O que caracteriza o capitalismo atual (já em 1913), onde reinam os monopólios, é a exportação de capitais. (Lenine, op. cit., p. 60)

A exportação de capitais é decorrência da acumulação que vai atingindo proporções acima da possibilidade de serem investidos nos países onde o capitalismo está mais avançado, e onde se situam as matrizes das grandes corporações empresariais, gerando enorme excedente de capitais.[18] A exportação do capital é efetivada, normalmente, para países subdesenvolvidos, cujo objetivo fundamental é aumentar os lucros e estabelecer uma dependência (econômico-política) desses países. É dentro deste processo que Lenine demonstra a partilha do mundo (fundamentalmente a partilha das matérias primas) pelas grandes potências.

Em suma, o capitalismo monopolista que transforma o capitalismo em imperialismo tem como características básicas:

> — a concentração da produção e do capital atingindo um grau de desenvolvimento tão elevado que origina os monopólios cujo papel é decisivo na vida econômica;

---

18. As exportações de capitais, em fase do excedente de acumulação, não significam que a sociedade como um todo, onde há esse excedente, esteja sequer com suas necessidades básicas atendidas. Resulta, isto sim, da lógica do próprio sistema capitalista, que produz não para satisfazer necessidades, mas para o lucro, produz para a produção.

— a fusão do capital bancário e do capital industrial e criação, com base nesse capital financeiro, de uma oligarquia financeira;

— diferentemente da exportação de mercadorias, a exportação de capitais assume uma importância particular;

— a formação de uniões internacionais monopolistas de capitalistas que partilham o mundo entre si;

— termo da partilha territorial do globo entre as maiores potências capitalistas. (Lenine, op. cit., p. 88)

Lenine, em sua análise, mostra então que a livre-concorrência passa para o plano da história. Instaura-se uma crescente socialização da produção, embora a apropriação continue particular. A concorrência intercapitalista, sem dúvida, vai existir, mas nada tem a ver com um mercado onde os capitalistas particulares produziam isoladamente e desconhecendo esse mercado. (Veremos adiante o ponto focal que nos interessa, qual seja, o das novas determinações que o Estado vai tomar com o fenômeno da monopolização e oligopolização do mercado, como articulador dos interesses intercapitalistas e como investidor particular.)[19] Lenine, ao criticar a posição revisionista de Kausky, que se junta à visão burguesa e vê nos cartéis "a esperança de que a paz há de reinar entre os povos em regime capitalista", assinala que

as formas de luta podem mudar e mudam constantemente por diversas razões, relativamente temporárias e particulares, a essência da luta, o seu conteúdo de classe, (porém), não poderá verdadeiramente mudar enquanto existirem classes. (Id., ibid., p. 75)

Finalmente, em Lenine aponta-se concretamente que o movimento de acumulação, concentração e centralização do capital vai gerar a "substituição da livre concorrência capitalista pelos mono-

---

19. Lenine, seguindo a visão de Marx sobre o Estado, embora não efetive uma análise sistemática sobre as formas que o Estado assume dentro da evolução capitalista, ao mostrar que o Estado é "produto das contradições de classes inconciliáveis" e um instrumento da classe burguesa na exploração da classe oprimida, sinaliza para estas novas formas (ver Lenine, V. I. l'État et la révolútion: la doctrine marxiste de l'État et les tâches du prolétariat das la révolútion. In: *Oevres*. Paris, 1970).

pólios", e vai igualmente gerando o seu contrário. O monopólio já é o contrário da livre concorrência. De outra parte, o próprio monopólio determina um desestímulo ao progresso técnico e "então torna-se possível, no plano econômico, travar artificialmente o progresso técnico" (Lenine, op. cit.). Exemplos disso existem muitos, desde a época de Lenine até o presente.

O que nos interessa, sobretudo, na análise histórica de Lenine é a demonstração de que o monopólio, resultante da acumulação, concentração e centralização de capital — que caracteriza novas formas de relações de produção — confirma amplamente a teoria do movimento de autovalorização do valor exposta por Marx, e o aguçamento da própria crise deste movimento. Aponta, de outra parte, para as novas formas que assumem hoje as relações de produção, onde se define, muito mais que uma exportação de capitais, uma internacionalização do capital, o surgimento da monopolização do mercado e de firmas transnacionais (multinacionais) cada vez mais poderosas, crescente oligopolização do mercado. Aponta, finalmente, para o recrudescimento da crise fundamental do capital, que são as crescentes barreiras que se impõe à sua autovalorização.

O trabalho de Rosa de Luxemburgo sobre a acumulação do capital (Luxemburgo, R., 1970), escrito na mesma década do de Lenine — uns três anos antes — embora aponte para uma mesma direção e ponto de chegada: a necessária queda do imperialismo como passagem para o socialismo — suas análises concretas diferem em diversos pontos. Já assinalamos anteriormente a crítica que Rosa faz aos esquemas de reprodução em Marx, o que não é subscrito por Lenine. O mesmo se diga da posição de Rosa sobre o papel do Estado na recomposição da queda tendencial de taxa de lucro.[20] É sobre esta tendência que o trabalho de Rosa se revela importante para apreender a natureza orgânica do movimento do capital, o

---

20. No que concerne ao papel do Estado na criação das condições da realização de mais valia, Rosa lhe nega qualquer papel. Essa posição de Rosa, sem dúvida, é problemática. Mostraremos, a seguir, como o Estado de fato é cada vez mais demandado para ampliar a demanda efetiva para a realização da mais valia.

aguçamento de suas crises; os mecanismos utilizados para fazer face às suas crises; e, o horizonte da própria superação do modo de produção capitalista.

A tese básica de Rosa é de que a sociedade capitalista constitui-se no único modo de produção que, desde sua origem, avança destruindo as demais formas ou modos de produção. Trata-se de um modo de produção que necessita, intrinsecamente, de mercados externos.[21]

> O processo de acumulação tende a substituir em todas as partes a economia natural pela economia simples de mercado e a esta pelas formas capitalistas, e a fazer com que a produção do capital domine como a forma única e exclusiva em todos os países e setores. (Id. ibid.)

A necessidade inerente ao modo de produção capitalista de submeter formas não capitalistas aponta para o seu limite e contradição interna básica.

Se, de um lado, a busca de expansão para o exterior é "uma condição permanente do desenvolvimento capitalista", é igualmente a única forma de produção que não pode existir só; ao mesmo tempo que tende a converter-se em forma única, guarda uma incapacidade interna de desenvolvimento.

O aspecto crítico se acentua à medida que o mercado interno e o mercado mundial, mais cedo ou mais tarde, vão se contraindo e não podem mais se alargar. Neste momento o conflito entre as forças produtivas e os limites de mudança nas formas de produção tenderá a ser cada vez mais violento. É preciso atentar, porém, que não existe um mecanismo ou uma fatalidade histórica espontânea.

> As alternativas periódicas de conjuntura de prosperidade e de crise são as formas específicas que adota o movimento do sistema capitalista, mas não são o próprio movimento. (Id. ibid., p. 15)

---

21. Por mercado externo entende Rosa uma zona social não capitalista. Setores pré-capitalistas no interior das fronteiras nacionais ou conquistas de mercados atrasados no exterior (ver Luxemburgo, Rosa de, op. cit., p. 302).

A PRODUTIVIDADE DA ESCOLA IMPRODUTIVA 113

O que se percebe, então, historicamente é que se trava uma luta permanente, tanto da classe burguesa quanto do Estado, para fazer jus à lei da queda da taxa de lucro. O processo de crescente oligopolização do mercado, que traz consigo uma radicalização do conflito entre as forças produtivas e os limites das mudanças, anteriormente assinalado, vai levar, como mecanismo de recomposição, novas relações no plano de trabalho e produção,[22] como define novas mediações do Estado capitalista como forma de salvaguardar as relações capitalistas de produção. A própria luta de classe passa por novas mediações.

A questão fundamental do presente trabalho, apontada no início, encontra aqui, julgamos, sua formulação mais adequada. Como entender ou explicar historicamente que a produção da teoria do "capital humano", enquanto especificação das teorias do desenvolvimento, cujo quadro conceitual reproduz a visão econômica ortodoxa, marginalista, própria da forma de Estado liberal, seja demandada num contexto de monopolização do mercado e de um Estado intervencionista? Como explicar que a ênfase na formação de recursos humanos, ampliação da escolarização "eduque-se e vença" se dê num contexto onde o movimento do capital assinala uma crescente incorporação do progresso técnico — como arma da luta intercapitalista — polarização das qualificações e crescente desqualificação da maior parte dos postos de trabalho, diminuição relativa do capital variável no processo produtivo?

Finalmente, se a tese do "capital humano", que expressa concretamente esta valorização da formação, do treinamento, da escolarização, não pode ser entendida como uma simples maquinação "maquiavélica" de alguns indivíduos, mas como um produto de um contexto histórico determinado, por que mediações a escolarização crescente e o treinamento se colocam a serviço do movimento geral do capital, e como podem agudizar as crises inerentes ao seu movimento?

---

22. A análise que Gramsci efetiva do fordismo norte-americano exemplifica essa luta ao nível do plano de trabalho e da produção.

A primeira e a segunda questões encontrarão a nosso ver, compreensão no momento em que suspeitarmos da propalada vinculação necessária entre educação, qualificação e processo produtivo, e situarmos isso como uma máscara, como um dos mecanismos que o Estado intervencionista utiliza para fazer face ao recrudescimento das crises do capital na sua fase monopolista contemporânea. Mecanismo de caráter imediatamente político e ideológico. Neste âmbito, contraditoriamente, estabelece-se, por seu desvínculo, um tipo de vínculo entre o movimento de acumulação geral do capital e educação.

A última questão, ligada às duas primeiras, poderá ser ao menos parcialmente equacionada ao se tentar especificar qual a natureza da mediação, ou de diferentes mediações, que a prática escolar e/ou prática educacional são impelidas a efetivar no contexto de uma forma de Estado (intervencionista) que se atribui o papel de gestor das crises do capital.

Cabe neste terreno, em nosso entender, discutir:

a) o grau e a natureza da produtividade ou "improdutividade" que representam diferentes tipos de intervenção educativa, escolar ou não escolar e as diferentes formas de mediação da prática educativa;

b) a tendência crescente de tornar a instituição escolar um espaço onde o prolongamento desqualificado da escolaridade se torna um "trabalho improdutivo forçado" e se constitui em algo necessário à produtividade do capital;

c) finalmente levando-se em conta que as crises são inerentes ao movimento do capital e se situam, portanto, fora do âmbito do próprio poder do Estado (sentido restrito) qualquer que seja sua forma, cabe, mostrar que o modo de produção capitalista, na configuração do estágio monopolista vigente, ao mesmo tempo que tende a prescindir cada vez mais de grandes contingentes de pessoal qualificado, necessita, contraditoriamente, de elevar o patamar educacional muito acima das exigências reais do processo produtivo.

Ter-se-ia, então, no terreno das hipóteses., que a própria dinâmica do capital, em sua fase monopolista, ao prescindir cada vez mais de pessoal engajado na produção imediata, necessita deslocar cada vez mais a população economicamente ativa — quer para funções do próprio capital (gerentes, administradores etc.), quer no âmbito da realização da mais valia, comércio, transporte, serviços em geral (tendência à tercialização), quer no âmbito dos aparelhos repressivo e ideológico do Estado, igualmente envolvidos seja na produção, seja na realização da mais valia — ou mesmo relegar ao desemprego ou subempregos forçados. A ampliação da escolarização serviria, então, a um mesmo tempo, para que o capital pinçasse de seu bojo tanto aqueles necessários à produção imediata como aqueles que se alocam nos serviços — criando, dentro desse âmbito, a elevação constante dos requisitos educacionais, e também funcionando como justificativa de prolongamento da escolaridade e consequente retardamento do ingresso dos jovens no mercado de trabalho, fazendo da própria escola um mercado improdutivo. Esse processo nada teria a ver com oferta e demanda de mão de obra qualificada.

Dentro desse quadro, os diferentes mecanismos seletivos desencadeados no interior do processo escolar e ao longo de toda trajetória escolar, reflexo da seletividade social de um lado, e da desqualificação do trabalho escolar de outro, tornando o professor um decodificador de pacotes de saber produzidos em série, cumprem um papel importante.

Ocorre, entretanto, que esses mecanismos parecem não conseguir fazer face ao contingente crescente de jovens não necessários na produção imediata, e também não necessários no âmbito dos serviços, por mais que estes se ampliem. A crença da educação como mecanismo de mobilidade social individual, construída como mecanismo para resolver uma crise deflagrada pela própria lógica da acumulação e reprodução capitalista, começa a desenhar seu contrário: a crise pode aparecer num nível mais agudo. Crise esta que parece ter contornos mais críticos quando circunscrita a formações sociais cujo desenvolvimento capitalista está profundamente manietado ao jugo do capital internacional, como é o caso específico brasileiro.

Nesse sentido, ainda que no terreno das hipóteses, a tese do capital humano pode ter como resultado concreto algo diverso e até mesmo contrário do que pretende. Radicalizar o discurso por ela veiculado mediante uma análise concreta, histórica, pode constituir-se em fecundo mecanismo de conscientização.

Esboçamos até aqui os traços básicos e específicos do modo de produção capitalista realçando o caráter orgânico do movimento de acumulação, concentração e centralização do capital, e seu caráter contraditório. Para responder as questões acima apontadas, especificamente a ideia de que a tese do capital humano não é resultante de uma ideia fortuita de um investigador, mas uma produção decorrente das contradições do capitalismo em sua fase monopolista, buscaremos discutir as novas formas de organização da produção e o novo papel que assume o Estado no capitalismo contemporâneo. Explicitando a ideia de que "na sociedade burguesa as relações de produção tendem a configurar-se em ideias, conceitos, doutrinas que evadem seus fundamentos reais", mostraremos que a teoria do capital humano, concretamente é produzida, quer para evadir as relações imperialistas, quer para acobertar o intervencionismo do Estado, quer, finalmente para mascarar as verdadeiras relações entre educação, trabalho e produção.

3. O Estado intervencionista como articulador dos interesses intercapitalistas e como capitalista: decorrência histórica das novas formas de relações de produção

No item anterior analisamos o movimento do capital na sua lei orgânica de autovalorização. Assinalamos, partindo da teoria marxista, passando por Lenine e Rosa Luxemburgo, a lei de acumulação, concentração e centralização em seu movimento histórico e as crises e limites inerentes a esse movimento de autovalorização.

Neste item discutiremos, inicialmente, a nova forma que o Estado é levado a assumir — intervencionista — para mediar os interesses intercapitalistas e preservar o sistema como um todo na fase atual das relações sociais de produção capitalista, marcadas pela crescente oligopolização do mercado.

Situa-se aqui, a nosso ver, um dos pontos críticos do trabalho que realizamos. Para aprofundar as análises críticas, devemos necessariamente superar as visões que ora colocam a educação ao nível de infraestrutura (produção imediata da mais valia), ora relegam apenas à função ideológica, superestrutural, um aparelho ideológico do Estado — para situá-la ao nível da totalidade contraditória das relações capitalistas de produção. Encontramos o ponto de partida desta superação em diferentes pontos da obra de Marx quando aponta para uma distinção entre o processo imediato da valorização do capital (processo imediato de produção) e as condições gerais de produção. Launay sintetiza o sentido das condições gerais da produção — âmbito onde em boa medida se situa a mediação da prática educacional — da seguinte forma:

> Por condições gerais de produção não entendemos as características de produção comuns a todas as épocas, mas as atividades necessárias para pôr em ação o trabalhador coletivo. Quanto mais a produção se torna social, mais se desenvolvem funções gerais indispensáveis à obtenção desta produção, isto é, a manutenção de um modo de distribuição do trabalho social entre produtores capitalistas, trabalho que somente adquire sua validade social após ter passado pelo mercado, só é possível graças à extensão de uma esfera de trabalho diretamente social, cujos resultados se realizam fora do mercado.[23]

Para entender essa questão é necessário balizar as novas formas de sociabilidade do capital e o papel do Estado no seu interior dentro da fase atual do capitalismo. Gramsci, a nosso ver, permite-nos, na mesma linha de ótica até aqui desenvolvida, avançar nesta análise, através do conceito de Estado integral.

---

23. Launay, Jean. Elementos para uma economia política da educação. In: Durand, J. C. G. [org.]. *As funções ideológicas da escola*: educação e hegemonia de classe. Rio de Janeiro: Zahar, 1979. p. 211.

O Estado (integral) é entendido por Gramsci não apenas como o aparelho governamental (sociedade política), mas também como os aparelhos privados de hegemonia (sociedade civil) (Glauksmann, C. B., 1980, p. 175).

Desta forma de conceber o Estado decorrem duas teses de Gramsci, que permeiam a análise deste item:

> O Estado não é um instrumento externo à classe, mas desempenha um papel em sua unificação/constituição. (Id., ibid., p. 175)

Este papel — veremos — assume especificações à medida que as relações capitalistas de produção se dão sob novas formas e as crises e lutas intercapitalistas se acirram.

A segunda tese derivada da concepção integral de Estado, intimamente ligada à primeira, é de que "a separação entre o econômico e político, na ideologia como na prática, é um efeito do modo de produção capitalista" (Id., ibid., p. 175).

Essa tese indica que o economicismo tem sua matriz no liberalismo e que esta separação representa uma "necessidade íntima da civilização capitalista". A apreensão da unidade dialética entre o econômico e o político, infraestrutura e superestrutura é fundamental para apreender as novas determinações que o Estado assume na fase imperialista, na sua tarefa de unificador dos interesses intercapitalistas e da classe capitalista como tal, e que tipo de mediação a educação passa a exercer.

Isto nos leva entender de imediato que a forma de Estado liberal e a forma de Estado intervencionista são apenas modos específicos de mediação às relações capitalistas de produção. A forma presente de Estado — intervencionista — não representa uma transgressão aos fundamentos reais das relações de produção capitalistas e, consequentemente, não transgride na essência os princípios do Estado liberal. O Estado intervencionista é apenas a expressão histórica do Estado ao exercer sua função de construtor e unificador da classe capitalista, na fase imperialista das relações de produção. O Estado liberal ou o Estado intervencionista não são "escolhas", mas a própria forma do modo de produção capitalista gerir as crises que lhe são orgânicas, decorrências, em última instância, das formas que as relações capitalistas de produção vão assumindo dentro do movimento de acumulação, concentração e centralização do capital. "O imperialismo não é uma questão de escolha para uma sociedade capitalista: é seu modo de vida".[24]

A visão de Estado acima esboçada nos permitirá, especialmente, entender que a crescente intervenção do Estado na economia e o crescente contingente de quadros de tecnocratas e burocratas e de trabalhadores improdutivos são uma decorrência necessária do processo de reprodução global do capital. E, a partir desta visualização, pode-se mostrar que as teses do "capitalismo de Estado", "burguesia de Estado" e "modo de produção tecnoburocrático", não apreendem a especificidade e natureza do papel do Estado na fase de um capitalismo oligopolizado, e "nem o problema das classes sociais".[25]

Não cabe no escopo deste trabalho uma análise das diferentes fases históricas do desenvolvimento do capitalismo, desde o mercantilismo, fase concorrencial e monopolista, e a especificidade do papel do Estado nestas diferentes fases.

Do mesmo modo, concebendo o surgimento do monopólio como decorrência da própria lei da livre-concorrência que, como vimos anteriormente, leva à acumulação e concentração, não procede para os propósitos do foco do estudo que realizamos efetivar uma análise histórica desde a culminância do desenvolvimento da livre concorrência (1860-1880) e o surgimento e desenvolvimento dos cartéis até se constituírem na base de toda a vida econômica, onde o capitalismo se transforma em imperialismo (1900).

---

24. Magdof, H. *Era do imperialismo*. São Paulo: Hucitec, 1978. p. 22. De acordo com Magdof, "o imperialismo de hoje tem diversos traços distintamente novos. São eles [...]: 1) o destaque passou da rivalidade no retalhar o globo para a luta contra a contração do sistema imperialista; 2) o novo papel dos Estados Unidos como organizadores e líderes do sistema imperialista mundial; 3) um avanço tecnológico internacional" (Magdof, H., op. cit, p. 41-2).

25. Para uma crítica a estas teses, ver Hirata, H. Capitalismo de Estado, burguesia de Estado e modo de produção tecnoburocrático. *Revista Discurso*, São Paulo, n. 12, p. 49-71; Beutel, M., op. cit., p. 53-77; Gianotti, A. Em torno da questão do Estado e da burocracia. São Paulo, *Estudos Cebrap*, n. 20, p. 113-129.

A título indicativo, mostraremos que o Estado liberal tem sua vigência na fase concorrencial de reprodução ampliada do capital, e que o Estado intervencionista, assim, se constitui na etapa monopolista desta fase, sendo que sua radicalização se efetiva mais incisivamente após a Segunda Guerra Mundial, onde a oligopolização do mercado delineia a especificidade do novo imperialismo. O que nos importa é dimensionar o fenômeno atual da oligopolização do mercado, a fase imperialista atual (70 anos após o trabalho de Lenine e Rosa) e a especificidade do Estado intervencionista nas novas formas que assumem as relações de produção.[26]

Se na verdade o Estado sempre teve na sociedade capitalista uma função singular na constituição e unificação da classe burguesa, sua intervenção no âmbito econômico[27] assume historicamente especificações no tempo e no espaço. Esta variação deriva, em última instância, das próprias leis de acumulação, concentração e centralização do capital e toma configuração distinta em formações sociais concretas.[28]

O Estado liberal nasce e ao mesmo tempo representa o arcabouço ideológico-jurídico da fase inicial da reprodução ampliada

---

26. É bom frisar que essa delimitação se faz necessária e é imposta pelo objeto de estudo cuja preocupação básica é situar o surgimento da teoria do capital humano e sua função no interior desta fase do capitalismo internacional.

27. É preciso atentar para o fato de que as fronteiras entre o econômico, o político e, no seu interior, as funções do Estado não se dão de forma linear. Há entre estas instâncias, como vimos anteriormente, uma necessária ligação. O que queremos reforçar aqui é que as formas que o Estado assume são, em primeira instância, as formas que a organicidade do capital constitui, embora não sem contradições, para o movimento de sua autovalorização.

28. A análise efetivada por Francisco de Oliveira sobre evolução econômica na formação social brasileira ilustra o que acabamos de mencionar. Oliveira assinala em diferentes trabalhos as determinações e papéis que o Estado assume na intermediação dos interesses capitalistas no Brasil, desde a "emergência do modo de produção de mercadorias" até os padrões de acumulação oligopolistas — "Os cinquenta anos em cinco" (ver Oliveira, Francisco. *A economia da dependência imperfeita*. São Paulo: Graal, 1980; A transição para o capitalismo monopolista no Centro-Sul. In: *Elegia para uma re-[li]-gião*. Rio de Janeiro: Paz e Terra, 1978. p. 101 ss.; O terciário e a divisão social do trabalho. In: *Estudos Cebrap*, São Paulo, n. 24, 1981. Ver, igualmente, Coutinho, C. N. O capitalismo monopolista de Estado no Brasil: algumas implicações políticas. In: *Democracia como valor universal*. São Paulo: Livraria Editora Ciências Humanas, 1980. p. 93-118).

do capital (capitalismo concorrencial). Não é apenas uma contraposição ao Estado absolutista, mas sim a expressão que uma nova classe social, ao ascender ao poder, imprime às relações sociais de produção. "O cimento jurídico da sociedade mudou do *status* ao contrato" (Pereira, L., 1977, p. 43).

O liberalismo como ideologia dominante, isto é, como organização de uma visão de mundo, sob as categorias básicas do individualismo, liberdade, propriedade, segurança e justiça, vai-se constituir em sustentáculo dos desígnios da acumulação ampliada do capital.[29]

O liberalismo econômico define o papel do Estado (liberal) pela "negativa" à intervenção nas leis do mercado. Ou seja, o Estado é posto como uma instituição que paira acima dos interesses das classes — um mediador neutro que se ocupa na definição dos parâmetros que definem as categorias acima enunciadas, e que se coloca à margem das atividades econômicas. Estas são conduzidas pelos mecanismos autônomos do mercado. A concorrência entre os "múltiplos capitais" vai estabelecendo uma taxa média de lucro que serve de patamar para as relações intercapitalistas no conjunto da sociedade.

Concebendo as crises econômicas como meras imperfeições do mercado, anomalias conjunturais, o Estado liberal se limita à fiscalização, emissão de moeda, empréstimos, ou intervenções tópicas com o objetivo de assegurar o bom funcionamento do mercado (leia-se dos interesses intercapitalistas).

Na sua aparente neutralidade, na declaração de sua função marginal, eventual e tópica, em termos econômicos, o Estado liberal escamoteia sua verdadeira função na definição das relações sociais de produção sobre as quais está edificado, e salvaguarda os interesses do sistema capitalista como um todo.

Entretanto, como o movimento orgânico do capital historicamente se encarrega de demonstrar que a livre concorrência, tida

---

29. Para uma discussão mais detalhada sobre as categorias básicas do liberalismo, ver Pereira, L., op. cit., p. 37-66.

como uma "lei natural ou quase natural", se constitui no mecanismo que leva à concentração e centralização do capital, o Estado liberal, embora não defina e molde a marcha das relações econômicas, cumpre notadamente uma função eminentemente econômica ao preservar os interesses da classe capitalista dominante. Gramsci explicita de forma muito clara esta função do Estado em diversas passagens de sua obra, entre as quais apontamos duas. A primeira mostra que a concorrência leva capitalistas a liquidar outros capitalistas, tendendo à organização do mercado em empresas, em monopólios, tendo o Estado o papel de mediar os interesses em conflito para salvaguardar o sistema capitalista.

> A classe burguesa não é uma entidade externa ao Estado. Graças ao princípio da livre-concorrência, nascem e se constituem novos grupos produtores capitalistas que incessantemente se acrescentam ao potencial econômico do regime. [...] O Estado concilia, no plano jurídico, as discussões internas das classes, os desacordos entre interesses opostos, ele unifica as camadas e modela o aspecto de classe. (Gramsci, apud Glauksmann, op. cit., p. 172)

A segunda passagem decorre da noção mesma de Estado integral (sociedade política (sociedade civil) anteriormente indicada, o que permite a Gramsci mostrar a permanente função econômica do Estado mesmo no interior do liberalismo.

> A formulação do movimento da livre troca baseia-se num erro teórico do qual não é difícil identificar a origem prática: a distinção entre sociedade política e sociedade civil que de distinção metódica se transforma e é apresentada como distinção orgânica. Assim, afirma-se que atividade econômica é própria da sociedade civil e que o Estado não deve intervir na sua regulamentação. Mas como na realidade factual sociedade civil e Estado se identificam, deve-se considerar que também o liberalismo é uma regulamentação de caráter estatal introduzida e mantida por caminhos legislativos e coercitivos: é um fato de vontade consciente dos próprios fins e não a expressão espontânea, automática, do fato econômico. Portanto o liberalismo é um programa político destinado a modificar, quando triunfa, os dirigentes de um Estado e o programa econômico do próprio Estado. (Gramsci, A., 1978b, p. 32)

A PRODUTIVIDADE DA ESCOLA IMPRODUTIVA

A visão de um Estado neutro e com função marginal no âmbito do mercado se sustenta como tal e tem seu efeito esperado até que o processo de acumulação atinge um nível de concentração e centralização que não afeta o padrão de referência por onde passam os interesses intercapitalistas — a taxa média de lucro. (No tópico a seguir voltaremos a esta questão.) Ou seja, apenas até o momento em que a lei orgânica da acumulação capitalista não se configura em novas formas de sociabilidade do capital, onde o monopólio e mais tarde a oligopolização do mercado não são apenas a tendência do sistema mas a realidade do mesmo Neste momento o Estado "não será mais somente um Estado de classe não liberal, mas um Estado em crise, inadequado para uma passagem do capitalismo concorrencial ao capitalismo monopolista em sua etapa atual: o imperialismo".[30]

A crise dos automatismos de mercado — que se acentua no bojo do próprio desenvolvimento do capitalismo monopolista — tem na grande depressão de 1929, que atinge o sistema capitalista no seu conjunto, um marco histórico importante. Trata-se de um marco que delineia o fim da crença no capitalismo concorrencial e demarca o início da defesa das teses da intervenção do Estado na programação econômica. Em contrapartida, o Estado intervencionista toma uma configuração concreta cada vez mais clara, configuração esta que assume uma forma cabal após a Segunda Guerra Mundial. As teses neocapitalistas[31] vão se constituir no novo *modus operandi* do sistema capitalista, cujas características específicas decorrem das necessidades orgânicas do próprio capital, bem como

---

30. Gramsci, A., op. cit., p. 178. Nesta passagem Gramsci refere-se especificamente ao Estado italiano (1919), mas que no caso expressa o rumo da análise que efetivamos de uma forma mais global.

31. Keynes representa, sem dúvida, uma das expressões mais significativas de elaboração teórica neocapitalista em torno da intervenção do Estado. Não cabe aqui uma análise das teses de Keynes, mas sim apontar que seu trabalho representa uma forma de justificar a intervenção do Estado na orientação e superação da crise aguda que afeta a harmonia capitalista. Mais adiante retomaremos esse tema sobre a não efetivação das teses keynesianas em relação às teorias do pleno emprego (ver Gorz, André. A idade de ouro do desemprego. In: *Adeus ao proletariado*: para além do socialismo. Rio de Janeiro: Forense, 1982. p. 158-80).

124 GAUDÊNCIO FRIGOTTO

da tentativa de o sistema responder o desafio do progresso mundial das forças anticapitalistas (Mendel, E., 1971, p. 96).

3.1 O Estado intervencionista: decorrência histórica das novas formas de sociabilidade do capital

Os aspectos abordados no item 2, concernentes ao movimento de autovalorização do capital, colimando com a análise histórica de Lenine e alguns aspectos da análise de Rosa de Luxemburgo, são suficientes para pontuar os traços básicos da fase monopolista do capitalismo em sua gênese histórica e para fixar que o "imperialismo não é questão de escolha para a sociedade capitalista mas é seu modo de vida".

Firmamo-nos aqui, então, na compreensão da fase mais recente do imperialismo onde a oligopolização do mercado se radicaliza e imprime uma nova forma às relações capitalistas de produção e impele o Estado a tornar-se, forçosamente, um Estado intervencionista, um proprietário particular, como mecanismo de sustentação dos interesses intercapitalistas, dos interesses do capital no seu conjunto.

A oligopolização do mercado[32] — expressão consagrada para caracterizar as novas formas de organização econômica do modo

---

32. Não há pretensão neste trabalho de efetivar uma abordagem ampla sobre a questão da oligopolização — assunto de resto complexo e que envolve uma trama que se situa muito além dos propósitos deste trabalho. O que importa é situar a problemática a um nível que permita circunstanciar o objeto dessa tese. Trata-se de sinalizar o fenômeno da centralização crescente do capital, não enquanto uma "escolha", mas enquanto uma "imposição" do caráter orgânico do capital expandir-se. Fenômeno que se define historicamente de forma específica em formações sociais específicas, mas que guarda, independentemente destas formas históricas que pode assumir, os componentes orgânicos do modo de produção capitalista. Importa-nos indicar que a tendência à oligopolização, isto é, à centralização crescente que determina uma forma de mercado dominada por poucos e poderosos grupos econômicos transnacionais, é que vai demandar o aparecimento crescente do intervencionismo do Estado no plano econômico como mecanismo de salvaguardar os interesses do capital no seu conjunto. Ver: Oliveira,

A PRODUTIVIDADE DA ESCOLA IMPRODUTIVA 125

de produção capitalista em sua fase mais recente, anos após a Segunda Guerra Mundial — é de extrema relevância para se poder entender, no interior da evolução da sociabilidade do capital em sua etapa mais acelerada de reprodução ampliada: a especificidade da crise; o novo papel do Estado como produtor de mercadorias e de serviços, mecanismo de enfrentamento da especificidade da crise nesta etapa de capitalismo; a natureza da luta de classes; e o horizonte das tendências do sistema capitalista.

A teoria do oligopólio vai ocupar-se basicamente do fenômeno de concentração do capital e os problemas decorrentes em termos da realização do valor — questão da demanda efetiva e tendência do declínio da taxa de lucro. No limite leva a discussão para a análise da tendência do desenvolvimento capitalista, na fase presente, e a especificidade da crise a ele inerente.

A concentração do capital em sua fase presente toma, de acordo com Labini, três formas básicas:

> A concentração das unidades de produção (que pode ser chamada de concentração técnica), a das empresas (concentração econômica) e a das empresas produtoras de bens diferenciados ou grupos de empresas ligados entre si, principalmente por participação acionária (concentração financeira).[33]

Na perspectiva da visão econômica burguesa, a questão do oligopólio situa-se ao nível estritamente microeconômico, ou seja, a forma como a empresa vai-se organizar para a circulação de mercadorias e do capital. Neste sentido o oligopólio é tomado como um desvio, uma imperfeição do sistema de preços, passível de correções conjunturais.

Francisco. A esfinge do tempo: para onde vai o socialismo. *Revista de Economia Política*, São Paulo, v. 1, n. 2, p. 139-45, abr./jun. 1981.

33. Labini, S. *Oligopólio e progresso técnico*. São Paulo: Forense, 1972. p. 35. Embora a análise de Labini se caracterize por uma postura marcada pelo ecletismo, contrastando, portanto, com a postura teórica dos autores que balizam nosso trabalho, ele nos ajuda a dimensionar o problema da oligopolização do mercado. Ver, também, Feilner, W. I. *Oligopólio*: teoría de las estructuras de mercado. México: Fondo de Cultura Económica, 1953.

A oligopolização enfocada, dentro da ótica do movimento de autovalorização e autonomização do capital — isto é, da tendência do capital de concentrar-se — nos leva a perceber que, em vez de ser um desvio da trajetória capitalista,

> é algo que decorre justamente da forma pela qual este sistema evolui, decorre da rigorosa aplicação das leis de produção da mercadoria, da ampliação e valorização do capital, valorização do valor. (Oliveira, F., 1981)

Nesta perspectiva, a oligopolização não atinge simplesmente a circulação das mercadorias, mas o sistema de produção, a estrutura global do sistema produtivo. Representa, então, não uma anomalia, mas a forma histórica da evolução da sociabilidade do capital, na fase mais recente do imperialismo.

Que determinações básicas traz esta nova forma de organização econômica ao nível das relações de produção capitalistas?[34]

A análise do modo de produção capitalista permite perceber que a trajetória do movimento de autovalorização do capital vai dissolvendo a autonomia do capital individual, configurando novas formas de sociabilidade, gerando um capital social total, onde o capital individual é um momento do processo como um todo.

Cada vez mais nitidamente o valor se nos revela não como uma relação insumo-produto, mas uma relação social que intermedia a trama das relações sociais de produção.

No interior do capitalismo concorrencial essa trama se constitui mediante um movimento de particularização e generalização do capital.

> Desde o princípio o capital é um fenômeno singular, resumindo-se numa determinada soma de valores transpassada pelo movimento de autovalorização. Mas para que subsista nesse processo, não é um fenômeno singular, pois está sempre sendo reposto pelas travações do capital social

---

34. Na discussão desta questão, valemo-nos especialmente do trabalho de José Arthur Gianotti. Formas de sociabilidade capitalista. *Estudos Cebrap*, São Paulo, n. 24, p. 41-126, 1981, e dos trabalhos de Francisco de Oliveira, anteriormente citados.

A PRODUTIVIDADE DA ESCOLA IMPRODUTIVA

como um todo que lhe determina a taxa média de lucro na qualidade de parâmetro a que todos os capitalistas devem curvar-se. (Gianotti, J. A., 1981, p. 95)

A taxa média de lucro resultante do próprio movimento do capital faculta ao sistema capitalista prescindir de um fundo público da natureza das sociedades pré-capitalistas, cuja função precípua é permitir a manutenção da continuidade da produção em circunstâncias em que a mesma possa vir a ser abalada. O capital, ele mesmo, assume a coordenação da produção mediante seu movimento de autovalorização.

A instalação e manutenção do valor se faz por meio da expansão de uma rede de trabalhos improdutivos, o que tem como consequência a marginalização de uma quantidade de valor que, de imediato, não é transpassada pelo movimento do capital. O capital em seu exercício se desdobra numa riqueza social que não se confunde com ele [...]. O capital só consegue repor-se graças à auréola de valor que o circunda, núcleo e periferia formando uma riqueza social particular. Por esta via o próprio capital põe seu outro, cria sua exterioridade particularizando-se como capital nacional[35] — nação aqui entendida unicamente como o solo e a população de que necessita o capital para manter sua sobrevivência. (Id., ibid., p. 94-7)

A parte improdutiva da riqueza social e que, no capitalismo concorrencial, se constitui no fundo público e tem a função de instalar "as condições gerais da produção capitalista, comumente denominadas de infraestrutura e que possuem um movimento próprio de reposição" (Id., ibid., p. 100) nada tem a ver com o fundo público das formações sociais pré-capitalistas; funciona como instrumento de realização da mais valia gerada nos setores privados.

O fundo público não desempenha aquele papel cheio de conteúdos, cumprido pelo tesouro antigo, que se infiltra na produção como parte

---

35. O capital nacional resulta da articulação entre o valor e sua exterioridade, sua auréola, que é a parte "improdutiva" da riqueza social. "[...] nós o entendemos como o capital social total acrescido de sua parcela de riqueza social" (Gianotti, op. cit., p. 107).

essencial dela: resume-se, pelo contrário, em amoldar conteúdos já existentes, em subsumir indivíduos e produtos à trama formal da sociabilidade capitalista. (Id., ibid., p. 98)

Neste contexto o fundo público tem pouca relevância para dar conta das crises. O restabelecimento da curva ascensional do ciclo econômico vai acontecer mediante um processo de distribuição e concentração até que se chega ao estabelecimento de uma nova taxa média de lucro que funcionará como novo parâmetro para direcionar as decisões intercapitalistas. O atingimento dessa nova taxa média de lucro resulta de um processo em que alguns capitais individuais — no jogo da competição intercapitalista — soçobram (Oliveira, F., 1978, p. 105). Trata-se de um processo de "fagocitose empresarial", que tende a conduzir à oligopolização do mercado.

Com o surgimento do oligopólio — resultante da própria concentração e centralização crescente do capital — quebra-se a livre concorrência, embora a concorrência intercapitalista continue. Trata-se, porém, de uma concorrência que assume novas especificações. A empresa oligopolizada "concorre em vários tabuleiros: na apropriação da mais valia, gerada dentro de seus muros, no seu relacionamento com a taxa média de lucro e no seu convívio com a riqueza social" (Gianotti, op. cit., p. 102). Isso lhe é possível, porquanto ela se constitui, num conglomerado que explora ramos diversos de atividade, possui internamente um minissistema de autofinanciamento e com isso pode planificar e racionalizar melhor suas decisões.

Essa mudança na organização econômica da produção, que delineia a forma de ser do imperialismo atual, não vai apenas configurar uma tendência crescente de aumento de tamanho das empresas, da internacionalização do capital mediante gigantescas organizações multinacionais e/ou transnacionais, sociedades anônimas, mas, em decorrência deste processo, vai afetar profundamente a determinação das taxas de lucro. Ao contrário do capitalismo concorrencial, onde existe uma taxa média de lucro que baliza as decisões intercapitalistas, a oligopolização do mercado determina a possibilidade concreta do surgimento de várias taxas

A PRODUTIVIDADE DA ESCOLA IMPRODUTIVA   129

de lucro, onde de imediato aparecem as taxas do mercado oligopolizado e não oligopolizado.

As diferentes taxas médias de lucro, resultado das novas formas de sociabilidade do capital, indicam não só uma competição intercapitalista desigual entre setores oligopolizados e não oligopolizados,[36] ou entre capital industrial, comercial, bancário e financeiro, como também expressam a existência de cisões, rachaduras dentro da própria burguesia. A concorrência intercapitalista, dentro desta forma oligopolizada de organização da produção, vai se dar mediante o aumento da produtividade, através da inovação tecnológica, através do progresso técnico. A redução dos custos de produção vai decorrer especialmente da produção em escala. No mercado oligopolizado, a inovação tecnológica, a crescente incorporação do progresso técnico na produção e o consequente aumento do capital orgânico e diminuição relativa do capital variável são uma imposição da concorrência intercapitalista.[37]

A crescente incorporação do progresso técnico não decorre, pois, da escassez ou não qualificação da mão de obra, mas da lógica das leis do capital. A tendência, do ponto de vista do mundo do trabalho, é uma crescente radicalização da abstratividade do trabalho, criando uma força de trabalho nivelada por baixo, relativamente desqualificada — um trabalhador coletivo.[38]

Há que notar-se, porém, que, como vimos no item 2.1, a evolução capitalista determinou uma crescente extirpação da ciência

---

36. Dentro de uma visão economicista e determinista, poderia imaginar-se que a lei do desenvolvimento capitalista levaria, num determinado momento, ao desaparecimento do setor não oligopolizado. O que ocorre de fato, porém, é que o próprio processo de oligopolização, ao baratear o capital constante recria, estruturalmente, este setor. Por aí pode depreender-se que a tendência do sistema capitalista não é a estagnação. A crise reside na contradição interna do capital, nos seus limites de autovalorização.

37. O trabalho de Labini, *Oligopólio e progresso técnico*, anteriormente mencionado e tomado dentro da ressalva feita, constitui uma fonte relevante para a análise dessa problemática.

38. Este processo determina que a questão do trabalho produtivo e improdutivo se desloque para a questão do trabalho coletivo. Esta discussão, fundamental para compreender o tipo de produtividade específica da mediação educativa no processo de produção capitalista, será retomada no Capítulo 3.

do trabalho comum. O saber do trabalhador lhe é extirpado e transferido à máquina. Neste sentido a produção científica passa a ser propriedade do capital e como tal não é uma ciência que é produzida para a criação de bens úteis, para o consumo coletivo, para o bem-estar social e aumento da qualidade de vida, mas uma ciência para a produção, para o lucro.

Compreende-se, então, que o capital vá administrar a produção científica de acordo com seus desígnios e por isso nem sempre utiliza imediatamente as descobertas científicas. Ou seja, nem sempre a ciência é transformada em tecnologia aplicada, quer por razões de exploração da vida útil de tecnologias cujo potencial não foi esgotado, quer pela própria desorganização que poderia, em certos casos, imprimir ao sistema. Há, então, um congelamento do processo técnico que representa um atraso no avanço das forças produtivas.

Em contrapartida, o processo de competição intercapitalista, que instaura um sistema de produção que se acentua na produção pela produção, e não para satisfazer necessidades sociais, com a criação crescente de novos produtos e especialmente de novos meios de produção, acaba por gerar um processo de obsolescência precoce desses meios. A venda de tecnologia já obsoleta nos centros mais dinâmicos do capitalismo internacional, para regiões do chamado "Terceiro Mundo", tem sido uma estratégia para compensar a precocidade da obsolescência.

O fenômeno da oligopolização do sistema produtivo vai revelar, de forma cada vez mais nítida, as leis da tendência do modo capitalista de produção analisadas por Marx, ou seja, o caráter contraditório do processo de acumulação capitalista — caráter esse que não deriva da estagnação do sistema, mas dos limites inerentes ao seu próprio movimento de autovalorização.

O que se revela de forma cada vez mais clara é que a crescente incorporação do progresso técnico — arma de competição intercapitalista ao mesmo tempo que permite a aquisição de uma massa de mais valia relativa cada vez maior, vai gerando um aumento orgânico do capital constante e uma diminuição crescente do capital variável, base da geração do valor. É neste particular que

A PRODUTIVIDADE DA ESCOLA IMPRODUTIVA

reside, de acordo com a teoria marxista, a lei da baixa tendencial do lucro.

A competição intercapitalista vai mudando a estrutura técnica do capital e deslocando os limites da reprodução ampliada para além de suas próprias possibilidades de realização. É neste sentido que a lei do valor permanece como a lei interna inexorável de movimento do modo de produção capitalista. Permanência que se exprime no fato de que são as "virtudes" do desenvolvimento capitalista, das forças produtivas do capital que o levam a se chocar com suas possibilidades sociais de reprodução. Não é por causa de supostos rendimentos decrescentes, senão por força do aumento progressivo das escalas de produção, do crescimento de sua capacidade técnica de acumulação e de sua concentração e força cada vez maiores que o capital tende a sobrepassar suas possibilidades de realização e reprodução ampliada. (Belluzzo, L. G. M., op. cit., p. 101)

Essa contradição inerente ao movimento do capital e que gera a tendência declinante do lucro nos leva a perceber, então, que o sistema capitalista, nesta fase de oligopolização, aprofunda e radicaliza a crise de realização da mais valia. O sistema entra em crise, paradoxalmente cada vez mais aguda, à medida que seus métodos de extração de mais valia relativa se aperfeiçoam. O sistema se sufoca por superprodução, por excesso de excedente ou poupança tendo dificuldade de investir produtivamente a mais valia produzida.[39] O sistema, em suma, agudiza sua crise de demanda-efetiva, de realização produtiva da mais valia.

Vale ressaltar que, do ponto de vista político, a questão acima tem extrema relevância para descartar a tese "do quanto pior melhor" em termos de superação do sistema, na medida em que revela que quanto mais avançadas as forças produtivas mais cruciais são as contradições do modo capitalista de produção da existência. O aguçamento das contradições e da crise, entretanto, não significa

---

39. Sobre esta questão, Ernest Mandel nos traz alguns dados relevantes mostrando a evolução do excedente da indústria automobilística nos Estados Unidos e da construção naval, produção de fibras na Alemanha e outros produtos a nível de Mercado Comum Europeu (ver Mandel, E. A economia do neocapitalismo. In: Pereira, L.; [org.]. *Perspectivas do capitalismo moderno*, op. cit., p. 88-99).

uma facilitação automática a tal superação. Ao contrário, um dos traços que caracterizam o imperialismo atual é exatamente o esforço na busca de mecanismos de recomposição das crises. O que historicamente se detecta, entretanto, é que com o avanço das forças produtivas e na medida em que o capital não dispõe de um poder absoluto sobre o "destino" do homem, do qual não pode prescindir, à oligopolização do mercado contrapõe-se, como forma de luta, uma crescente organização da classe trabalhadora. Neste sentido, se na verdade a classe trabalhadora não cria as crises do capital — por sua crescente organização e consciência podem explorá-las na ótica de seus interesses.[40] A educação escolar e não escolar, quando posta a serviço dos interesses da classe trabalhadora, constitui instrumento valioso para esta organização e consciência.

A quebra das condições objetivas de uma concorrência intercapitalista sob bases de correlação de forças similares, a partir da crescente oligopolizaçào do mercado, como vimos, vai determinar o desaparecimento de uma única taxa média de lucro. Ao desaparecer esse patamar básico, aparentemente, o próprio sistema capitalista perderia sua especificidade. Isso, porém, não ocorre por diferentes razões, sendo que a mais imediata situa-se no fato de que embora á grande empresa se oriente por uma planificação, trata-se de tipo de "planos" subordinados à forma-mercadoria que seu produto deve assumir. De outra parte, a categoria capital social total não se constitui na categoria mais ampla com que opera o sistema capitalista. Gianotti destaca que nos *Grundrisse*, Marx vai referir-se a uma nova categoria-capital em geral.

> O capital em geral diferentemente dos capitais particulares, se apresenta por certo, apenas como uma abstração arbitrária, mas uma abstração que capta a diferença específica do capital diferentemente de todas as outras formas de riqueza — ou modos em que a produção (social) se desenvol-

---

40. Vale ressaltar a atualidade das críticas de Lenine e Gramsci ao economicismo que veicula a ideia de que se o capitalismo engendra em si o germe da destruição, os homens nada têm a fazer. As circunstâncias é que fariam a história. Lenine e Gramsci mostram que esse mecanismo faz esquecer que os homens é que fazem a história em circunstâncias dadas.

A PRODUTIVIDADE DA ESCOLA IMPRODUTIVA   133

ve. Trata-se de determinações que são comuns a cada capital enquanto tal ou que fazem de uma determinada soma de valores um capital. E as diferenças dentro dessa abstração são igualmente particularidades abstratas, que caracterizam toda a espécie de capital, ao ser sua posição ou negação (por exemplo, capital fixo ou capital circulante); mas o capital em geral, distinto dos capitais reais particulares, é ele próprio uma existência real. Isto é conhecido pela economia vulgar, embora não o compreenda, constituindo um momento muito importante de sua doutrina das compensações etc. Por exemplo, o capital nesta forma geral, embora pertencente aos diversos capitalistas, em sua forma elementar como capital, constitui o capital que se acumula nos *banks* ou se distribui por eles, e como diz Ricardo, se distribui tão admiravelmente na proporção das necessidades da produção. [...] Daí consistir, por exemplo, uma lei do capital em geral que, para valorizar-se, deve ser posto duplamente, devendo valorizar-se duplamente nesta forma dupla. Por exemplo o capital de uma nação particular, que em oposição à outra representa o capital *par excelence*, deverá ser emprestado a uma terceira nação para poder valorizar-se. Esta dupla posição, este relacionar-se consigo mesmo como alheio, torna-se neste caso diabolicamente real. Enquanto universal, por isso, é, de uma parte, uma diferença específica apenas pensada, é por sua vez, uma forma real particular junto à forma do particular e do singular. [...] O mesmo se dá na álgebra. Por exemplo a, b, c são números em geral, mas além disso são números inteiros diante de a/b, b/c, c/a, b/a etc., que se pressupõem na qualidade de elementos gerais. (Marx, Grundrisse, in Gianotti, op. cit., p. 105-6)

A crise da demanda efetiva indica, exatamente, que o capital, ele próprio, em função de seu movimento de autovalorização, se torna incapaz de gerar as condições de sua continuidade, isto é, de completar o circuito de produção e realização da mais valia. Como mecanismo de superação da crise que a centralização amplia e aprofunda, o capital articula-se com a riqueza social, que não é valor, mas que é posta por ele.

Comparado com o fetichismo da mercadoria, o fetichismo do capital revela suas particularidades. O primeiro se arma porque cada valor de troca particular se dá como expressão de um valor geral, de uma abstração que não possui uma medida previamente determinada, de modo que no mercado, tudo se passa como se cada objeto fosse a encarnação de um deus absconso.

O fetichismo do capital é mais complexo: além de incorporar o fetichismo da mercadoria, supõe ainda uma nova forma de alteridade: o próprio objeto se põe como estranho a si mesmo, como medida de si que perde seu padrão no meio de seu caminho. Em lugar de cumprir a determinação mais simples do fenômeno social que se identifica pelo outro, o capital supõe como ele não fosse ele próprio, a despeito do outro no qual ele se espelha não ser mais que sua particularização efetiva. (Gianotti, op. cit., p. 106)

É exatamente no contexto do capitalismo monopolista — em sua fase crescente de oligopolização do mercado, onde o sistema capitalista vai ampliar seu caráter anárquico e correr o risco de um asfixiamento crescente por superprodução, por não realização do valor — que o capital, para completar o circuito, vai necessitar da massa de riqueza social, posta por ele, e que toma a forma de um fundo ou tesouro público. O fundo ou tesouro público vai funcionar como "um pressuposto geral de toda a produção", como um capital financeiro em geral (Oliveira, F., op. cit, p. 104). Neste âmbito é que o papel do Estado vai se mostrar decisivo. O Estado, que num contexto de um capitalismo concorrencial é posto à margem do circuito da reposição das relações econômicas, embora tenha funções econômicas, é constrangido a assumir cada vez mais um papel intervencionista.

Assim sendo, o Estado contemporâneo não é tão somente o representante do capital, ele próprio é um capitalista na medida em que possui capital em geral. [...] É o próprio Estado como pessoa jurídica que surge como capitalista, cuja ferocidade causa inveja ao antiquado capitalista empreendedor. Agora uma propriedade, que se mostra coletiva, põe-se como universal, mas efetua-se como um particular ao lado de outros particulares, graças ao processo de dupla posição, característico ao capital em geral. (Gianotti, op. cit., p. 110)

O Estado, então, vai cumprir um papel crucial, não pelas razões da queima do excedente e, com isso, permitindo a manutenção da taxa de lucro, mas exatamente por uma nova qualidade: além de ser o mediador entre as forças sociais em ação, e produtor de serviços, vai tornar-se produtor de mercadorias, produtor de valor. Mas além

A PRODUTIVIDADE DA ESCOLA IMPRODUTIVA 135

desse papel de produtor direto, o Estado vai exercer no capitalismo monopolista um papel econômico mais incisivo. Vai converter

> o tesouro público em pressuposto da atividade econômica [...], um *ex ante* que fixa de antemão o comportamento da economia como um todo. [O Tesouro público] é ainda um vir-a-ser: os recursos sob a forma de imposto ou sob outras quaisquer formas, ainda não estão na caixa do Tesouro, ruas o simples anúncio de sua previsão já condiciona, em grande medida, o comportamento da economia como um todo. (Oliveira, F., op. cit., p. 195)

O Estado, em suma, entra no circuito da produção quer como capitalista particular, quer como associado à grande empresa, quer pela própria forma de gerir os recursos públicos para salvaguardar interesses particulares.

A crescente vinculação do Estado com as grandes corporações põe a claro

> que o movimento de centralização do capital, como Juno, tem duas faces: o capital privado e o capital público, mas na verdade ele é um só: o capital. A contradição que agora aparece entre esse Estado produtor e as formas privadas de riqueza nacional é uma contradição do capital, mas não uma forma mortalmente antagônica de oposição de interesses. (Id., ibid., p. 103)

Ao contrário, com o rompimento da taxa média de lucro como *locus* para onde convergiam os interesses intercapitalistas, o Estado passa a ser o novo patamar de unificação do capital no seu conjunto. Os conflitos e interesses burgueses têm no Estado o ponto de referência.

> A profunda imbricação do Estado com as grandes corporações, que é a característica mais saliente do capitalismo monopolista e, simultaneamente, do Estado moderno, coloca em primeiro plano a necessidade do estabelecimento ou da fixação da taxa de lucros para o capital monopolista, e nisso reside a característica política mais saliente do Estado; continua a existir, por certo, na faixa das médias e pequenas empresas (mercado não oligopolizado), uma espécie de capitalismo concorrencial entre elas, mas no geral, mesmo a faixa de lucros dessas empresas é dada a partir do conluio do Estado e grandes corporações oligopolistas. O

caráter anárquico do capitalismo permanece, mas *et pour cause* amplia-se extraordinariamente: daí qualquer crise na economia capitalista de hoje ser também, e simultaneamente, uma crise do Estado. (Id. ibid., p. 106)

A análise efetivada por Gramsci sobre a unidade dialética da infra e superestrutura, a imbricação entre sociedade política e sociedade civil, anteriormente assinalada, iluminam a trama que se vai tecendo — no interior do capitalismo monopolista — entre o econômico e o político, bem como as especificações que assume a luta de classes e as possíveis mediações das diferentes práticas educativas.

As novas formas de sociabilidade do capital, ao tornar o Estado um produtor de mercadorias, e o novo patamar de ligação ao capital como um todo, especialmente o grande capital, ao mesmo tempo reduzem os graus de liberdade de o mesmo oferecer bens e serviços abaixo do custo, como e por consequência apontam para uma crescente exploração política do Estado em função da geração de mais valor, ou em função de permitir ao grande capital essa geração ou realização. Desfaz-se cada vez mais a ambiguidade que o Estado mantinha no interior de um capitalismo concorrencial da imagem de um Estado-instrumento e mediador do "bem comum", e revela-se mais nitidamente seu caráter explorador.[41] Essa exploração incide, obviamente, sobre a classe trabalhadora e atinge o nível de selvageria em regimes autoritários onde o arrocho salarial e a tributação são mantidos na base da força.[42]

Na medida em que o Estado se torna ele próprio um capitalista, gerindo empresas lucrativas ou associando-se às grandes empresas multinacionais, ou servindo de sustentação de realização do valor produzido nestas, ou seja, na medida em que o próprio Estado

---

41. Do ponto de vista político, vai revelar-se que o Parlamento, enquanto *locus* de defesa dos interesses da burguesia, perde sua força. Trata-se de uma instituição cuja função se esvazia com o fim do capitalismo concorrencial. Os ministérios econômicos vão se constituir na "arena" que representa os interesses reais da burguesia (cf. Apontamentos curso. F. Oliveira, op. cit.; ver Coutinho, C. N., op. cit., p. 96 ss.).

42. A política econômica do Estado brasileiro, após 1964, especialmente na fase do milagre, exemplifica, no limite, o nível a que pode chegar a exploração política do Estado sobre o trabalhador.

A PRODUTIVIDADE DA ESCOLA IMPRODUTIVA

entra na lógica da centralização, passa a utilizar o "tesouro público", a tributação, para financiar esta centralização. Entende-se por aí que os investimentos dos recursos públicos irão ter uma destinação cada vez mais particular — garantir a centralização. Drena-se, desta forma, os recursos das áreas sociais — saúde, educação, moradia, ou as arrecadações de PIS, FGTS, e impostos para os setores produtivos, ou investe-se nestes setores, em programas cuja aderência ou cuja mediação com a produção seja mais imediata.[43]

A intervenção do Estado na economia não se dá, então, pelas razões enunciadas por Keynes já na década de 1930 em sua famosa *Teoria geral do emprego, do juro e da moeda* (Keynes, J. M., 1970), onde postula que, para manter a demanda agregada, valeria a pena o Estado pagar pessoas para abrir buracos. Nem por razões apenas conjunturais. A rigor, a tese keynesiana apenas anuncia que a economia capitalista, na medida em que avança em seu processo de centralização, tenderá a uma crescente estagnação e alto desemprego, sem a intervenção do Estado. "A teoria do déficit *spending* keynesiana é um anúncio de que no capitalismo monopolista o Estado tem que ser, necessariamente, parte ativa da produção do capital", abandonando a postura dos seus antecessores neoclássicos e marginalistas de um Estado do *laissez-faire* (Oliveira, F., op. cit., p. 104).

O Estado intervencionista, em suma, vai se caracterizar como o patamar por onde passam os interesses intercapitalistas, e cumpre a um tempo e de modo inter-relacionado: uma função econômica, enquanto cada vez mais se torna ele mesmo produtor de mais valia ou garantindo, por diferentes mecanismos (subsídios, absorção de perdas), ao grande capital privado esta produção; uma função política, enquanto intervém politicamente para gerar as condições favoráveis ao lucro; e uma função ideológica enquanto se apresenta como um mediador do bem comum, uma força acima de qualquer suspeita e acima do antagonismo de classes.

---

43. O Programa de Merenda Escolar, veiculado como uma medida básica de política educacional, apoiado até mesmo em pesquisas que mostram a interferência da "fome" sobre a aprendizagem, além de cumprir um papel de escomotear o caráter estrutural da subnutrição e da fome garante a circulação e a realização da mais valia produzida em multinacionais ligados à fabricação de gêneros alimentícios.

Esclarece-se o aparente paradoxo mencionado no primeiro capítulo, caracterizado pelo fato de ter a teoria do capital humano todo um referencial teórico neoclássico e marginalista, e surgir exatamente no contexto de um capitalismo monopolista, cujo intervencionismo do Estado na economia é cada vez mais patente. A ideologia, configurada nos postulados neoclássicos, serve de ofuscamento ao crescente intervencionismo do Estado na economia, determinado pelo caráter expansionista e centralizador do capital.

No bojo desta análise poderemos, então, situar historicamente como as teorias de desenvolvimento neocapitalistas — e como particularidade destas, a teoria do capital humano — nascem exatamente no interior da formação social capitalista líder do imperialismo mundial (EUA), e têm a função de legitimar o novo *modus operandi* das relações capitalistas de produção — notadamente o papel intervencionista do Estado — e como evadem os fundamentos reais destas relações de produção.

As teorias de desenvolvimento ou o desenvolvimentismo, neste caso, vêm a desempenhar uma dupla mediação produtiva para os interesses do capital monopolista. Primeiramente evadem os reais fundamentos do processo de acumulação, concentração e centralização, e da crise do capital, situando a crise não no modo da organização da produção capitalista, no conflito capital-trabalho, mas em aspectos circunstanciais; e, em segundo lugar, viabilizam e legitimam as medidas de recomposição, porém não de superação, das crises do sistema capitalista em sua fase imperialista atual.

3.2 A teoria do capital humano e a especificidade do modus operandi da educação na recomposição imperialista[44]

Discutimos até aqui, ainda que de forma por vezes rápida, as novas formas que vem assumindo a organização do capital no pro-

---

44. Tem-se enfatizado, ultimamente, a análise das relações entre educação e dependência. Sem dúvida, estas análises representam um esforço amplamente positivo e revelam as relações entre os planos econômico-político, social e educacional. A categoria

cesso de acumulação capitalista e, no seu interior, a crescente e necessária intervenção do Estado a ponto de torná-lo um capitalista particular e um poderoso instrumento de exploração política a favor dos interesses do grande capital.

Neste item buscamos mostrar que a teoria do capital humano constitui-se numa particularidade das teorias de desenvolvimento e das teses neocapitalistas, uma especificidade das apologias do capitalismo em sua etapa monopolista, onde o oligopólio representa a forma mais evidente das novas formas de sociabilidade do capital.

No âmbito propriamente educacional e pedagógico, a teoria do capital humano vai ligar-se à toda a perspectiva tecnicista que se encontra em pleno desenvolvimento na década de 1950. Neste aspecto há um duplo reforço. A visão do capital humano vai reforçar toda a perspectiva da necessidade de redimir o sistema educacional de sua "ineficiência" e, por sua vez, a perspectiva tecnicista oferece a metodologia ou a tecnologia adequada para constituir o processo educacional como um investimento — a educação geradora de um novo tipo de capital — o "capital humano". A educação, para assa visão, se reduz a um fator de produção.

É sob este duplo reforço que a teoria do capital humano vai esconder, sob a aparência de elaboração técnica, sua função principal — ideológica e política.

Não é casual que a perspectiva tecnicista se desenvolva profundamente nos fins da década de 1950, época em que se iniciam os primeiros trabalhos sobre teoria do capital humano. Skiner havia escrito, já em 1954, um texto sobre *The science of learning and art of teaching*, cuja repercussão nos meios científicos foi inexpressiva. As teses de Skiner sobre máquinas de ensinar, ensino programado e as

---

dependência, no entanto, enquanto formulação teórica, parece ser limitada para apreender a natureza que assumem as relações e as formas de produção no capitalismo contemporâneo, bem como as inter-relações entre o econômico, o político, o social e o educacional. A análise das relações imperialistas, qualquer que seja o âmbito focalizado, ainda que o fundamental seja o econômico, acaba por revelar que à medida que o capital se transnacionaliza, e enquanto tal não tem pátria, o problema não se situa nas relações de dependência, mas nas alianças entre a burguesia detentora do capital em diferentes pontos do mundo.

derivações que desembocam na tecnificação da educação só vão ter um impacto significativo quando ocorre, nos meios econômicos, empresariais e políticos, uma onda de críticas ao sistema de ensino. Esta onda de críticas correlaciona-se e toma força especialmente a partir do lançamento do primeiro *Sputnik* pela União Soviética. O remédio para tirar o sistema educacional da sua inoperância e ineficácia era "tecnificar a educação", isto é, conceber o sistema educacional como uma empresa e aplicar-lhe as técnicas e as máquinas que haviam produzido ótimos resultados no desempenho industrial.[45]

É necessário, inicialmente, mostrar que o fato de teoria do capital humano, do ponto de vista da investigação, ter-se desenvolvido inicialmente e de forma pioneira nos Estados Unidos, decorre exatamente por ser nesse país que a forma monopolista do capitalismo se encontrava mais desenvolvida. A categoria *capital humano*, embora seja uma ideia, como vimos no primeiro capítulo, que remonta a Adam Smith e reaparece ao longo de diferentes momentos históricos — mesmo na literatura brasileira — somente no interior de um capitalismo avançado a mesma assume um papel econômico, político e ideológico específico.

Vale, neste particular, a observação de Marx no *Método da economia política*, ao se referir sobre as categorias posse, propriedade, trabalho etc., em seu sentido abstrato e concreto. Na

> organização histórica da produção mais desenvolvida e mais variada que existe — as categorias que exprimem as relações desta sociedade é que permitem perceber a estrutura e as relações de produção de todas as sociedades desaparecidas — sobre cujas ruínas ela se edificou e cujos vestígios ela ainda guarda. (Marx, K., 1977a, p. 223)

Mas é preciso, entretanto, atentar para o fato da especificidade das sociedades, mesmo no interior do capitalismo, para não cair na

---

45. Castro, J. F. Prólogo. In: Skiner. *Tecnología de la enseñanza*. Barcelona: Labor, 1970. p. 7. Para uma discussão mais detalhada sobre esta questão, ver também, Pressupostos teóricos da atuação metodológica do Senai e escola acadêmica convencional. In: Frigotto, G. *Efeitos cognitivos da escolaridade do Senai e da escola acadêmica convencional*: uma pedagogia para cada classe social? Dissertação (Mestrado) — Iesae/FGV. Rio de Janeiro, 1977.

ótica dos economistas burgueses, "que suprimem todas as diferenças históricas e veem, em todas as formas de sociedade, a sociedade burguesa" (Id., ibid., p. 223).

A teoria do capital humano, como apontamos acima, é apenas uma das especificações das teorias de desenvolvimento que se desenvolvem amplamente nos anos após a Segunda Guerra Mundial. O mesmo vai ocorrer no âmbito mais específico das teorias educacionais, bem como no campo da administração e controle. A questão das relações trabalho-capital, administração do processo de trabalho, surge com novas abordagens. Trata-se de uma resposta necessária, de um lado, à crescente mecanização, automação, com a ampliação de inversões de capital em grandes unidades de produção; e, de outro, e em decorrência disso, pelas mutações que sofre o processo de trabalho.[46]

O alastramento, às vezes até mesmo precoce, da teoria em países subdesenvolvidos, igualmente parece estar fortemente associado ao papel dos Estados Unidos como organizadores e líderes do sistema imperialista mundial, após a Segunda Guerra Mundial.

O surgimento das teorias do desenvolvimento, mais especificamente, da ideologia desenvolvimentista, não pode ser separado do contexto político do pós-Segunda Guerra Mundial, onde surgem os Estados Unidos e União Soviética como dois polos antagônicos que disputam a liderança internacional. O desenvolvimento passa a se constituir na ideia motriz, encabeçada pelos Estados Unidos, como mecanismo de recompor e rearticular a hegemonia imperialista.[47] Trata-se de teorias que não se propõem analisar a gênese e as leis que governam o desenvolvimento capitalista, ou seja, as

---

46. Braverman, em sua obra *Trabalho e capital monopolista*: a degradação do trabalho no século XX. Rio de Janeiro: Zahar, 1977, capta, em seus aspectos básicos, as mutações a que nos referimos aqui. A. Gorz, igualmente organizou um conjunto de ensaios no livro *Crítica da divisão do trabalho*. São Paulo: Martins Fontes, 1980, que avança na compreensão dessa problemática.

47. Para uma análise da gênese das teorias do desenvolvimento no interior do capitalismo pós-guerra, ver Hopkins, G.; Latour, F. l'Histoire des theories du developement et ses enseignements a long terme. In: *Université de Paris*, IUBR, IEDES, Paris, n. 1.402, p. 2-13, 1974.

bases materiais e contraditórias em que se estrutura o processo de produção e reprodução capitalista. Trata-se, ao contrário, muito mais de uma perspectiva de modernização, em cujo horizonte se delineia o projeto desenvolvimentista.

As teses desenvolvimentistas,[48] especialmente a ideia de modernização não só coincidem como reforçam o intervencionismo do Estado, no interior de diferentes formações sociais latino-americanas, como legitimam a ação imperialista. Neste sentido as teorias desenvolvimentistas vão ensejar aos Estados Unidos não só um intervencionismo econômico e militar, mas igualmente político, social e educacional, fortalecendo-os como detentores da hegemonia do imperialismo capitalista. Isto se patenteia, de forma clara, quando Dean Rusk declara:

> [...] Nós sabemos que não podemos mais encontrar segurança e bem-estar numa política e em defesa confinadas apenas à América do Norte ou ao Hemisfério Ocidental ou à comunidade do Atlântico Norte. Esse Planeta tornou-se muito pequeno. Devemos *cuidar dele todo* [!] [o grifo é nosso], com toda a sua terra, água, atmosfera e espaço circundante.[49]

A forma de efetivar este *cuidado* econômico, político, militar[50] e sociocultural vai ocorrer através de diferentes acordos, planos, programas, agências, notadamente através das Nações Unidas, Banco

---

48. Não cabe no escopo deste trabalho uma análise das teorias de desenvolvimento, que surgem no interior do capitalismo monopolista — fase de acumulação ampliada do capital, como justificativa ideológica (ocultação e direção) para o intervencionismo do Estado face às crises do capital. Vale, apenas, sinalizar que estas teorias assumem diferentes perspectivas. Destacamos, a ótica que se calca sobre índices quantitativos para "mensurar" os diferentes "estágios" de desenvolvimento. Desenvolvimento se confunde com crescimento econômico. A ideia de capital humano nasce dentro desta perspectiva. O capital humano é um índice indicativo que compõe a função desenvolvimento. Sob a égide dessa ótica o Brasil vem sendo gerido, nos últimos dezoito anos. A outra vertente, de caráter mais histórico-estrutural, tema preocupação básica centrada em elementos qualitativos. Nestas análises contrapõem-se as características histórico-estruturais do desenvolvimento e subdesenvolvimento. Trata-se de uma concepção que certamente ampliou o horizonte de análise trazendo à discussão a questão do subdesenvolvimento, da dependência, mas que não aprendeu o caráter orgânico da expansão imperialista.

49. Departamento de Estado, *Bulletin*, 10 may 1965, apud Magdof, H., op. cit., p. 44.

50. De acordo com dados da Agência de Desenvolvimento Internacional, os Estados Unidos, em 1967, tinham representação militar em 19 países da América Latina, em dez

A PRODUTIVIDADE DA ESCOLA IMPRODUTIVA

Mundial, Fundo Monetário Internacional, Fundação Rockfeller, Fundação Ford, Banco Interamericano de Desenvolvimento etc.[51]

> Os programas de assistência técnica e financeira norte-americanos surgiram praticamente depois da Segunda Guerra Mundial, quando o imperialismo viu-se seriamente ameaçado em seus privilégios de controle de amplas áreas subdesenvolvidas. A finalidade econômico-política desses programas constitui a sua essência, que reflete o desejo imperialista de embair a opinião pública dos países subdesenvolvidos com pretensões ideais de ajuda e assistência, as quais, no entanto, fazem-se sob certas condições que aumentam a espoliação econômica e intensificam a alienação política. (Tavares, I. N., Id., ibid., p. 9-10)

Nos anos da década de 1950, o intervencionismo imperialista tem como sustentação, para os diferentes acordos, a ideia-força do *New Deal*, mediante a qual o governo Truman elabora o Programa de Cooperação Técnica.

A ênfase desses anos é a conquista da paz e a independência dos povos colonizados, bem como mostrar que o modo de vida ocidental é viável e desejável.

A retomada da prosperidade econômica no fim da década permite aos Estados Unidos entrar na década de 1960 — sob o governo Kennedy — com a proposta para o atingimento de "uma nova fronteira" que tem como meta a busca de uma melhoria das condições das nações subdesenvolvidas. A questão do desenvolvimento, da modernização, passa a ser investigada através da ajuda financeira americana, além da intensificação de acordos de cooperação técnica. O Tratado da Aliança para o Progresso, assinado em 1961 em Punta del Este, representa, ao mesmo tempo, um novo tipo de relacionamento dos Estados Unidos com os países sul-americanos e o instrumento mediante o qual se amplia sua influência no continente.

---

países da Ásia Oriental, em onze da África, em treze da Europa e em onze do Oriente Próximo e Sul da Ásia (ver Magdof, H., op. cit., p. 45).

51. Para uma análise detalhada da influência imperialista no campo educacional brasileiro, ver Arapiraca, I. O. *Usaid e a educação brasileira*. São Paulo: Cortez/Autores Associados, 1982; Tavares, I. N. Educação e imperialismo no Brasil. *Educação & Sociedade*, São Paulo, n. 7, p. 5-52, set. 1981).

A tese do capital humano então, quando apreendida na sua gênese histórica, revela-se como uma especificidade das teorias do desenvolvimento produzidas inicialmente e preponderantemente no interior da formação social capitalista mais avançada e que chama a si a tarefa e a hegemonia na recomposição do imperialismo capitalista. Os primeiros trabalhos produzidos nos Estados Unidos por Schultz (1956-57), como ele mesmo declara, nascem sob a preocupação de entender os fatores que influenciam o aumento da produtividade.

É, então, dentro do contexto do desenvolvimento que a teoria do capital humano vai eregir seu corpos de postulados e vai se apresentar como sendo um dos fatores explicativos do desenvolvimento, da modernização. O desenvolvimento da ideia de capital humano nos países latino-americanos segue rigorosamente a trajetória das relações imperialistas que vão se dar no âmbito econômico, político e social.

A ligação estreita da educação no projeto desenvolvimentista esboçado no projeto da Aliança para o Progresso não é fortuito. Pelo contrário, trata-se da concepção adequada de educação (um capital) às visões neocapitalistas. A Carta de Punta del Este expressa claramente esta ligação:

> Los programas nacionales de desarrollo deberán incorporar esfuerzos próprios encaminados a: a) Mejorar los recursos humanos y ampliar las oportunidades, mediante la elevación de los niveles generales de educación y salud; el perfeccionamiento y la expansión de la enseñanza técnica y la formación profisional, dando relive a la ciencia y tecnología. (Finkel, S. E., 1977, p. 264-5)

O conceito de capital humano vai mascarar, do ponto de vista das relações internacionais, a questão do imperialismo, passando à ideia de que o subdesenvolvimento nada tem a ver com as relações de poder, mas se trata fundamentalmente de um problema de mudança ou modernização de alguns fatores, onde os recursos humanos qualificados — capital humano — se constitui no elemento fundamental. O desenvolvimento é concebido como uma enteléquia a-histórica, sem conflitos de classes nem de países, e a educação, o treinamento, a chave para montar uma política gradualista (Finkel, op. cit., p. 276).

Esta ideia passa a constituir-se, também, num dos patamares mestres sobre os quais a ideologia do neocapitalismo se respalda. No seu aspecto mais global, uma das teses básicas da ação neocapitalista, como no-la expõe Trentin, emana exatamente da concepção do capital humano. De acordo com essa tese haveria

> a tendência à superação das contradições tradicionais e dos antagonismos entre capital e trabalho na grande empresa capitalista, em função de um duplo processo: separação da direção e da propriedade das empresas e *qualificação gradual da mão de obra até a sua fusão, numa espécie de nova classe, com os quadros dirigentes da empresa capitalista*. (Trentin, B., 1971, p. 100)

A questão das desigualdades sociais, dos antagonismos de classes, o conflito capital-trabalho seriam superados, por um processo meritocrático. Mascara-se, como vimos, o caráter orgânico da acumulação, concentração e centralização do capital e a própria luta de classes, na medida em que se nivela, sob a categoria de capital, a capacidade de trabalho dos indivíduos "potenciada" com educação ou treinamento, ao capital físico, ou seja a força de trabalho se apresenta como uma mercadoria — um capital do mesmo valor que o capital físico.

No interior desse nivelamento, o trabalho assalariado — condição intrínseca da acumulação e reprodução, capitalista — fonte da mais valia expropriada pelo capital, passa como sendo remunerado de acordo com o que o trabalhador assalariado produz. Passa-se a ideia de que o capital paga ao trabalhador "o valor de seu produto, ou o valor do produto físico marginal do trabalho".[52] Constrói-se, aquilo que Martins denomina a

> noção ideológica de trabalho, onde o trabalho assalariado não é considerado como uma atividade que enriquece a burguesia, mas algo que cria riqueza e, ao mesmo tempo, pode libertar o trabalhador da tutela do patrão. O trabalhador é sempre considerado um patrão potencial de si mesmo, sobretudo porque a condição de patrão é essencialmente concebida como

---

52. Berch, B. Salários e trabalho. In: Green, F.; Nore, P., op. cit., p. 121.

produto árduo e das privações materiais do próprio patrão quando era trabalhador, regulados por uma espécie de prática asséptica. A riqueza, no sentido do capital acumulado, torna-se aceitável e legítima porque é produto do trabalho e porque o trabalho é concebido como uma virtude universal. A capacidade de criar riqueza através do trabalho é concebida como uma virtude socializada sem distinção de classe, que abre acesso ao capital e ao capitalismo a todo o homem que trabalha. [...] Esse deslocamento da ideia de que a riqueza não é produto do trabalho explorado do trabalhador, mas resulta do trabalho e das privações do próprio burguês, na origem de seu capital, consagra e justifica para o trabalhador a sua exploração por outra classe. (Martins, J. S., 1981, p. 117)

É importante notar-se que, especialmente após 1960, em todos os países latino-americanos surgem órgãos de planejamento no âmbito econômico, social e educacional.[53] O planejamento, antes concebido como uma coerção estatal — restrição das liberdades individuais, instrumento dos países comunistas — passa a ser incorporado como um instrumento do Estado "democrático", interessado em facilitar os mecanismos responsáveis pelo desenvolvimento, legitimando, desta forma, o intervencionismo.

Trata-se de um planejamento parcial que, paradoxalmente, embora contradizendo o princípio nodal do modo de produção capitalista — a livre iniciativa — constitui-se em algo necessário na medida em que o Estado vai sendo cada vez mais constrangido a se tornar o instrumento que gere o processo de acumulação e centralização e as próprias crises do capital no interior do capitalismo monopolista. Trata-se de um planejamento cujo escopo não é o interesse público, mas um instrumento de racionalização dos investimentos do capital privado, um mecanismo para salvaguardar os interesses do capital no seu conjunto.

---

53. Para uma visão do planejamento no âmbito educacional, ver: Unesco Instituto de Planejamento de la Educación. *Los problemas y la estrategía del planejamento de la educación*: la experiencia de América Latina, 1964. O educacional, nesta perspectiva, reduz-se ao aspecto técnico e instrumental do plano econômico. A ideia de alfabetização funcional, cultivada pela Unesco, explicita, claramente, o caráter instrumentalista a que se reduz a educação. Ver Giraux, H. Alfabetização, ideologia e política de alfabetização. In: *Pedagogia radical*: subsídios. São Paulo, Cortez/Autores Associados, 1983. p. 75 ss.

A teoria do capital humano, que é produzida dentro do contexto das teses de desenvolvimentismo como estratégia de recomposição do imperialismo, assume então um duplo aspecto dentro desta recomposição. No âmbito das relações imperialistas internacionais, vai sustentar a concepção linear de desenvolvimento, sedimentando a ideia de que o desenvolvimento é um processo que ocorre dentro de um *continuum* — do subdesenvolvido a em desenvolvimento e, finalmente ao desenvolvido. A homogeneização pelo alto seria uma questão de tempo e de um esforço de modernização dos países subdesenvolvidos.[54] Sob esse aspecto obnubila-se o caráter despótico das relações imperialistas, e o verdadeiro movimento do grande capital internacional na sua lógica da acumulação e centralização.

A mesma concepção é transposta de forma igualmente linear do âmbito das relações internacionais para o interior dos diferentes países subdesenvolvidos, favorecendo os interesses dos grupos econômicos associados ao capital internacional. Trata-se de um mesmo movimento que serve a um mesmo propósito, deslocado apenas para uma esfera "nacional".

A análise do caso brasileiro é, neste particular, um exemplo fecundo.[55] É exatamente na fase mais aguda da internacionalização da economia brasileira, quando se radicaliza um modelo de desenvolvimento amplamente concentrador associado de forma exarcerbada ao movimento do capital internacional, que a tese do capital humano passa a ser utilizada de forma insistente. A utilização da teoria, aqui também assume uma dupla dimensão. A educação

---

54. Para uma crítica à concepção de desenvolvimento como processo linear, ver Lia Pinheiro Machado. Alcance e limites das teorias da modernização. *Revista de Administração de Empresa*, Rio de Janeiro, v. 1, n. 11, p. 169-192, 1970. Ver também, Dermeval Saviani. Participação da universidade no desenvolvimento nacional: a universidade e a problemática da educação e cultura. In: *Educação do senso comum à consciência filosófica*, op. cit, p. 69-84.

55. Não nos propusemos, neste trabalho, efetivar uma análise específica do caso brasileiro a esse respeito. Ao leitor interessado num aprofundamento das relações entre o Estado autoritário brasileiro nas últimas décadas, educação e desenvolvimento, ver Rodrigues, N. *Estado, educação e desenvolvimento econômico*. São Paulo: Cortez/Autores Associados, 1982.

passa a ser evocada como um instrumento de modernização — o fator preponderante, para a diminuição das "disparidades" regionais. O equilíbrio, entre as regiões — subdesenvolvidas, não desenvolvidas, em desenvolvimento e desenvolvidas — se daria mediante a modernização dos fatores de produção, especialmente pela qualificação da mão de obra.

Do ponto de vista da desigualdade social, a teoria do capital humano vai permitir aos formuladores e executores do modelo concentrador de desenvolvimento justificar o processo de concentração do capital mediante o desenvolvimento da crença de que há dupla forma de ser "proprietário": proprietário dos meios e instrumentos de produção ou proprietário do "capital humano".

Essa crença vai justificar as políticas que aceleram o processo de acumulação, concentração e centralização do capital na medida em que passa a situar a democratização das oportunidades educacionais como o mecanismo mais eficiente e gradual da distribuição da renda, substituto do processo de negociação entre patrões e assalariados, entre as classes.[56]

A divulgação dessa crença sai do interior do próprio aparelho estatal, guardião e gestor maior desse processo. É neste sentido que, é comum encontrar, nos planos de governo, no âmbito econômico ou nas justificativas ministeriais deste âmbito, após a segunda metade da década de 1960, defesas enfáticas da "democratização" educacional como forma de distribuição de renda.

Simonsen, ao enumerar os mecanismos a serem utilizados para diminuir a desigualdade social no Brasil, parece sintetizar de forma clara o pensamento governamental da época:

> A *primeira* dessas medidas consiste em alargar o sistema educacional do país de modo a maximizar a democratização das oportunidades. As grandes diferenças de renda resultam menos da falta de mobilidade

---

56. O caráter gradual da distribuição é justificado pela necessidade de acumular e fazer face aos problemas das relações econômicas internacionais. Mascara-se, uma vez mais, o caráter de aliança dos grupos associados ao capital internacional, ou seja, mascara-se o caráter transnacional do capital.

A PRODUTIVIDADE DA ESCOLA IMPRODUTIVA 149

social do que das desigualdades do padrão educacional. A ampliação da rede de ensino fundamental gratuito, o aumento acelerado das vagas na universidade são fatores que proverão a médio prazo um reajuste entre oferta e procura no mercado de trabalho, contribuindo para uma diminuição do hiato das rendas individuais e para o desenvolvimento de uma sociedade equitativa do ponto de vista distributivo.[57]

Na realidade, porém, sabe-se que o argumento econômico acima esboçado para a expansão do ensino — especialmente o nível superior — tem na sua base um interesse político. Esse interesse, de caráter político, na conjuntura em que se deu a expansão, vai cumprir a função de descompressão da crise dos anos 1968 e, ao contrário do que postula Simonsen como representante do sistema, uma função econômico-política de deterioração do salário do pessoal qualificado.

Isso fica claro quando uma década depois a revista *Negócios em Exame*, ao analisar a saturação do mercado de trabalho para profissões de nível superior, na palavra do substituto de Simonsen, Delfim Neto, vai dar ao empresariado nacional o significado real da expansão do nível superior do ponto de vista econômico.

Na época da expansão existia um exército de reserva de mão de obra não qualificada e praticamente uma oferta fixa de mão de obra qualificada. Agora, a coisa vai funcionar diferente. Obviamente, a demanda de mão de obra vai crescer menos e a oferta vai crescer mais. Não há, portanto, a menor dúvida: vai haver uma mudança radical na remuneração do pessoal de nível universitário.[58]

---

57. Simonsen, M. H. *Brasil 2001*. Rio de Janeiro, 1969. p. 60. Certamente não interessa a esse tipo de argumentação uma análise sobre as diferenças de um acesso formal e real à escola — como as análises que evidenciam a dissociação crescente entre o mundo do trabalho e o mundo da qualificação. O fato de existirem no Brasil mais de vinte mil engenheiros desempregados, e sendo esse curso o de maior prestígio social, assinala o efeito, a médio prazo, a que se refere Simonsen (dados do Confea de maio de 1982). A esse respeito, veja-se: Prandi, R. *Os favoritos degradados*: ensino superior e profissões de nível universitário no Brasil hoje. São Paulo: Loyola, 1982. Para uma análise do caráter falso do argumento acima, em relação à realidade brasileira, veja-se Zicardi, Alice. *Educação e estrutura ocupacional no Brasil, 1940-1970*. Rio de Janeiro: IUPERJ/Finep, 1970 [Relatório de Pesquisa].

58. *Negócios em Exame*, n. 209, 10 set. 1980, apud Prandi, R., op. cit., p. 17.

Em suma, quer do ponto de vista das relações imperialistas no âmbito mais global, quer do ponto de vista mais restrito de uma determinada formação social, a teoria do capital humano é produzida e utilizada como mecanismo para salvaguardar os interesses do capital monopolista. A forma de utilização no tempo e no espaço deriva da especificidade do próprio movimento real que o capitalismo assume em formações sociais concretas.

O fato de a teoria do capital humano ter sido produzida, inicialmente, onde a organização da produção capitalista se apresenta mais avançada indica a necessidade de se apreender a inter-relação orgânica entre infra e superestrutura no interior do capitalismo oligopolista, para se poder entender a natureza contraditória do vínculo ou desvínculo entre educação e produção, educação e estrutura econômico-social.

> É o problema das relações entre estrutura e superestrutura que deve ser situado com exatidão e resolvido, para assim se chegar a uma justa análise, das forças que atuam na história num determinado período e a definição das relações entre elas. (Gramsci, A., op. cit., p. 45)

Os tópicos até aqui abordados, neste capítulo, a um tempo nos permitiram situar a produção da teoria do capital humano como decorrência das novas formas que vão assumindo as relações de produção e o papel do Estado no seu interior, no capitalismo monopolista, e lançam luz sobre a tarefa de se situar a natureza controversa dos vínculos ou desvínculos da educação com a produção ou, mais amplamente, com a estrutura econômico-social capitalista. No capítulo final deste trabalho, buscaremos, apoiados nos elementos até aqui expostos, discutir esta questão.

A produtividade da escola "improdutiva": um (re)exame das relações entre educação e estrutura econômico-social capitalista

> O capitalismo de hoje de fato não recusa o direito à escola: o que ele recusa é mudar a função social da escola.
>
> *Antonio Letieri*

No capítulo introdutório assinalamos que o volume de trabalhos que se colocam numa perspectiva crítica à teoria do capital humano tem crescido tanto no âmbito econômico, como no sociológico, e mesmo, especificamente, no âmbito educacional.

Isso, anotamos, nos impunha sérios riscos de repetições desnecessárias. Entretanto, o caráter, por vezes rápido, destas análises e, de outro lado, o trato sob um ângulo muito específico nos indicavam que havia alguma contribuição no (re)exame de algumas dessas questões. Este (re)exame tem como suporte a própria precariedade e tensão permanente do processo de investigação do real. O desvendamento do real nas suas múltiplas determinações não se dá por "verdades" prontas, mas pela produção da verdade do real cada vez mais global, abrangente, ainda que sempre passível de ampliação e superação.

Este capítulo final é, ao mesmo tempo, uma síntese e uma ampliação da análise até aqui efetivada. Enquanto síntese, destacaremos apenas aqueles aspectos discutidos nos primeiro e segundo capítulos e que julgamos tenham relevância na articulação desta última parte. Com a mesma preocupação tentaremos indicar o ponto em que se situa a discussão sobre os vínculos ou desvínculos da educação com a estrutura econômico-social capitalista.

Enquanto ampliação, tendo como ponto de partida a discussão presente sobre o vínculo ou desvínculo entre a educação e estrutura econômico-social capitalista, e, como referencial, a análise efetivada no Capítulo II, buscaremos recolocar a questão do papel do sistema educacional no interior das formas que assumem as relações capitalistas hoje.

Sobre este aspecto, a ideia básica é que assim como o capital, no seu processo de acumulação, concentração e centralização pelo trabalho produtivo vai exigindo cada vez mais, contraditoriamente, trabalho improdutivo, como se fossem verso e anverso de uma mesma medalha, a "improdutividade da escola" parece constituir, dentro desse processo, uma mediação necessária e produtiva para a manutenção das relações capitalistas de produção. A desqualificação da escola, então, não pode ser vista apenas como resultante das "falhas" dos recursos financeiros ou humanos, ou da incompetência, mas como uma decorrência do tipo de mediação que ela efetiva no interior do capitalismo monopolista.

Cabe principalmente retomar, neste nível do trabalho, a questão do papel e o lugar da educação como mediadora dos interesses dominados. Surge, aqui, a problemática da direção e da estratégia que essa prática educativa deve assumir no interior do capitalismo monopolista, onde se amplia a separação entre mundo da escola e produção, trabalho manual e mental, e onde o Estado exerce uma dupla exploração. Enquanto explora como qualquer outro capitalista, e enquanto aparelho repressivo e ideológico, efetiva uma exploração política a favor do capital no seu conjunto. Esta função precípua do Estado no bojo das formas atuais de organização e gestão da produção capitalista não lhe tira a natureza de um espaço contraditório onde a luta de classes se faz presente.

Da análise até aqui realizada, a ideia fundamental é que a teoria ou doutrina do capital humano, enquanto um determinado processo e forma de conhecimento da realidade, não é algo que nasce por acaso. A produção desta teoria e seu corpo de ideias guarda uma ligação estreita com as relações sociais de produção. Trata-se de um tipo de conhecimento que carrega a marca e a ótica burguesas. Neste sentido, como ressalta Limoeiro,

> a produção do conhecimento responde sempre a necessidades. O conhecimento que vai sendo produzido na filosofia, na ciência, na arte (na economia, na educação) não é alheio à vida dos homens, não é neutro frente aos problemas concretos que os homens vivem, num tempo e lugar determinados, numa sociedade específica. [...] Este conhecimento (enquanto responde a necessidades concretas) sempre presta um serviço. Cabe perguntar: serve a quê? Serve a quem?[1]

O Capítulo I constitui-se numa tentativa de apreender o movimento da teoria do capital humano para demonstrar sua pseudoconcreticidade. Esta pseudoconcreticidade, ao produzir um conjunto de conceitos, postulados e técnicas, passa a ter uma função — a de evadir a gênese real das leis que regem as relações sociais de produção no interior do capitalismo. O mascaramento fundamental decorre da visão burguesa de que cada indivíduo é, de uma forma ou de outra, proprietário e, enquanto tal, depende dele — e não das relações sociais, das relações de poder e dominação — o seu modo de produção da existência.

Essa teoria, então, que se põe como concreta, mas que é pseudoconcreta, não resulta de uma abstração ou de um processo conspiratório, mas decorre rigorosamente de uma necessidade histórica circunstanciada. Ela se estrutura, em sua formalidade, com um referencial neoclássico que se afasta cada vez mais das formas concretas que assumem as relações de produção no capitalismo monopolista. Deste afastamento resulta a sua força de ilusão e, ao mesmo

---

1. Cardoso, Miriam Limoeiro. Universidade e estrutura de poder. *Cadernos de Cultura da USU*, Rio de Janeiro, v. 3, n. 3, p. 33, 1891.

tempo, da legitimação das novas formas que assumem as relações capitalistas de produção. E é sobre esta ilusão produtiva que se estruturou a política educacional brasileira nas últimas décadas.

O segundo capítulo buscou constituir-se no referencial para se entender o caráter circular da teoria do capital humano; e, ao historicizar esta teoria, revelar a que e a quem ela serve. A tentativa de apreender o movimento de autovalorização do capital e as novas formas que vem assumindo e, no seu interior, o novo papel que o Estado desempenha nos levou a perceber que a teoria nasce e se desenvolve como um mecanismo de recomposição das próprias crises do capital em sua fase imperialista atual.

Com base no que desenvolvemos nos capítulos anteriores, julgamos poder abordar a questão dos vínculos entre o sistema produtivo e o sistema educacional (formal ou não formal) por um ângulo que as abordagens mais- usuais, sobre esta questão, não apreendem.

1. Da natureza mediata das relações entre processo produtivo, estrutura econômico-social e processo educativo

A ênfase das análises sobre os vínculos ou relações entre escola ou processo educativo e o sistema produtivo pode ser visualizada em três tendências bastante nítidas.

A concepção do capital humano, como vimos, postula que a educação e o treinamento potenciam trabalho e, enquanto tal, constitui-se num investimento social ou individual igual ou superior ao capital físico. Um acréscimo marginal de treinamento, de educação, corresponderia a um acréscimo marginal na produtividade do indivíduo. Do investimento em educação redundariam taxas de retorno sociais ou individuais. Há, nessa concepção, um vínculo direto entre educação e produção. O que se discute é apenas se esse vínculo se dá mais ao nível do aprendizado de habilidades, do desenvolvimento de "atitudes" funcionais ao processo produtivo. A partir dessa concepção linear deriva-se, como discutimos anteriormente, a ideologia burguesa do papel econômico da educação. A educação e a qualificação aparecem como panaceia para superar as desigualdades entre nações, regiões ou indivíduos. O problema da desigualdade tende a reduzir-se a um problema de não qualificação.

A segunda visão, partindo de um "apelo a Marx", também postula que a educação potencia trabalho, gerando maior produtividade. Essa maior produtividade redundaria, porém, numa ampliação de mais valia extorquida pelo capital. Assume-se, pois, a existência de um vínculo direto entre mundo da produção e mundo da escola, ou com o processo educativo em geral. Trata-se das teses defendidas por Rossi, Galvan, Freitag, objetos de crítica no trabalho de Salm.[2]

Finalmente, encontramos a visão, também apoiada em Marx, que situa a um mesmo nível a posição burguesa neoclássica de capital humano e a dos críticos acima aludidos, que veem no sistema educacional um mecanismo de produção e ampliação de produção de mais valia relativa extorquida pelo capital.

> A crítica não consegue ir além, e não consegue, ao nosso ver, porque no fundo diz exatamente a mesma coisa que o pensamento neoclássico — a escola, como se fosse um departamento produtor de mão de obra qualificada, incorpora valor ao seu produto, que, como qualquer outra mercadoria, irá tentar realizá-lo no mercado. Se conseguir será porque sua maior produtividade permitirá "o crescimento do excedente". E, desde que não se chame ao diferencial de salário de taxa de retorno, tudo bem. Ressalvadas as diferenças semânticas, a teoria do capital humano não diz outra coisa.[3]

---

2. Ver Rossi, W. *Capitalismo e educação*. São Paulo: Cortez e Moraes, 1978; Galvan, C. G. É possível uma economia da educação? *Educação & Sociedade*, São Paulo, Cortez, n. 2, 1979; Freitag, B. *Escola, Estado e sociedade*. São Paulo: Cortez e Moraes, 1978.

3. Salm, C. Op. cit., p. 28-9. A crítica de Salm é, a nosso ver, correta sob o ângulo da não apreensão quer dos neoclássicos, quer dos "críticos" do processo produtivo, processo este que tende a prescindir cada vez mais do trabalho qualificado. Entretanto, embora uns e outros andem, nesse aspecto, sob o mesmo viés, a ótica de classe de uns e de outros é antagônica.

O trabalho mais recente e diretamente estruturado em função dessa crítica é a tese de Salm cujo objeto central é "o conflito entre o agigantamento patológico do sistema educacional e as condições de trabalho aviltadas para a maioria" (Id., ibid., p. 25). Seguindo o processo de desqualificação crescente e aviltamento do trabalho pelo sistema produtivo, Salm vai defender que é no

> seio da produção mesmo que devemos buscar a formação das qualifica-ções requeridas e não numa *instituição à margem, como é a escola*. Vamos argumentar que *nem a escola é capitalista, nem o capital precisa dela*, como existe, para preparar o trabalhador [grifos nossos]. (Id., ibid., p. 29)

O trabalho de Salm, é preciso frisar, sob o aspecto específico da relação entre processo produtivo imediato e processo de quali-ficação — tema central de sua tese — representa uma desmistifica-ção do vínculo direto, linear, entre produção e qualificação — ideia-força da teoria do capital humano, amplamente assumida tanto pela tecnocracia educacional brasileira, quanto por aqueles "críticos" que concebem genericamente o trabalho escolar como um poderoso instrumento de produção de mais valia relativa. Desmis-tifica a crença de que o avanço do progresso técnico demanda um processo crescente de qualificação. Pelo contrário, demonstra que a forma de o capital desenvolver-se, via introdução crescente do progresso técnico, determina:

a) crescente desnecessidade do trabalhador qualificado, for-mando um corpo coletivo de trabalhadores permutáveis;

b) redução do tempo de trabalho necessário;

c) diminuição do tempo de rotação do capital e ampliação da escala de produção;

d) em suma, uma redução dos custos de produção e uma submissão, cada vez mais radical, do processo de trabalho e de qualificação aos ditames do capital.

A tese de Salm — neste âmbito — é, sem dúvida, um grande avanço que desfaz alguns mitos e encaminha algumas questões relevantes. Neste avanço, entretanto, há, a nosso ver, alguns problemas que merecem ser discutidos, sob pena de se cair em algumas simplificações bastante sérias.[4]

Primeiramente notamos que Salm, ao criticar — e adequadamente — tanto os neoclássicos por sua visão linear e a-histórica, como os "críticos" que enfatizam o vínculo entre produção e educação, por entenderem que a "qualificação" feita pela escola produz mais valia relativa, cai, de certa forma, numa visão mecânica e simplificada, concebendo a escola como "não capitalista" ou uma instituição que está à "margem" do sistema produtivo, pelo fato de não existência do vínculo direto.

Percebemos, então, que tanto os neoclássicos e os críticos a que Salm se refere, quanto seu posicionamento frente a esses críticos, se caracterizam pelo abandono do campo das mediações — âmbito específico — a nosso ver, da prática educativa, escolar ou não escolar. Este abandono determina, a uns e outros, a perda da apreensão do movimento do real em sua totalidade contraditória.

Na medida em que a escola efetivamente não se define como sendo uma instituição que está na base da estrutura econômico-social, e como tal, não é nela historicamente que se efetiva o embate fundamental do conflito capital/trabalho, faz pouco sentido a discussão do vínculo ou desvínculo direto, imediato. A direção da análise, tomando-se a especificidade da prática escolar em momentos históricos diferentes e em realidades específicas, situa-se não na busca de se demonstrar que a "escola serve ao capital de forma direta e imediata, ou que a "escola não é capitalista" ou uma "instituição à margem", mas na apreensão do tipo de mediação que essa prática realiza historicamente no conjunto das práticas sociais e, especificamente, com a prática da produção material.

---

4. Não discutiremos aqui a análise que Salm realiza para demonstrar o esforço do capital para libertar-se do trabalho complexo, qualificado, e da crescente distância entre o mundo do trabalho que se desqualifica cada vez mais e a crença na qualificação. O que nos propomos mostrar é que Salm comete uma simplificação teórica e histórica ao restringir à escola, no interior do processo capitalista de produção, uma função política e ideológica.

Sob este aspecto, o campo específico da mediação da prática educacional é o de responder às condições gerais da produção capitalista por oposição ao processo imediato de valorização do capital (Lounay, J., 1979, p. 189).

A perda do campo das mediações da prática educativa, escolar ou não escolar, no processo capitalista de produção, leva Salm a admitir unicamente, de forma estanque, o papel de aparelho ideológico da escola.

> [...] não temos problemas com a ideia da escola como instância da superestrutura envolvida na reprodução das classes sociais, mesmo quando a ideia aparece na forma simples de escola como necessária para "civilizar bárbaros". (Salm, C., 1980, p. 19)

E mais adiante: "Não questionamos o papel de aparelho ideológico, nem pretendemos agregar o que conhecemos sobre o assunto" (Id., ibid.).

O ideológico, porém, aparece sem nenhuma vinculação com a base infraestrutural. "O papel ideológico da escola pouco nos diz sobre seus vínculos concretos com a empresa".[5]

O autor, talvez não intencionalmente, acaba alinhando sua análise ao tipo de abordagem que Althusser efetiva das relações entre os níveis econômicos, político e ideológico e, especificamente, de concepção de escola como um aparelho ideológico do Estado (Althusser, L.).[6]

Limoeiro, ao criticar essa postura, ressalta que no esquema teórico de estrutura social althusseriano

> não cabem as classes sociais. Indica como estrutura uma instância econômica, uma instância política e uma instância ideológica, mas não parece haver lugar para o social na estrutura. O conceito de classe social

---

5. O concreto a que se refere o autor parece corresponder ao empírico (Id., ibid., p. 34).

6. Para uma crítica à visão de Althusser, de estrutura social, bem como de seus seguidores, N. Paulantzas e Belibar, ver Limoeiro, M. A. Ideologia como problema teórico. In: *Ideologia e desenvolvimento — Brasil*: JK, JQ. Rio de Janeiro: Paz e Terra, 1978.

A PRODUTIVIDADE DA ESCOLA IMPRODUTIVA 159

faz parte da análise, mas sem que sua relação com a estrutura seja determinada.[7]

Ao descartar qualquer mediação da prática educativa escolar no processo educativo, a não ser a mediação puramente ideológica, e sem explicitar como esta mediação se efetiva, Salm torna estática a relação infra e superestrutural e perde na análise a dimensão dialética desta relação. Efetiva, então, uma separação formal daquilo que historicamente constitui, na concepção gramsciana, um bloco histórico — unidade díalética da infra e da superestrutura — onde, embora o econômico seja determinante, o político e o jurídico reagem uns sobre os outros e sobre a base econômica.[8]

O problema das classes sociais é igualmente subentendido na análise. Não se determina qual a especificidade que a relação entre as classes assume no conflito fundamental capital/trabalho no interior das novas formas de organização da produção capitalista.

---

7. Limoeiro, M., id. ibid., p. 40. A vinculação orgânica do movimento social e político é posta por Marx de forma clara quando, no texto *A miséria da filosofia*, discute o problema da "emancipação da classe oprimida". "Não digas que o movimento social exclui o movimento político. Não existe jamais movimento político que, ao mesmo tempo, não seja social, Somente numa ordem de coisas na qual já não existem classes e antagonismos de classes, as evoluções sociais deixarão de ser revoluções políticas" (Marx, K. *A miséria da filosofia*. São Paulo: Grijalbo, 1976. p. 166).

8. A determinação das condições materiais da existência, das quais emana a explicação das ideologias, e do papel destas sobre as primeiras, é clara no Prefácio do livro *Contribuição à crítica da economia política* (Marx, K., op. cit.). "Este texto nos diz da importância das condições materiais de existência para a explicação das formas ideológicas, por serem estas determinadas por aquelas. Diz-nos, por outro lado, da importância das relações superestruturais como meio de expansão ou como entrave ao desenvolvimento das forças produtivas. Sempre assumindo a perspectiva da transformação social coloca, em termos esquemáticos: 1) que em toda a formação social há uma determinação e que o determinante é a estrutura econômica, à qual, de acordo com o grau de desenvolvimento das forças produtivas, corresponde uma determinada superestrutura; 2) que as formas ideológicas têm um papel a desempenhar no desenvolvimento da estrutura, porque sua relação se torna uma relação contraditória. E seu papel específico não é de desprezar, já que é nas formas ideológicas que os homens se conscientizam daquele conflito e, conforme esta consciência, lutam para resolvê-lo. Ficam, pois, esboçadas, embora não mais do que esboçadas, a determinação do econômico, a autonomia relativa e a ação de retorno da superestrutura à base. Sob uma análise estritamente dialética" (Limoeiro, M., op. cit., p. 48).

A ausência da incorporação desta análise dá a entender, como assinala Prandi, ao referir-se ao trabalho de Salm, que

[...] o capital, com relação social e como classe, seria capaz de dar conta das contradições que o levam a sobrepujar-se para enfrentar a sua negação constante. [...] que as forças da sociedade civil seriam inteiramente anuladas; que as instituições sociais elementares seriam facilmente descartáveis; que os trabalhadores, posto que simples portadores de força de trabalho como mercadoria, se deixassem pacificamente transformar em trabalho morto [...]. (Prandi, R., 1982, p. 23)

A análise, sob este ângulo, não leva em conta o próprio movimento do capital que, pelo progresso técnico incorporado à produção, como arma de competição intercapitalista, desqualifica o trabalho e, ao mesmo tempo, produz uma complexificação na divisão social do trabalho. A questão da tercialização da sociedade, fruto de determinantes histórico-estruturais, como apontamos anteriormente, acaba por configurar uma divisão social do trabalho onde, em alguns casos, se borram as fronteiras entre mercadorias e serviços. A não apreensão desse movimento, posto pela própria forma de o capital tentar resolver suas contradições fundamentais, desemboca numa visão estanque e, uma vez mais, formal da separação entre trabalho produtivo e improdutivo, produção material e produção não material.[9] Isso, como veremos adiante, tem implicação direta sobre a forma de se apreender as relações entre escola, educação e processo produtivo.

A ideia de que os problemas apontados parecem efetivamente serem resultado de uma apreensão parcial do problema que Salm se propõe analisar fica clarificada pelo próprio caminho de solução que o autor dá para redefinir o papel da escola na sociedade capitalista de hoje: a volta ao ideal de Dewey.

O ideal de Dewey, de uma escola que forma o cidadão para a democracia, só alcançará a concreção quando as pessoas não tiverem mais que se

---

9. Vale notar que a tese de Salm se atém fundamentalmente ao setor secundário da economia. Esse corte, assumido em sua análise, talvez tenha contribuído para o caráter parcial de algumas de suas conclusões aqui discutidas.

A PRODUTIVIDADE DA ESCOLA IMPRODUTIVA 161

submeter ao autoritarismo para ganhar a vida, quando conquistarem a democracia dentro do local de trabalho. Essa conquista não é um momento, mas um processo, através do qual trabalho e estudo poderão se conciliar. (Salm, C., 1980, p. 101)

Se na verdade a conquista da democracia no local de trabalho constitui uma condição necessária para a concreção da escola que forma o cidadão, não acreditamos que a estratégia para a consecussão de tal objetivo seja a volta ao ideal de Dewey. Por que Dewey e não a volta à perspectiva da tradição marxista de escola politécnica? Por que não o ideário gramsciano da escola politécnica e única que forme o homem com o domínio sobre a *societas rarum* e com conhecimento crítico da *societas hominum*?

Por mais que se possa entender o ideário liberal de Dewey dentro do contexto de sua época e apreender daí as contradições que na prática possam emergir, a direção que aponta é historicamente conservadora. Isto significa dizer que o pensamento de Dewey emerge não do questionamento das leis que produzem a desigualdade, a injustiça e o privilégio, mas na crença reformista da ascensão social pela meritocracia.

Para Dawey, a história era a luta com a natureza e não de homens contra homens, classes contra classes. A história violenta dos índios, dos imigrantes e do movimento operário não contava. Não havia conflito e nem violência — uma história sem classes. O que Dewey criou em sua Escola de Chicago foi uma história de classe média, que ignorava o conflito e a violência e apoiava o pensamento organizacional da nova classe média. Quando, porém, ele reconheceu a existência do conflito social, suas soluções foram o uso inteligente da educação para o controle social e a utilização de especialistas. De acordo com a nova ideologia liberal que ele ajudou a construir, Dewey voltou-se, não para as massas, em busca de orientação social, mas para os especialistas.

De acordo com a nova ideologia liberal que ele ajudou a construir, Dewey voltou-se, não para as massas, em busca de orientação social, mas para os especialistas.

[...] isso levou, em última análise, ao crescimento da meritocracia burocrática, cujos membros falavam de democracia sem ameaçar seriamente a elite do poder que controlava o sistema. Acreditando no método científico, na objetividade, ele ressaltou a importância do novo especialista profissional, cuja função era informar as classes inferiores. Através de extensa pesquisa, Karier nos mostra, de maneira convincente, que Dewey foi o filósofo, o porta-voz ideológico, da classe média e que, um reformador educacional liberal, como o reformador político liberal, é com efeito um conservador. Foi também um bom pragmatista e, como outros liberais, estava comprometido com uma modificação social flexível, controlada experimentalmente, ordenada, e que incluía um alto grau de manipulação e oportunismo. Assim, ele nunca desafiou seriamente as fontes de poder dentro da sociedade. Na verdade, sua crença no pragmatismo, no novo especialista profissional e no nacionalismo norte-americano se combinou numa visão de sociedade industrial que era fundamentalmente não igualitária.[10]

Saviani, numa análise não especificamente do pensamento de Dewey, mas das pedagogias derivadas da visão liberal — visão escolanovista — demonstra como, contrariamente ao ideário democrático que postulam, funcionam, concretamente, como um mecanismo de recomposição de hegemonia da classe dominante. Neste sentido vai demonstrar que "quando mais se falou em democracia no interior da escola, menos democrática foi a escola, e quando menos se falou em democracia, mais a escola esteve articulada com a construção da ordem democrática".[11]

Ao propor a volta a Dewey, Salm não percebe que, contrariamente a uma visão supostamente democrática e revolucionária de educação, herda a ótica de manutenção da escola que serve às elites.

---

10. Sarup, M., op. cit., p. 139-40. Sarup se refere aqui ao trabalho de Kerier, C. *Shaping the American educacional state*. Free Press, 1975. Para uma análise do pensamento reformista de Dewey, ver também Vieira Pinto, A. A definição de pesquisa científica. In: *Ciência e existência*: problemas filosóficos da pesquisa científica. Rio de Janeiro: Paz e Terra, 1979. p. 441-75.

11. Saviani, D. A análise que Saviani efetiva é desenvolvida em dois artigos publicados na revista da Associação Nacional de Educação. Escola e democracia ou a teoria da curvatura da vara. *Revista da Associação Nacional de Educação*, São Paulo, v. 1, n. 1, p. 23-33, 1981; e Escola e democracia: para além da "teoria da curvatura da vara". *Revista da Associação Nacional de Educação*, São Paulo, v. 1, n. 3, p. 57-64, 1982. Retomaremos adiante essa análise.

A PRODUTIVIDADE DA ESCOLA IMPRODUTIVA   163

Neste sentido, herda de Dewey, igualmente, aquilo que Saviani denomina a "inversão idealista" quando critica a pedagogia da essência de que

> [...] de elemento determinado pela estrutura social, a educação é convertida em elemento determinante, reduzindo-se o elemento determinante a determinado. A relação entre educação e estrutura social é, portanto, representada de modo invertido. (Id. ibid., p. 59)

Paradoxalmente, então, ao assumir a volta a Dewey, contradiz o foco central de sua análise que de um lado quer mostrar que o capital tem sua pedagogia própria e é ela quem comanda o processo produtivo, e, de outro que a cidadania real só se concretiza mediante a democratização do acesso aos meios e instrumentos de produção e do resultado do trabalho coletivo.

> É preciso ter presente, porém, que o fato da prática educativa escolar se constituir num elemento secundário e determinado não significa que não tenha uma relação dialética com a estrutura social e que esse papel, ainda que secundário, afeta essa estrutura determinante. (Id., ibid., p. 59)

2. A produção do trabalhador coletivo e as dimensões econômicas da prática educativa

Para não cairmos na armadilha das visões anteriormente discutidas que, embora não sejam da mesma natureza, perdem o campo da mediação da prática educativa na medida em que analisam a relação entre essa prática e o sistema produtivo de uma maneira linear, é mister recuperar a noção de modo de produção da existência, entendido como articulação dialética entre a infra e superestrutura (cf. Capítulo II). Articulação esta que se apreende seguindo o movimento histórico do capital e a divisão social do trabalho decorrente deste movimento.

Nesta perspectiva, se de fato é relevante entender a natureza específica do trabalho produtivo e improdutivo, material e imaterial, nas relações de produção capitalistas, mais relevante é apreendê-los e entendê-los como complementaridade necessária de uma mesma totalidade na visão do trabalho e do trabalhador coletivo.

É necessário, então, apreender a divisão social e técnica do trabalho, posta pelas novas formas de sociabilidade do capital, que destrói, cria, retalha e subdivide ocupações, não apenas no processo imediato de produção ou apenas dentro de uma esfera ou nível produtivo, mas na inter-relação daquele processo com o processo de circulação e consumo dentro das novas formas que vem assumindo a produção capitalista.[12]

Sob o primeiro aspecto, Marx é explícito no referido Capítulo VI de *O capital* ao caracterizar o trabalhador e o trabalho produtivo como sendo o "trabalho não pago", o que produz mais valia.[13]

> Como o fim imediato e o produto por excelência da produção capitalista é a mais valia, temos que só é produtivo aquele trabalho — e só é trabalhador produtivo aquele que emprega força de trabalho — que diretamente produz mais valia; portanto, só o trabalho que seja consumido diretamente no processo de produção com vistas à valorização do capital. [...] É produtivo, pois, o trabalho que se representa em mercadorias; mas se consideramos a mercadoria individual, o é aquele que, em uma parte alíquota deste representa trabalho não pago; ou de levarmos em conta o produto total, é produtivo o trabalho em que uma parte alíquota do volume total de mercadorias representa simplesmente trabalho não pago, ou seja, produto que nada custa ao capitalista. (Marx, K., 1980, p. 70-1)

Duas condições fundamentais devem ocorrer para que o trabalho seja produtivo. Primeiramente que seja trabalho assalariado, isto é, que o trabalhador tenha unicamente, para levar ao mercado,

---

12. Francisco de Oliveira, ao discutir a questão do terciário e a divisão social do trabalho, no contexto do capitalismo em suas manifestações atuais, pondera que "a recuperação da própria noção de divisão social do trabalho torna-se possível apenas se se abandona o 'naturalismo' das distinções entre mercadorias e serviços e um certo 'moralismo' que subjaz por detrás da utilização dos conceitos de trabalho produtivo e improdutivo" (ver Oliveira, F. *O terciário e a divisão social do trabalho*. Op. cit., p. 141).

13. É importante deixar claro que Marx, ao discutir a questão do trabalho produtivo não entra no mérito quanto à utilidade do trabalho para os seus protagonistas ou para a sociedade em conjunto. Marx está interessado em analisar a especificidade que assume o trabalho no modo capitalista de produção.

A PRODUTIVIDADE DA ESCOLA IMPRODUTIVA   165

sua força de trabalho. Esta é uma condição necessária, porém não suficiente para que o trabalho seja produtivo. Disso decorre que nem todo trabalho assalariado é produtivo. Embora, como veremos adiante, isso não signifique que esse trabalho assalariado improdutivo, consubstanciado em despesas de serviços retiradas da mais valia global, não seja indispensável como condição geral de produção e realização da mais valia global. A segunda condição para que o trabalho seja produtivo se concretiza quando o trabalhador assalariado com [...]

> sua força de trabalho e seu trabalho incorporam-se como fatores vivos de produção do capital; convertem-se em um de seus componentes, e precisamente, no componente variável que não só em parte conserva e em parte reproduz os valores de capital adiantados, mas que ao mesmo tempo aumenta-os, e, em consequência, graças tão somente à criação de mais valia, transforma-os em valores que se valorizam a si mesmos, em capital. (Id. ibid., p. 72)

Tomando-se a crítica que Salm efetiva dos teóricos do capital humano e, de forma mais acentuada, com aqueles críticos que veem o processo educacional como um processo que potencia o trabalho e, enquanto tal, permite ao capitalista uma extração maior de mais valia relativa, sob o ângulo do trabalho produtivo material não há como refutá-la. Certamente, acompanhando-se o processo de subsunção real do trabalho ao capital, nota-se que a contribuição da escola — enquanto "qualificadora" para o trabalho produtivo imediato — é praticamente nula; e mesmo no caso de outros processos de. aprendizagem, como o Senai, Senac e Senar é cada vez menor à medida que o modo de produção especificamente capitalista se desenvolve.[14] Buscar a relação entre processo educativo escolar ou

---

14. Tomando-se a evolução das atividades do Senai no Brasil, desde a década de sua criação até hoje, vemos que em 1950 os cursos de aprendizagem, que envolvem conhecimentos gerais de Matemática, Ciências, Português, Desenho, representavam 84,7% das atividades. Em 1982, os cursos de aprendizagem representavam apenas 11,5% das ações do Senai. O que cresceu substancialmente foram cursos de treinamento no próprio local de trabalho (ver Senai, *O meio e o Senai*. Rio de Janeiro: Senai/DN, 1982 (documento de trabalho). Não só o Senai — organismo da empresa industrial privada

não escolar, com o processo produtivo neste âmbito, é certamente caminhar na direção errada.

O específico da escola não é a preparação profissional imediata. Sua especificidade situa-se ao nível da produção de um conhecimento geral articulado ao treinamento específico efetivado na fábrica ou em outros setores do sistema produtivo.

O problemático, conforme apontamos anteriormente, é que Salm não capta, em sua análise, as múltiplas mediações que o processo educativo, infra e superestruturalmente, efetiva no seio do modo de produção capitalista. E isso decorre da separação que ele estabelece entre infra e superestrutura e, pela não apreensão da necessária complementaridade entre trabalho produtivo e improdutivo, material e imaterial, à medida que o capitalismo avança. Isto, por sua vez, o leva a não considerar a relação — no interior da divisão social de trabalho, no capitalismo monopolista — entre os setores primário e secundário, e entre o ciclo da produção e o da circulação e consumo secundário, e, especialmente, entre o secundário e o terciário, e entre o ciclo da produção e o da circulação e consumo da produção.

Em relação ao segundo aspecto — a não necessária improdutividade do trabalho "imaterial" e a crescente inter-relação entre trabalho material e imaterial, à medida que o modo de produção capitalista se torna hegemônico e tende a transformar a força do trabalho em órgão coletivo do capital — Marx é explícito, tanto em algumas passagens do Capítulo VI inédito de *O capital*, quanto em *Teorias da mais valia*. Sob esse aspecto, entendemos que é possível perceber, com maior nitidez, o papel mediato que o processo educacional e a escola em particular, pelo menos em certos aspectos e para uma parcela dos que passam por ela, têm no próprio processo produtivo.

Após discutir a presença do capitalismo no domínio da produção imaterial e considerar que tal presença só se verifica em

---

nacional — muda sua ação atendendo ao processo de desqualificação do trabalho na empresa, como também o Estado vai criar programas específicos de treinamento intensivo do tipo do PIPMOI, ou alocar recursos para treinamento nos diferentes ministérios, especialmente o do trabalho.

margem reduzida, Marx assinala que um mesmo trabalho — exemplo do professor que trabalha numa escola privada — pode assumir, por um ângulo, a posição de trabalho produtivo e, por outro, a de trabalho improdutivo:

> Nos estabelecimentos de ensino, por exemplo, os professores, para o empresário do estabelecimento, podem ser meros assalariados; há grande número de tais fábricas na Inglaterra. Embora eles não sejam trabalhadores produtivos em relação aos alunos, assumem essa qualidade perante o empresário. Este permuta seu capital pela força de trabalho deles e se enriquece por meio desse processo. O mesmo se aplica às empresas de teatro e estabelecimentos de diversão.[15]

Em seguida, porém, ele discute a questão do trabalho produtivo tomado dentro do, processo global da produção material:

> Com o desenvolvimento do modo de produção especificamente capitalista, onde muitos trabalhadores operam juntos na produção da mesma mercadoria, tem naturalmente de variar muito a relação que seu trabalho mantém diretamente com o objeto da produção. Por exemplo, os serventes de fábrica, mencionados antes, nada têm a ver diretamente com a transformação da matéria-prima. Então à maior distância "os trabalhadores que supervisionam os que estão diretamente empenhados nessa transformação; o engenheiro tem, por sua vez, outra relação e em regra geral trabalha apenas com a mente etc. Mas o conjunto desses trabalhadores, que possuem força de trabalho de valor diverso, embora a quantidade empregada permaneça mais ou menos a mesma, produz resultado que, visto como resultado do mero processo de trabalho, se expressa em mercadoria ou em produção material; e todos juntos, como órgão operante, são a máquina viva de produção desses produtos; do mesmo modo, considerando-se o processo global de produção, trocam o trabalho por capital e reproduzem o dinheiro do capitalismo como capital, isto é, como valor que produz mais valia, como valor que cresce.

---

15. Marx, Karl. *O capital*, op. cit. Livro 4; *Teorias da mais valia*: história crítica do pensamento econômico, v. 1, p. 404. As análises da evolução do ensino superior no Brasil nos últimos quinze anos evidenciam que têm crescido especialmente as fábricas que mercantilizam ensino. Hoje, no Brasil, essas fábricas atendem a aproximadamente 70% da população estudantil de nível superior e ocupam cerca de 50% dos docentes de nível superior (cf. Andes. *Boletim Nacional dos Docentes de Nível Superior*, v. 2, n. 10, p. 9, 1982).

É mesmo peculiar do modo de produção capitalista separar os diferentes trabalhos, em consequência também o trabalho mental e o manual — ou os trabalhos em que predomina um qualificativo ou outro — e reparti-los por diferentes pessoas, o que não impede que o produto material seja o produto comum dessas pessoas, ou que esse produto como se objetive em riqueza material; tampouco inibe ou de algum modo altera a relação de cada uma dessas pessoas com o capital: a de trabalhador assalariado e, no sentido eminente, a de trabalhador produtivo. Todas essas pessoas estão não só diretamente ocupadas na produção de riqueza material, mas também trocam seu trabalho diretamente por dinheiro como capital e, por isso, reproduzem de imediato, além do próprio salário, mais valia para o capitalista. O trabalho deles consiste em trabalho pago + trabalho excedente não pago. (Id., ibid., p. 404-5)

Esta mesma ideia, enfatizando, porém, a forma social, coletiva, e não individual que o capital vai utilizando a força de trabalho à medida que o mesmo se torna hegemônico, é desenvolvida por Marx no Capítulo VI (inédito) de *O capital*:

Com o desenvolvimento da subsunção real do trabalho ao capital ou do modo de produção especificamente capitalista, não é o operário individual, mas uma crescente capacidade de trabalho socialmente combinada que se converte no agente (*Funktionär*) real do processo de trabalho total, e como as diversas capacidades de trabalho que cooperam e formam a máquina produtiva total participam de maneira muito diferente no processo imediato da formação de mercadorias, ou melhor, de produtos — este trabalha mais com as mãos, aquele trabalha mais com a cabeça, um como diretor (*manager*), engenheiro (*engineer*), técnico etc. outro como capataz (*overlooker*), um outro como operário manual direto, ou inclusive como simples ajudante —, temos que mais e mais funções da capacidade de trabalho se incluem no conceito imediato de trabalho produtivo, e seus agentes no conceito de trabalhadores produtivos, diretamente explorados pelo capital e subordinados em geral a seu processo de valorização e de produção. Se se considera o *trabalho coletivo*, de que a oficina consiste, sua atividade combinada se realiza materialmente (*materialiter*) e de maneira direta num produto total que, ao mesmo tempo, é um volume total de mercadorias; é absolutamente indiferente que a função de tal ou qual trabalhador — simples elo desse trabalho coletivo — esteja mais próximo ou mais distante do trabalho manual direto. (Marx, K., 1980, p. 71-2)

A PRODUTIVIDADE DA ESCOLA IMPRODUTIVA

Essas passagens, a nosso ver, apontam para uma análise que, quando posta nas condições concretas do avanço do capitalismo, ilumina a tarefa de se apreender aquilo que denominamos caráter mediato da prática educativa escolar, no interior do processo produtivo.

Inicialmente essas passagens nos reportam à análise que efetivamos anteriormente. De fato, a forma socialmente combinada, coletiva do uso da força de trabalho pelo capital, a incorporação da ciência ao capital — ciência expropriada do trabalhador individual — primeiramente permite uma mistificação do próprio capital, que põe a uma e outra como qualidades suas e, portanto, ele mesmo se põe como produtor de valor ou de mais valor.

O aspecto mais fundamental, porém, para a análise efetivada aqui, é que à medida que se explicitam as relações propriamente capitalistas, as relações de produção se revelam como relações sociais e, enquanto tais, nas sociedades capitalistas, como relações de classe. O capital, então, se configura não como sendo uma coisa, mas uma relação social e uma relação de classe. Isso, por sua vez, nos leva a apreender o erro economicista de considerar as relações econômicas — determinantes em última instância — como relações técnicas, e não como relações sociais e relações de classe.

As relações econômicas, necessariamente, são aqui tomadas como sendo relações sociais, relações de classe, relações políticas, onde as articulações, como aponta Limoeiro, são sociais.[16]

Essa forma de perceber as relações sociais econômicas no interior do modo de produção capitalista não só nos permite apreender o infraestrutural como sendo efetivamente o determinante, como também a articulação dialética deste com o superestrutural. O infraestrutural, por sua vez, não se reduz unicamente à produção imediata mas envolve o processo de circulação e realização da mais valia.

---

16. Ver, a esse respeito, Limoeiro, M. Indicaciones sobre la construcción de categorías en un análisis de la ideología. In: *La construcción del conocimiento*. México: Ed. Era, p. 71-113.

A infraestrutura do modo de produção capitalista, em sua substancialidade, é, afinal, constituída por práticas sociais estruturadas de acumulação de capital através da produção e da realização da mais valia. (Pereira, L., 1977, p. 21)

O uso combinado, coletivo da força de trabalho, resultante do desenvolvimento da forma propriamente capitalista de relações sociais de produção, permite, a um mesmo tempo, cindir, dividir o processo de trabalho e desqualificar o próprio trabalho, levando a um nivelamento relativo da própria força de trabalho. Isto ocorre exatamente porque esta forma de relações sociais de produção tende historicamente, pela natureza mesma da competição intercapitalista, a uma incorporação crescente da ciência, da tecnologia e da técnica ao capital, desse modo, não só vai existir um aumento orgânico cada vez maior do capital constante, em detrimento do capital variável, como também o capital vai comandar a divisão social do trabalho e a especificidade das qualificações ou desqualificações da força de trabalho para seu uso.

Esse processo, que tem como resultante uma crescente inter-relação entre trabalho material e imaterial, parece indicar que a questão fundamental, nas condições do capitalismo monopolista, não é a distinção entre trabalho produtivo e improdutivo, mas a de trabalho coletivo, onde o trabalho produtivo e o improdutivo, ainda que efetivamente distintos, são objetivamente interdependentes.

Tomando-se, então, o uso socialmente combinado da força de trabalho — o trabalho coletivo — como uma das características marcantes das formações sociais capitalistas atuais, e apreendendo as mutações concretas que historicamente vêm ocorrendo no interior da divisão social do trabalho — as quais configuram uma tendência de diminuição relativa de trabalhadores envolvidos, diretamente, no trabalho produtivo e o aumento das funções de controle, supervisão, administração e planejamento e, mais radicalmente, uma revolução dos serviços com a denominada tercialização da sociedade — é possível ver, mesmo ao nível da produção, de forma mediata, a necessidade da prática escolar.

Do ângulo da qualificação técnica específica proporcionada pela escola, fica claro, historicamente, que o capital efetivamente tende a prescindir cada vez mais da escola em geral, e até mesmo de instituições do tipo Senai, para essa função de qualificação para o trabalho produtivo material imediato. Isso parece claro não só pela diminuição relativa desse tipo de trabalho mas também, e especialmente, pela desqualificação progressiva decorrente dos métodos de simplificação do trabalho. Aqui o capital tende a reduzir ao mínimo seus custos e resolve, no mais das vezes, dentro dos muros da empresa capitalista, o problema das qualificações requeridas.

Entretanto a análise do corpo coletivo de trabalho, dentro das sociedades capitalistas atuais, nos indica que funções de controle, planejamento, supervisão, administração que tendem a aumentar, embora não estejam envolvidas imediata e materialmente com a produção, são parcelas deste corpo coletivo de trabalho. Trata-se de funções que estão profundamente implicadas nas relações de produção, na extração da mais valia.

Um estudo efetivado sobre as mutações das ocupações na Alemanha, entre 1961 e 1980, ilustra o que acabamos de enunciar. As funções de supervisão, administração e planejamento, ainda que estejam crescendo menos que os serviços — trabalho propriamente improdutivo — crescem sensivelmente mais que as ocupações diretamente envolvidas na produção material imediata. Os números apresentados abaixo nos dão conta de que enquanto em 1961 aproximadamente 48% dos assalariados ativos se ocupava na produção de bens, — na indústria, agricultura, mineração etc. —, em 1980 apenas 32% se encontrava nesses setores produtivos. Em contraste, nesse período, as funções de administração e planejamento passaram de 16% a 25%, e os serviços de 26% a 33% (INP/Globus, 1981).

Ora, observando a prática escolar da ótica, não do trabalho produtivo material imediato e individual, mas principalmente sob o aspecto do trabalho mental, "intelectual" e no interior do corpo coletivo de trabalho, certamente pode-se perceber sua contribuição na reprodução da força de trabalho dos que supervisionam, administram, planejam em nome do capital, dentro da própria empresa capitalista.

A função da escola, nesse contexto, se insere no âmbito não apenas ideológico do desenvolvimento de condições gerais, da reprodução capitalista, mas também no das condições técnicas, administrativas, políticas, que permitem ao capital "pinçar", na expressão de Gianotti, de dentro dela aqueles que, não pelas mãos, mas pela cabeça, irão cumprir as funções do capital no interior do processo produtivo.

De fato, a burguesia a princípio se dispensa do trabalho manual e, em seguida, com o crescimento do capital e surgimento da força de trabalho coletiva, que ele explora, também se distancia das funções de natureza mais intelectual ligadas à organização, gerência e controle da produção (Escobar, C. H., 1979, p. 115). Delega essas funções a "funcionários" do capital que zelam pela eficácia na extração da mais valia. Mais amplamente a burguesia cria seus intelectuais orgânicos que se constituem nos organizadores e ideólogos da classe.

Gramsci, ao analisar a questão dos intelectuais, mostra que

> cada grupo social, nascendo no terreno originário de uma função essencial no mundo da produção econômica, cria para si, ao mesmo tempo, de um modo orgânico, uma ou mais camadas de intelectuais que lhe dão homogeneidade e consciência da própria função, não apenas no campo econômico, mas também no social e no político o empresário capitalista cria consigo o técnico da indústria, o cientista da economia política, organizador de uma nova cultura, de um novo direito etc. (Gramsci, A., 1919, p. 3 ss.)

O intelectual orgânico cumpre, para Gramsci, a função de dirigente, organizador, de ideólogo da própria classe. Os técnicos, os engenheiros, que no interior do processo capitalista de produção permitem uma intensificação da exploração da mais valia relativa, Grasmci vai denominá-los "intelectuais modernos". A análise da evolução histórica da carreira de engenheiro, no Brasil, ilustra a função de "dirigente e organizador" que o engenheiro vai assumir, especialmente no interior da burguesia monopolista. Ilustram, igualmente, os mecanismos de elitização interna das carreiras e o

A PRODUTIVIDADE DA ESCOLA IMPRODUTIVA

movimento de valorização ou desvalorização das mesmas, de acordo com os interesses do grupo dominante.[17]

As teses elitistas das escolas para superdotados e/ou a formação de centros de excelência, a nível superior, certamente têm uma função que não se reduz à legitimação ideológica.

Sob esse aspecto, Gramsci vai mostrar que o enorme desenvolvimento atingido pela organização escolar, com a multiplicação das especializações, com o surgimento de "instituições escolares de graus diversos, inclusive dos organismos que visam a promover a chamada *alta cultura*, em todos os campos da ciência e da técnica", decorre do papel da escola como "instrumento para elaborar os intelectuais de diversos níveis". Em seguida, pondera Gramsci que

> [...] a relação entre os intelectuais e o mundo da produção não é imediata, como é o caso nos grupos sociais fundamentais, mas é "mediatizada" em diversos graus, por todo o contexto social, pelo conjunto das superestruturas, do qual os intelectuais são precisamente os "funcionários". (Id., ibid., p. 9-10)

Ao se analisar o papel mediato da escola no processo produtivo, deve-se levar em conta que a divisão social do trabalho resultante do processo de concentração e centralização do capital, cujo produto histórico concreto se manifesta pelo agigantamento de organizações econômicas transnacionais, "não expressa apenas relações técnicas que são quantitativamente distintas, mas relações sociais qualitativamente distintas" (Oliveira, F., op., cit., p. 143). A forma intervencionista que o Estado assume no interior do capitalismo monopolista, tornando-se, como vimos, um produtor de mercadorias e serviços como forma de salvaguardar os interesses do capital no seu conjunto, abre um leque de modificações na divisão social de trabalho. O quadro crescente de tecnocratas, desde os níveis de gerência, planejamento, controle, até os níveis apenas

---

17. Ver a esse respeito, o estudo em elaboração de Clarice Nunes, sobre "O que você vai ser quando crescer, ou a trajetória do desemprego", parte da pesquisa sobre *Vestibular como diagnóstico do sistema educacional*. Rio de Janeiro: Cesgranrio/Finep, 1981. (Mimeo.)

técnicos, que comandam essas empresas, quando vistos sob a ótica do trabalho combinado, coletivo, se inscreve mediatamente no processo do trabalho produtivo.

Se fica claro, então, que a escola enquanto instituição produtora ou simplesmente sistematizadora e divulgadora de saber — e de um saber que no interior da sociedade capitalista é força produtiva comandada pelos interesses do capital, ainda que não exclusivamente — tem uma contribuição nula ou marginal na qualificação para o trabalho produtivo material e imediato, tendo em vista a desqualificação crescente deste tipo de trabalho, o mesmo não ocorre em termos de fornecimento de um certo nível de conhecimento objetivo e elementar para a grande massa de trabalhadores, e/ou de um saber mais elaborado para minorias que atuam em ocupações a nível de gerência e planejamento, supervisão, controle, e mesmo para determinadas funções técnicas das empresas capitalistas de capital privado ou "público-privado".

Concebendo-se as relações capitalistas de produção não simplesmente como relações técnicas, mas como relações sociais, relações de classes, vemos que a escola, além de ter um papel na "formação" dos quadros de assalariados que administram, controlam, supervisionam, planejam, em nome do capital — os portadores da "função do capital" — estende sua ação igualmente na formação dos quadros que atuam nas instituições repressivas do Estado. Trata-se de quadros que, embora pertencentes à categoria de trabalhadores improdutivos — enquanto produtores das condições gerais (político-ideológicas, legais), não materiais, necessárias à produção e realização da mais valia — contribuem para a acumulação capitalista. Tomando-se apenas uma particularidade do tipo de função que podem exercer os quadros de tecnocratas, aparentemente distantes da trama da competição pelo lucro, assinalaríamos a questão das informações sobre as tendências do investimento dos recursos públicos em projetos econômicos. Na indústria do ensino privado, é patente o comprometimento de alianças de funcionários do Estado com empresários do ramo.

A especificidade que assume a divisão social do trabalho, no interior do capitalismo monopolista, nos leva, então, ao terceiro aspecto que nos propusemos discutir neste tópico do trabalho. O trabalho especificamente improdutivo — aquele que não produz mais valia — porque posto pela própria organicidade do capital, se constitui em algo necessário à sustentação e continuidade do modo capitalista de produção.

> O trabalho improdutivo contratado pelo capitalista (ou pelo Estado, guardião do capital no seu conjunto) para ajudá-lo na concretização ou apropriação do valor excedente é, ao ver de Marx, semelhante ao trabalho produtivo em todos os sentidos, exceto em um ele não produz valor e valor excedente e, por conseguinte, aumenta não como causa mas, muito pelo contrário, como consequência da expansão do valor excedente.[18]

O que se observa, historicamente, é que à medida que o modo de produção capitalista opera de forma hegemônica, a divisão social do trabalho vai expandir-se especialmente no setor terciário — serviços da esfera de circulação, distribuição e consumo das mercadorias. Os dados apresentados anteriormente sobre a Alemanha exemplificam o que acabamos de afirmar. Oliveira mostra essa tendência, analisando o "terciário e a divisão social do trabalho", tomando como caso o Estado de São Paulo.

Usualmente as análises sobre a expansão dos serviços enveredam por interpretações que os situam como improdutivos, "não necessários" ao processo de acumulação do capital, ou apenas como o *locus* onde se resolve o problema do desemprego.

> A versão do terciário como uma espécie de cloaca do desemprego — não se desconhece certas funções que os serviços desempenham na manutenção de uma fração latente do exército industrial de reserva — surgiu como uma espécie de corolário do marxismo vulgar que pensa o conjunto dos serviços como "improdutivos"; as duas formas de interpretação do terciário tem, em comum, uma visão desarticulada dos serviços no

---

18. Braverman, H. *Trabalho e capital monopolista*: a degradação do trabalho no século XX. Op. cit., p. 357. Sob esse mesmo aspecto, Gorz vai mostrar que no capitalismo monopolista o "trabalho de administração e reprodução das relações sociais cresce mais rapidamente do que o trabalho direto de produção material e é a condição para a maior eficácia deste" (Gorz, A. *A esfera da necessidade*: o Estado. Op. cit., p. 126).

processo de acumulação do capital e, basicamente, das inter-relações e determinações entre o terciário ou os serviços e os setores chamados produtivos *stricto sensu*. Seja a vertente vulgar, seja na versão keynesiana, também vulgar — diga-se de passagem — cujo denominador comum pode ser encontrado na convergência de teorizações do terciário como "improdutivo", o que quase sempre é confundido como "não necessário", elas dão lugar a confundir as relações do terciário ou dos serviços em geral como os processos de acumulação. Assim, o terciário é visto geralmente como um *locus* especial de "queima de excedente" tanto público quanto privado, ou, na versão pobre do keynesianismo, como um sucedâneo da construção de pirâmides, cuja única função é manter altos os níveis de demanda agregada. (Oliveira, F., 1981b, p. 146)

Essa desvinculação do terciário — entendido como improdutivo — do processo de acumulação do capital se explicita também nas análises que efetivam uma separação entre mercado formal e informal de trabalho, tomando o último como um setor posto à margem do sistema capitalista e, como tal, pouco produtivo. Esta visão dicotômica ignora que o chamado mercado informal é posto pela própria forma de o capitalismo avançar. Funciona como elemento indispensável para a acumulação do setor organizado da economia. Mais amplamente, do ponto de vista das condições gerais das relações de produção capitalistas, funciona como uma espécie de amortecedor das tensões sociais, uma alternativa ao desemprego produzido pela forma de o capital se organizar e desenvolver. Como, então, ver o setor informal como um setor pré-capitalista ou improdutivo? (ver Iesae/FGV, 1982, p. 165-86).

O que é preciso realçar, como já assinalamos anteriormente, é que o movimento concreto de valorização do capital no interior dos setores produtivos traz determinações que têm como resultante o alargamento das atividades que, *stricto sensu*, são improdutivas porque não geram mais valia, mas são necessárias à acumulação capitalista. O trabalho produtivo, então, no interior do movimento de valorização do valor, vai pondo seu outro — trabalho improdutivo — e, embora efetivamente sejam distintos, são partes de um mesmo movimento total da produção, circulação e realização do valor, da acumulação do capital.

O fenômeno da tercialização — que engloba uma gama heterogênea de ocupações e funções, umas mais próximas outras mais distantes da produção imediata não pode ser visto como um fenômeno autônomo. Esta visão da autonomia do terciário e a concepção de sua improdutividade, fundamentalmente, encobrem a estratégia do capital intensificar a extração da mais valia e os mecanismos de controle da classe dominante.

> A constituição e metamorfose da forma-valor requerem um trabalho de sustentação que, não trazendo mais valia, é improdutivo do ponto de vista do capital, embora assente as bases sobre as quais este opera. Por isso não nos importa tanto, nesta controvertida questão do trabalho produtivo e improdutivo, a separação deles, como se a dificuldade residisse apenas em caracterizá-lo e classificá-lo, mas sobretudo a lógica de sua complementaridade. (Gianotti, J. A., 1981, p. 83)

O que quisemos enfatizar até aqui é que, tomando-se a prática escolar como uma prática social cuja função precípua não é a da produção de um saber específico, mas, pelo contrário, de um saber não específico, geral, que se articula com o desenvolvimento das condições técnicas e sociais de produção em diferentes níveis e mediações, esta prática guarda uma relação efetiva com a estrutura econômico-social capitalista.

Há contudo, um outro aspecto que normalmente passa despercebido nas análises sobre o papel da escola dentro do sistema produtivo. Trata-se do fenômeno da tercialização da sociedade. O sistema educacional se constitui, em si mesmo, em uma ampla gama de atividades que se articulam especialmente com o processo de realização da mais valia. Sistema que tende, nos países onde o capitalismo é mais avançado, a se constituir num local onde mais e mais pessoas são levadas a um prolongamento "forçado" de sua escolaridade, como forma de contemporizar sua entrada no mercado de trabalho.

No limite, mostra-nos Gramsci, ao analisar o aumento mais acentuado das forças de consumo em relação de produção, que, em determinadas circunstâncias, funções parasitárias podem tornar-se necessárias (essa não parece ainda ser a função precípua do sistema escolar em nosso caso).

Pode ocorrer que uma função parasitária revele-se intrinsicamente necessária dadas as condições existentes: isto torna ainda mais grave tal parasitismo. Precisamente quando um parasitismo é "necessário", o sistema que cria tais necessidades está condenado em si mesmo. (Gramsci, A., 1978a, p. 306)

Sob o aspecto aqui aludido, o fenômeno da expansão da escolaridade, ou seja, o alargamento dos canais de acesso ao sistema educacional certamente não pode ser interpretado dentro da lógica tecnocrática, que coloca este alargamento como mecanismo de acesso ao emprego e a ocupações cada vez mais rentáveis e, por essa via, logra o atingimento de maior equidade social. De outra parte, tal alargamento não pode ser tomado como uma simples armadilha, conspiração ou uma ingenuidade do sistema. Pelo contrário, a ampliação do acesso à escola, o alargamento do investimento público na área educacional e o próprio processo de privatização do ensino devem ser entendidos dentro da ótica do movimento do capital, de circulação e realização da produção.

A ampliação do investimento na educação cumpre, pois, uma função, não de queima de excedente, mas primordialmente como inserção deste investimento dentro da estratégia do circuito do capital em geral na sustentação dos seus interesses; cumpre, igualmente, uma função de gastos e despesas, que constituem a demanda agregada dentro do ciclo econômico; finalmente, pode, em determinadas circunstâncias, se constituir em gastos que mantêm funções parasitárias, funções estas que se tornam necessárias, como assinala Gramsci, para salvaguardar o funcionamento do modo capitalista de produção. Uma das funções que a escola pode cumprir é o prolongamento de escolaridade desqualificada, cujos "custos improdutivos", além de entrarem no ciclo econômico, servem de mecanismos de controle de oferta e demanda de emprego.

O crescimento do consumo privado de educação, fruto da ideologia tecnocrática, em vez de garantir um posto de trabalho remunerado à altura da "especialização ou desespecialização", funciona

> [...] para o ciclo econômico como qualquer gasto de consumo, componente da demanda efetiva. Sua especificidade educacional não se põe

para o ciclo, senão do ponto de vista de criar um circuito privado de apropriação desses gastos, primeiramente; e, secundariamente, funciona como indutor das indústrias da educação: papel, mobiliário, construção civil, gráfica e editorial. (Oliveira, F., e Borges, W., 1980)

Os recursos públicos alocados em educação entram na lógica dos investimentos que o Estado efetiva, que, como vimos anteriormente, no capitalismo monopolista, não só se transforma em produtor direto de mercadorias, mas administra os fundos públicos na ótica particular a ponto de esmaecer-se a distinção público-privado. Os gastos públicos em educação vão, então, somar-se ao circuito do capital em geral "que funciona como pressuposto do capital particular" (Id., ibid., p. 7).

Mesmo não considerando as empresas privadas de educação, que em alguns casos surgem como mecanismo de abatimento do imposto de renda de grandes grupos econômicos (casos, no Brasil, como o da rede Globo com a Fundação Roberto Marinho, ou da Unifor, citado por Oliveira) (Id. ibid., p. 2) mas que logo se tornam ramos de elevadíssimos lucros[19] e indutores, como anotamos anteriormente, de diferentes ramos industriais, o ensino público, especialmente o de nível superior, mobiliza recursos nada desprezíveis. Há casos-limite em que a universidade tem um funcionário (docente, burocrata, servente etc.) para cada três ou quatro alunos.

Sob um outro âmbito, o programa de merenda escolar, que movimenta elevadas somas de recursos, amplamente justificado como mecanismos de diminuição da repetência e evasão escolar, parece ser muito mais uma medida assistencialista que encobre a natureza estrutural do estado de fome das populações que a recebem e cujo efeito maior não é o proclamado, mas a realização da mais valia das empresas que fornecem os alimentos. Sem negar seu efeito assistencialista estamos diante de uma meia medida que nem resolve o problema da fome e nem apresenta a aludida vantagem

---

19. É interessante o fato de que, no momento em que passamos por uma crise econômica sem precedentes, mais grave que a própria crise de 1929, paradoxalmente os lucros de empresas privadas de educação superior tenham atingido em alguns casos a exorbitância de até 600%.

pedagógica. Saviani mostra, ao analisar a perspectiva da educação compensatória, que na cidade de São Paulo, após dez anos do programa de merenda escolar, "os índices de fracasso escolar na passagem do primeiro grau, em lugar de diminuir, aumentaram em 6%".[20]

Há, no momento, também um grande esforço pela disseminação de sistemas de microcomputadores e circuitos fechados de televisão. Multiplicam-se os seminários sobre tecnologia educacional e a propaganda por intermédio dos meios de comunicação de massa dessa tecnologia. A disseminação indiscriminada desse instrumental certamente não busca atender às necessidades propriamente educativas, senão às de uma indústria que precisa comercializar suas mercadorias. O dinheiro público é posto, no caso, não para atender às necessidades e interesses públicos, mas aos privados.

Em suma, o que queremos demonstrar é que gastos improdutivos, sob o ângulo da produção, tomados dentro do ciclo do capital, mostram-se necessários à realização desta produção. Sob esse aspecto, mesmo que a escola efetivamente se mostre desnecessária, e cada vez mais desnecessária para qualificar pessoas para o trabalho produtivo, e sobre esse particular possa ser vista como situada à margem do sistema produtivo capitalista, enquanto atividade que utilize um volume cada vez maior de recursos públicos e/ou privados, certamente é algo útil e funcional para os interesses do capital.

Launay, ao analisar a ampliação do investimento educacional na França, realça que esta ampliação se apresenta como inquietação e necessidade para a burguesia.

> Desse antagonismo decorre o seu modo particular, economicista, de colocar os problemas da educação. Daí decorre, igualmente, o caráter contraditório de sua política de despesas e, em certa medida, de suas

---

20. Saviani, D. As teorias da educação e o problema da marginalidade na América Latina. *Cadernos de Pesquisa*, São Paulo, n. 42, p. 18, 1982. Para uma análise mais aprofundada das políticas sociais do governo brasileiro de 1951 a 1978, ver, Vieira, Evaldo. *Estado e miséria social no Brasil*: de Getúlio a Geisel. São Paulo: Cortez/Autores Associados, 1983.

declarações. De fato, apesar de estimular o crescimento, a despesa educacional tem seu custo; seus efeitos benéficos são difusos, demorados, mal controlados e porquanto avaliados relativamente à rentabilidade do capital.[21]

Neste âmbito, ao mesmo tempo que as despesas educacionais podem pesar

"imediatamente sobre a taxa de lucro (e assim o grande capital se inquieta) [...] a burguesia foi obrigada a modificar o seu comportamento orçamentário e legislativo sobre a questão. Na origem desta mudança está a importância da educação do ponto de vista dos seus próprios interesses, que são os da valorização do capital num contexto de luta intermonopolista cada vez mais violenta em escala mundial e das novas formas de rivalidades com as economias socialistas". (Id., ibid., p. 183).

No contexto do capitalismo monopolista, onde o Estado intervencionista assume a função de gestor das crises do capital e utiliza o sistema escolar, não apenas como um locus de reprodução da ideologia burguesa, mas também como locus de um tipo de consumo que, embora improdutivo, é necessário para o ciclo de realização de maisvalia, a questão da ampliação das verbas em educação tem de ser devidamente avaliada. O problema não é simplesmente ampliar as verbas para a educação, mas ampliá-las dentro de uma nova função social do próprio sistema educacional.

O alargamento do acesso à escola e o prolongamento da escolaridade devem ser vistos, também, como resultado da luta da classe trabalhadora pelo direito à escola — uma luta pelo saber. Esta luta tende a se ampliar à medida que as forças produtivas avançam. Como apontamos no Capítulo II, embora o processo capitalista de organização da produção, em sua fase monopolista atual, seja forçado a utilizar como mecanismo de competição intercapitalista,

---

21. Launay, op. cit., p. 182. Em recente análise sobre a questão da gerência de treinamento em grandes empresas produtoras de aço, no Brasil, Maria Umbelina C. Salgado apreende com muita propriedade a natureza da inquietação da burguesia, à que se refere Launay (ver Salgado, M. U. C. *Os determinantes das unidades de treinamento na siderurgia*. Belo Horizonte: UFMG, 1984).

tanto a obsolescência precoce quanto o congelamento de certas invenções tecnológicas, retardando o avanço das forças produtivas, contraditoriamente este avanço é algo irreversível e necessário ao próprio processo de acumulação.

Historicamente, o que se observa, então, é que junto ao movimento de concentração e centralização do capital as formas de luta capital/trabalho tendem a se desenvolver e, do ponto de vista da luta de classe, observa-se uma crescente organização da classe trabalhadora — organização sindical, organização política etc. Esta luta tem como patamar não só a sociedade civil, mas passa também pela sociedade política. E o Estado, que se torna um capitalista como mecanismo de defesa do grande capital, não só é forçado a canalizar seus investimentos, direta ou indiretamente para essa direção, como também, para proteger esse capital, intervém nos setores (burgueses) não oligopolizados, e ainda é forçado a absorver as pressões da classe trabalhadora.[22] Sob o ângulo educacional, historicamente observa-se, então, que o sistema capitalista é forçado a absorver tanto o aumento do acesso à escola quanto à elevação dos patamares escolares.

A escola, enquanto instituição cuja especificidade é o desenvolvimento de um saber geral — em contraposição ao saber específico, desenvolvido no local de trabalho ou em instituições exclu-

---

22. Gilberto L. Alves, em recente dissertação de mestrado, num comentário sucinto, contesta a interpretação de que a expansão escolar se deva, no caso brasileiro, "às conquistas populares". Contrapõe afirmando que o Estado alarga o acesso à escola como medida antecipatória, para neutralizar focos de luta reivindicatória. Julgamos que o autor unilateraliza e superdimensiona o poder do Estado passando a ideia de que a luta de classes — no caso a luta por uma nova função social da escola — não existe. Por outro lado, não se dá conta, como assinala Arroyo, que nos recentes movimentos populares "o operariado se adiantou aos projetos de políticas sociais elaborados em gabinete obrigando, na prática de sua luta, os políticos e tecnocratas a redefinir seus projetos. Até o discurso oficial é outro..." (Arroyo, M. Operários e trabalhadores se identificam: que rumos tomará a educação brasileira. *Educação & Sociedade*, n. 5, 1980). Alves, por outro lado, vai interpretar o aumento da escolaridade como um mecanismo exclusivamente parasitário e de queima de excedente. Aqui também toma uma das funções possíveis da escola, no interior do capitalismo monopolista, como a função única (ver Alves, Gilberto Luiz. *Da história à história da educação*. Dissertação (Mestrado) — Universidade Federal de São Carlos. São Carlos, 1981.

A PRODUTIVIDADE DA ESCOLA IMPRODUTIVA

sivas para treinamento — e, enquanto desenvolve condições sociais e políticas que articulam os interesses hegemônicos das classes, é, então, um local de luta e disputa. A questão da escola, na sociedade capitalista, é fundamentalmente uma questão da luta pelo saber e da articulação desse saber com os interesses de classe.

O aspecto crucial é, então, o de circunscrever os mecanismos utilizados pela classe burguesa para manter sob seu controle a escola que lhes é funcional, e em que medida isso é viável.

De outra parte, na medida em que a escola é um local de disputa, e a classe trabalhadora tem interesse na quantidade ou na qualidade do saber que se pode veicular através dela, cabe discutir que tipo de escola se articula com a ótica dessa classe.

3. A desqualificação do trabalho escolar: mediação produtiva no capitalismo monopolista

> O mais grave na relação entre escola e a formação da classe trabalhadora no Brasil é que se fez tudo para que o trabalhador não fosse educado, não dominasse a língua, não conhecesse sua história, não tivesse a seu alcance instrumentos para elaborar e explicitar o seu saber, sua ciência e sua consciência.
>
> *Miguel G. Arroyo*

A universalização do acesso à escola e o aumento médio de escolaridade é um fato que parece não constituir-se em óbice ao capitalismo monopolista. Pelo contrário, um nível mínimo de escolaridade generalizada e o próprio prolongamento da mesma — dentro da função social que a escola tem assumido historicamente — constituem-se em mecanismos funcionais à atual etapa do desenvolvimento capitalista. Uma escolaridade elementar que permita um nível mínimo de cálculo, leitura e escrita, e o desenvolvimento de determinados traços socioculturais, políticos e ideológicos tornam-se necessários para a funcionalidade das empresas produtivas e organizações em geral, como também para a instauração de uma mentalidade consumista. O prolongamento da escolaridade — prolongamento desqualificado — de outra parte, vai constituir-se em um mecanismo de gestão do próprio Estado intervencionista, que busca viabilizar a manutenção e o desenvolvimento das relações sociais de produção capitalistas.

Esta gestão, porém, é problemática, e é problemática porque é contraditória. O Estado, enquanto gestor econômico e político do capital monopolista em seu conjunto, depara-se com a contradição que transcende a ele mesmo, porquanto é inerente à forma social de organização da produção capitalista e à luta de classe que engendra. Trata-se da forma que assume a contradição capital-trabalho, especialmente no interior do capitalismo atual.

Enquanto gestor econômico, o Estado intervencionista depara-se com uma forma de organização da produção onde a luta íntercapitalista pela maximização do lucro, de um lado, e a luta capital-trabalho (classe trabalhadora), de outro, são enfrentadas pelo capital mediante a crescente incorporação de progresso técnico na produção.

Por esse mecanismo o capital tende a prescindir cada vez mais do trabalho e do trabalhador qualificado. Sob a ótica econômica, a tendência é um barateamento da força de trabalho e a criação de um corpo coletivo de trabalhadores nivelados por baixo. Isso é especialmente válido para o trabalho produtivo material. Mundo do trabalho *versus* mundo da escola e qualificação, vistos desse ângulo, seguem trajetórias distintas.

Entretanto, como vimos anteriormente, a escola cumpre funções de caráter geral, em termos de desenvolvimento de um saber nãoespecífico e condições sociais necessárias ao desenvolvimento capitalista; cumpre funções de formação de profissionais de alto nível (engenheiros, advogados, economistas e administradores) que irão exercer as funções do capital nas empresas capitalistas ou nos postos da tecnocracia estatal; cumpre, igualmente o papel de circulação e realização de mais valia produzida; e, finalmente, pode cumprir um papel de contenção — especialmente a nível superior

— de um exército de reserva, funcional ao mercado de trabalho (cf. argumento de Delfim, p. 149).

Cabe ressaltar, entretanto, que se a ampliação do acesso à escola e o prolongamento da própria escolaridade representam, ao mesmo tempo, uma forma econômica e política de gerir as necessidades do capital e uma resposta à pressão da classe trabalhadora por mais escolaridade, carrega consigo a tendência à elevação dos patamares escolares muito além do que é conveniente (econômica e politicamente) para a funcionalidade do modo de produção capitalista. Esta é uma tensão permanente, cuja origem se localiza no caráter contraditório e antagônico das relações sociais desse modo de produção.

Quais os mecanismos que vêm sendo utilizados, no interior do capitalismo monopolista, para se manter o saber que se desenvolve na escola sob o poder da hegemonia burguesa?

Do ponto de vista mais global, pode-se observar que estes mecanismos vão desde a negação ao atingimento dos níveis mais elevados da escolarização, pela seletividade interna na própria escola, até o aligeiramento e desqualificação do trabalho escolar para a grande maioria que frequenta a escola. Esta desqualificação passa pela fragmentação do trabalho educativo, pela quantidade e qualidade dos conteúdos objetivos veiculados, pela direção que assume a prática escolar.

De fato, se no âmbito da organização econômica da produção, as novas formas de sociabilidade do capital que demandam — como forma de luta intercapitalista — incorporação crescente de progresso técnico têm como consequência não apenas, e principalmente, a falta de trabalho, mas sobretudo a natureza cada vez mais parcializada, cindida do trabalho e a criação de um corpo coletivo de trabalho, no âmbito do processo educativo escolar o problema é cada vez menos a falta de vagas na escola, e passa a ter, fundamentalmente, a desqualificação desse processo educativo. O que se pode observar, então, é que da mesma forma em que há um esfacelamento do posto de trabalho e uma desqualificação do mesmo, o processo educativo passou a ser também cindido e o conteúdo escolar deteriorado. Surge, assim, a supremacia dos métodos e das técnicas sobre os conteúdos.

A desqualificação do trabalho escolar vem transvestida, quer da perspectiva da eficiência e produtividade, enfatizada pela teoria do capital humano, com a sua correlata perspectiva pedagógica da tecnologia educacional, quer, mais sutilmente, por teorias educacionais postas como modernas e inovadoras. Trata-se de teorias "não-críticas", como o demonstra Saviani, que se prestam para recompor os mecanismos de elitização, de manutenção do privilégio — de recomposição, portanto, da hegemonia da classe dominante.[23]

Concretamente, a questão da desqualificação da escola é, antes de tudo, uma desqualificação para a escola frequentada pela classe trabalhadora, muito embora possa sê-lo para a burguesia. Qual o interesse da classe burguesa por um ensino e uma educação nivelados pela qualidade, para a classe trabalhadora? Tal perspectiva demandaria uma vontade política cuja direção fosse a superação das relações sociais de produção que geram a desigualdade.

Embora, como colocamos na introdução, o foco central desse trabalho não vise uma análise da realidade educacional brasileira, julgamos relevante efetivar, a partir das análises disponíveis, uma rápida contextualização da problemática levantada neste tópico, com esta realidade. Evidentemente, tem-se presente, aqui, que as relações entre estrutura econômico-social e o sistema educacional, em países que representam o centro hegemônico do sistema capitalista mundial, guardam traços específicos. Entretanto, quer em

---

23. Dermeval Saviani tem-se constituído num dos críticos que, no Brasil, tem melhor trabalhado, em diferentes momentos, essa questão. A preocupação nodal de Saviani é a formulação de uma teoria crítica da educação tendo como ponto de partida e chegada, numa sociedade de classes, o interesse dos dominados (ver Saviani, D. Tendências e correntes da educação brasileira. In: Trigueiro, D. [coord.]. *Filosofia da educação brasileira*. Rio de Janeiro: Iesae/FGV, 1978. Relatório de pesquisa; Saviani, D. A filosofia da educação e o problema da inovação em educação. In: Garcia, W. E. [org.]. *Inovação educacional no Brasil*. São Paulo: Cortez/Autores Associados, 1980; Saviani, D. Escola e democracia ou a "teoria da curvatura da vara". *Revista da Ande*, São Paulo, v. 1, n. 1, 1981; Saviani, D. *Escola e democracia*: para além da curvatura da vara, op. cit.; Saviani, D. *As teorias da educação e o problema da marginalidade na América Latina*, op. cit., p. 8-18).

A PRODUTIVIDADE DA ESCOLA IMPRODUTIVA

termos de tendência, quer em termos históricos reais, para determinados centros no Brasil, amplamente integrados ao nível mais avançado do capítalismo internacional, essa contextualização igualmente faz sentido.

O exame das pesquisas que se ocupam da análise da educação brasileira nas últimas décadas, tanto a nível de educação básica, fundamental, quanto a nível de ensino superior, nos revelam que não existe por parte do Estado nenhum compromisso efetivo com a quantidade e a qualidade da educação, para a população escolarizável. Em certos casos, como o brasileiro, fica mesmo aquém daquilo que é funcional aos desígnios dos interesses econômicos e sociopolíticos dominantes.

A forma de o Estado enfrentar o analfabetismo e o fracasso da escola na alfabetização tem sido o Mobral e o ensino supletivo.[24] A forma de o Estado efetivar a formação profissional ou treinamento é criar instituições do tipo Senai, Senac e Senar, ou programas de treinamento de mão de obra intensiva, e/ou promover a diluição das verbas da educação fundamental, da cultura, para os diferentes ministérios (Trabalho, Interior, Guerra etc.), para que os mesmos programem, no seu âmbito, cursos de treinamento etc. A nível superior, a resposta à demanda desse ensino tem sido a privatização crescente da universidade, de um lado, e a busca de criação de centros de excelência, de outro.

Isso suscita imediatamente, não apenas a questão do montante de recursos alocados em educação, mas, sobretudo, a da forma de gerir esses recursos e para onde efetivamente eles se direcionam e com que interesses se articulam. Qual a razão social, política e econômica que leva o Estado a distribuir parcelas da verba destinada à educação e cultura (teoricamente centralizada no MEC) para

---

24. Pelas análises disponíveis, o Mobral não consegue uma alfabetização efetiva nem se articula na direção dos interesses do trabalhador. Isto fica muito claro quando se sabe que métodos como o de Paulo Freire foram exatamente suprimidos pela força e substituídos pelo Mobral. Quanto ao sistema de ensino supletivo além de reduzir os anos de escolaridade pela metade, reduz, também pela metade, as horas de aula, tendo não mais, portanto, que um quarto do tempo do ensino regular, e em condições ainda mais perversas.

outros ministérios ou programas específicos? De outra parte, qual a razão de se localizar no Ministério da Educação e Cultura o programa de alimentação da criança, programa de assistência ao educando, merenda escolar? Por que não localizar esta verba — se for o caso — no Ministério da Fazenda, do Planejamento, do Trabalho, Previdência Social etc.?

A tendência ao aumento do acesso à escola (embora haja hoje, no Brasil, não menos de 20% das crianças em idade escolar fora da escola) nos centros urbanos mais desenvolvidos (São Paulo, Rio de Janeiro, Rio Grande do Sul, Distrito Federal etc.) que atingem índices de até 97% de escolarização, e mesmo o aumento do número médio de anos de permanência na escola — tomados pela lógica tecnocrática como índice de democratização, índice de equalização social — passam a ter pouca relevância quando examinados à luz do tipo de escola a que os filhos dos trabalhadores têm acesso, sua organização, seus conteúdos, quantidade e qualidade do ensino ministrado, a ótica de mundo veiculada etc. Trata-se, na concepção de Trigueiro Mendes, de "uma política aumentativa, que muda os números mas não muda as coisas numeradas" (Mendes, 1978, p. 32). O que se observa concretamente é que a classe burguesa não se contrapõe ao acesso à escola. A universalização do acesso legitima a aparente democratização. O que efetivamente se nega são as condições objetivas, materiais, que facultem uma escola de qualidade e o controle da organização da escola.

Tomando-se o fato amplamente demonstrado pelas pesquisas educacionais do impacto das diferenças de origem social dos alunos sobre a aprendizagem e assumindo que, a despeito disso, a escola tem uma margem de contribuição a dar, resta ver se objetivamente essa escola, tal qual está organizada, cumpre com aquilo que se situa em seu âmbito. Se não cumpre, qual é a razão estrutural?

O que de fato as pesquisas demonstram é que, ao contrário do que se poderia desejar, a escola pública frequentada pelos filhos da classe trabalhadora, desde seus aspectos físicos e materiais, até as condições de trabalho do corpo docente, é amplamente precária. Em diferentes estudos que realizamos sobre os recursos físicos, financeiros, materiais e sobre o corpo docente que atua nas escolas

A PRODUTIVIDADE DA ESCOLA IMPRODUTIVA

189

públicas, constatamos inexoravelmente uma distribuição regressiva dos recursos e um estado precaríssimo das condições de funcionamento destas escolas.[25]

Ao analisarmos os dados coletados pela observação direta das escolas públicas da região metropolitana do Rio de Janeiro, assinalamos, num dos trabalhos anteriormente citados, que

> [...] a situação que encontramos hoje nas periferias do Grande Rio, ou de outros centros urbanos, lembra com bastante fidelidade a situação das escolas que atendiam os filhos dos operários na Inglaterra no período manufatureiro, apresentada num relato de um supervisor dessas escolas em 1858. (Id., ibid.)
>
> Numa segunda escola a sala de aula tinha quinze pés de comprimento e dez pés de largura e continha 75 crianças que grunhiam algo ininteligível. Mas não é apenas nesses lugares que as crianças recebem atestado de frequência escolar e nenhum ensino; existem muitas escolas com professores competentes, mas seus esforços se perdem diante do perturbador amontoado de meninos de todas as idades. [...] Além disso o mobiliário escolar é pobre, há falta de livros e de material de ensino e uma atmosfera viciada e fétida exerce efeito sobre as infelizes crianças. Estive em muitas escolas e vi filas de crianças que não faziam absolutamente nada, e a isso se dá atestado de frequência escolar; e esses meninos figuram na categoria de instruídos, de nossas estatísticas oficiais.[26]

O que fica patente, não só a nível de Brasil, mas de América Latina, é que os filhos da grande massa de trabalhadores proletarizados frequentam as escolas nas piores condições físicas e materiais, sem recursos didáticos, pedagógicos; permanecem na escola por menos tempo à medida que frequentam estabelecimentos com três ou até quatro turnos diurnos; e têm um professorado, não apenas

---

25. Frigotto, Gaudêncio et al. *Custo, financiamento e determinantes da escolaridade de 1º e 2º graus*: um estudo da Região Metropolitana do Rio de Janeiro. Rio de Janeiro, Iesae/Finep, 1980. Relatório de pesquisa; ver também Frigotto, G. Política de financiamento da educação: sociedade desigual, distribuição desigual dos recursos. *Cadernos Cedes*, São Paulo, n. 5, p. 3-11, 1981; Frigotto, G.; Martins, R. C. As múltiplas faces da desigualdade no ensino público: indicações de uma pesquisa. *Fórum Educacional*, Rio de Janeiro, FGV, v. 6, n. 4, out./dez. 1982.

26. Relatório de sir John Kincaid, de 1858, apud Marx, K. *O capital*, op. cit. Livro 1, p. 457.

atuando em condições precárias, mas sobretudo formado em instituições de ensino superior privadas cujo objetivo básico, salvo raras exceções, não é o ensino de qualidade, mas o comércio do ensino. Esse comércio vai se refletir, no caso do Estado, na política salarial que sustenta para o magistério em todos os níveis. A proletarização do magistério, particularmente do ensino básico, é uma forma de desqualificar o trabalho escolar.[27]

A desqualificação do trabalho escolar — ou seja, a negação do saber aos filhos da classe trabalhadora — passa por outros mecanismos, mencionados anteriormente, inscritos no interior da organização da escola e do sistema educacional no seu conjunto. Trata-se das teorias educativas que orientam a forma concreta de conduzir a prática pedagógica, a divisão interna do trabalho educativo, as leis e reformas que orientam determinadas políticas educacionais.

Esses mecanismos não podem ser vistos isoladamente. Pelo contrário, estão inter-relacionados com outros e decorrem da forma de o capital monopolista articular a escola de acordo com suas necessidades e interesses.

Desde o início deste trabalho apontamos a estreita relação entre a concepção de capital humano e uma determinada concepção reduzionista de educação e de ensino (ver Capítulo 1). A ênfase na eficiência e produtividade da escola vai reclamar não só uma organização do processo educativo, à semelhança das empresas produtivas, como também vai exigir métodos e técnicas adequadas a essa organização. O surgimento da divisão técnica do trabalho escolar

---

27. Vale registrar que o exame do acesso ao ensino superior no Rio de Janeiro — dados de uma série histórica que vai de 1976 a 1980 — indica que os cursos de educação e as licenciaturas são invariavelmente, tanto para o ensino público quanto para o privado, um *locus* onde são relegados muitos daqueles a quem a seleção social do vestibular não faculta outras "escolhas" (ver Cesgranrio, *Vestibular como diagnóstico do sistema educacional*. Rio de Janeiro, 1979. Relatório preliminar de pesquisa). Num estudo do caso que estamos efetivando numa universidade privada, com aproximadamente dezesseis mil alunos, 60% dos que deles estão matriculados no curso de Pedagogia — não tinham como primeira opção este curso. O exame, por outro lado, dos pedidos de transferências internas, nas universidades, revelam que a entrada nesses cursos é utilizada como um mecanismo de burla à seletividade social do vestibular. As transferências pressionam sempre no sentido desses cursos para aqueles cursos de acesso mais difícil.

A PRODUTIVIDADE DA ESCOLA IMPRODUTIVA

— que reflete a própria divisão social do trabalho — não pode, então, ser dissociado das necessidades históricas de recomposição do papel da escola e do sistema educacional, na fase monopolista do capitalismo.

As relações sociais de produção — que provocam uma divisão social e técnica do trabalho onde a classe trabalhadora perde não só as condições objetivas de sua produção, mas também o controle dos instrumentos de trabalho e a expropriação do saber da classe trabalhadora — comandam, também, o processo de uma crescente divisão interna do trabalho escolar, expropriando o saber e o processo de produção desse saber da categoria dos trabalhadores-professores. O processo pedagógico fica cada vez mais entregue aos especialistas que "pensam", programam e supervisionam a decodificação da programação preestabelecida.

A divisão interna do trabalho escolar (o surgimento dos chamados "especialistas em educação"), posta como um mecanismo de racionalização e maior eficiência do sistema de ensino, dentro das condições concretas da divisão social do trabalho, acaba se constituindo numa medida de esvaziamento e desqualificação do processo pedagógico. Namo de Mello enfatiza que

> [...] a divisão de trabalho em nossa escola pública de 1º e 2º graus esvaziou o professor da competência que ele possuía na escola de minoria e não permitiu até o momento que ele se reapropriasse em novas bases de um saber fazer mais adequado a uma escola que cresceu e se diversificou quanto à clientela.[28]

A visão tecnicista da educação responde duplamente à ótica economicista de educação veiculada pela teoria do capital humano e constitui-se, a nosso ver, numa das formas de desqualificação do processo educativo escolar. Saviani demonstra, em suas análises,

---

28. Namo de Mello, G. *Magistério de 1º grau*: da competência técnica ao compromisso político. São Paulo: Cortez/Autores Associados, 1982. Esse trababalho representa um significativo avanço na compreensão da problemática do fracasso escolar", em suas determinações estruturais e no âmbito dá própria escola (ver também, Coelho, M. I. A questão política do trabalho pedagógico. In: Brandão, C. R. [org.]. *Educador*: vida e morte. Rio de Janeiro: Graal, 1982. p. 29-49).

que a perspectiva tecnicista da educação emerge como mecanismo de recomposição dos interesses burgueses na educação. Indica, por outra parte, que esta concepção, se articula com o próprio parcelamento do trabalho pedagógico, que, por sua vez, decorre da divisão social e técnica do trabalho no interior do sistema capitalista de produção.

> A partir do pressuposto da neutralidade científica e inspirada nos princípios da racionalidade, eficiência e produtividade, essa pedagogia advoga a reordenação do processo educativo de maneira a torná-lo objetivo e operacional. De modo semelhante ao que ocorreu no trabalho fabril, pretende-se a objetivação do trabalho pedagógico. Com efeito, se no artesanato o trabalho era subjetivo, isto é, os instrumentos de trabalho eram dispostos em função do trabalhador e este dispunha deles segundo seus desígnios, na produção fabril essa relação é invertida. [...] O concurso das ações de diferentes sujeitos produz assim um resultado com o qual nenhum dos sujeitos se identifica e que, ao contrário, lhes é estranho.

> O fenômeno acima mencionado nos ajuda a entender a tendência que se esboçou com o advento daquilo que estou chamando de "pedagogia tecnicista". Buscou-se planejar a educação de modo a dotá-la de uma organização racional capaz de minimizar as interferências subjetivas que pudessem pôr em risco sua eficiência. Para tanto era mister operacionalizar os objetivos e, pelo menos em certos aspectos, mecanizar o processo. Daí a proliferação de propostas pedagógicas tais como o enfoque sistêmico, o microensino, o tele-ensino, a instrução programada, as máquinas de ensinar etc. Daí, também, o parcelamento do trabalho pedagógico com a especialização das funções, postulando-se a introdução no sistema de ensino de técninicas dos mais diferentes matizes. (Saviani, 1982b, p. 11)

Os pacotes de ensino assepticamente programados por especialistas, cuja forma de veiculá-los é tida como mais relevante que os próprios conteúdos, e a hierarquização e o parcelamento do processo pedagógico constituem-se em formas de controle da produção e divulgação do saber que se processa na escola e, enquanto tais, de controle social mais amplo. Sob esta ótica, o aumento do acesso à escola, ou até mesmo dos anos de escolaridade — no interior de uma instituição hierarquizada e desqualificada que promove uma "meia-educação" — torna-se amplamente funcional e produtivo para a estabilidade do sistema social em geral.

A PRODUTIVIDADE DA ESCOLA IMPRODUTIVA 193

Vale ressaltar, entretanto, que não estamos postulando a ausência de organização e racionalização do trabalho escolar, e tampouco insinuando que os avanços tecnológicos não possam ser apropriados para o campo da educação escolar. O que estamos querendo enfatizar é que a forma de organização escolar e o uso das próprias técnicas, na análise que estamos efetivando, já vêm articulados à determinação e a interesses de classe. Interesses estes cujo compromisso não é a elevação dos filhos dos trabalhadores aos níveis mais altos da cultura e do próprio saber processado na escola, mas a elitização do processo escolar como mecanismo de reprodução das relações econômico-sociais que perpetuam a desigualdade.

Os mecanismos de desqualificação do trabalho educativo escolar, especialmente para a classe trabalhadora, encontram sua matriz básica na própria forma de o Estado gerir a política educacional. A análise da reforma do ensino de 1º e 2º graus (Lei n. 5.692/71 e a reforma universitária (Lei n. 5.540/68), em relação ao caso brasileiro, exemplificam com muita clareza que estas reformas, ao contrário do que postulam, têm representado, ainda que contraditoriamente, formas de manutenção e reprodução das relações sociais dominantes.

Não é objetivo deste trabalho reeditar análises a esse respeito tendo em vista que os trabalhos produzidos, para os propósitos do que aqui necessitamos, respondem ao que queremos. Situamos apenas para explicitar as posições acima alguns aspectos dessas análises.

Pelo que analisamos anteriormente, em particular em relação àquilo que realçamos como relevante no trabalho de Salm, a profissionalização do ensino a nível de 1º e 2º graus, tal qual foi veiculada, representa um contrassenso histórico e uma aberração do ponto de vista técnico.

A criação do Senai, em 1942, e posteriormente do Senac e do Senar assinalam o tipo de especificidade que a forma capitalista de produção, em sua evolução, vai reclamando em termos de profissionalização. Como vimos anteriormente, no caso do Senai, até estas instituições específicas, portadoras da pedagogia do capital, têm sua função originária deslocada em face da crescente dificuldade de acompanhar as mutações que ocorrem no mundo do trabalho, decorrentes das transformações tecnológicas, e em face do tipo de treinamento e "educação" necessários, decorrentes das formas de organização do processo produtivo. A formação profissional passa ater seu âmbito cada vez mais definido no local de trabalho ou através de treinamentos intensivos, coordenados por essas instituições ou pela própria empresa. Esse deslocamento do *locus*, onde o capital forma, educa, especialmente os trabalhadores produtivos, indica efetivamente, como já assinalamos anteriormente, que o capital tem outros mecanismos situados fora da escola formal para formar o trabalhador que lhe convém.

Por quê o Estado, que induzira os próprios empresários a financiarem as instituições de treinamento e formação profissional — ou ele mesmo financiará e financia a profissionalização, em face das demandas específicas do sistema produtivo, penhoradamente o desenvolvimento industrial — tardiamente acreditaria que a escola poderia cumprir essa função? E se essa crença fosse real, por quê o Estado dissemina recursos para treinamento, formação profissional ao nível de diferentes ministérios, mantendo o orçamento do MEC muito abaixo das reivindicações da sociedade, das necessidades da, escola, exatamente no momento em que atribui a esta a função de profissionalizar? Cabe notar que paralelamente o Estado, mediante a lei dos incentivos fiscais (n. 6.297/75), permite e até mesmo força as empresas a criarem seus próprios programas de treinamento e formação profissional.[29] Há, aqui, pelo menos uma lógica invertida entre o discurso do Estado e a sua prática. No movimento dessa inversão é que vamos encontrar a função real de tal reforma dentro do contexto histórico em que ela emerge.

---

29. Em relação à Lei n. 6.297/75, é interessante notar que além de permitir às empresas terem suas "escolas privadas", orientadas pela pedagogia do capital, há outras vantagens estritamente econômicas (ver, a esse respeito, a dissertação de Carlos Cortez Romero: *A Lei n. 6.297/75*: um incentivo à formação ou à reprodução. Rio de Janeiro: PUC, 1981).

E o que a escola conseguiu efetivamente em termos de profissionalização? A observação das "oficinas" ou dos laboratórios das escolas aponta para o ridículo quando postos em contraste com o estágio de desenvolvimento industrial da década da implantação da reforma (Lei n. 5.692/71). Enquanto na indústria e mesmo nos serviços se observa uma crescente automação do processo de trabalho e se inicia a introdução do robô no processo produtivo, a escola brinca de iniciação para o trabalho, de profissionalização, mediante rudimentos de trabalho manual defasado no tempo — um artesanato deformado.

O que a profissionalização compulsória consegue é agravar a desqualificação do trabalho escolar. A forma pela qual tem sido introduzida a profissionalização não profissionaliza. Pelo contrário, passa uma ideia deformada do que seja o processo produtivo hoje e desvia a escola de sua função precípua — fornecimento de uma estrutura básica de pensamento e uma qualificação politécnica (no sentido da tradição marxista); e, ao mesmo tempo, mantém inabalável a divisão social entre trabalho manual e intelectual, entre teoria e prática, organização e execução do trabalho. O fracasso da escola neste particular e no âmbito da própria alfabetização certamente não é uma característica necessária e inerente à escola; trata-se, entretanto, de uma determinação histórica que condiciona a escola a esse fracasso.

Como o demonstra Warde, ao contrário do discurso proclamado sobre a reforma de ensino de 1º e 2º graus, cuja função atribuída é técnica, ela cumpre uma função eminentemente social e política. A não articulação da profissionalização com a realidade é a forma de articulação, isto é, a profissionalização, no interior da sociedade de classes brasileira, funcionou exatamente porque não se efetivou. Isto se dá pelo fato de, ao atribuir à escola uma função de profissionalizar, que não lhe cabe concreta e historicamente na forma de organização da produção capitalista, a reforma vai manter a escola dentro dos parâmetros que a tornam funcional para a reprodução das relações sociais de produção.

Só aparentemente a escola é dicotômica às práticas sociais de produção. O fato dela estar separada da produção e desarticulada do mercado de trabalho é o que dá a marca de sua função em relação à produção e de sua articulação com o mercado de trabalho.[30]

Sua produtividade para a manutenção das relações sociais de produção se materializa, então, na sua improdutividade, isto é, na sua abstratividade e em seu caráter anacrônico.

Dentro de uma ótica global, Trigueiro mostra o sentido da desqualificação ensejado pela reforma de 1° e 2° graus e seu caráter anacrônico.

A reforma do ensino de 1° e 2° graus, que explicitamente declara os dois enunciados — continuidade e terminalidade — significa concretamente as sucessivas horizontalidades imóveis — 1° e 2° graus e, por extensão, no contexto global do ensino, 3° e 4° graus — sem uma ponte levadiça quanto à ascensão social. O ensino supletivo, na intenção da reforma, estipula os conceitos: "suplência", "suprimento", como espécie de *lana-caprina*, uma escolástica cerebrina na decadência da Idade Média. "Suplência" e "suprimento" são escamoteações: mudar os clichês educacionais sem mudar o sistema social. Pois a ideia de "suplência", para a educação de adultos, e de "suprimento" para ensino de diferentes níveis, na perspectiva de educação permanente formulada pelo relatório da reforma de ensino de 1° e 2° graus, encobre a divisão de classes na sintaxe e na semântica política, moldadas pela burocracia. A falácia tecnocrática é o remédio heróico para salvar ou resguardar o imobilismo social, isto é, conservar a rígida estratificação social. (Mendes, D. T., 1978, p. 35)

Vale ressaltar que, ao longo dos doze anos de sua implantação, "a lei que não era para pegar"[31] vem merecendo, por parte do Esta-

---

30. Warde, M. *Educação e estrutura social*: a profissionalização em questão. São Paulo: Cortez e Moraes, 1977. p. 87. Ver, também, Cunha, L. A. *A política educacional no Brasil, a profissionalização no ensino médio*. Rio de Janeiro: Eldorado, 1977.

31. Brandão, Z. A lei que não era para pegar. *Boletim de Documentação & Informação Técnica*. São Paulo, Senac, n. 519, p. 11, 20 maio 1982. Vale ressaltar,que em alguns casos, quando a reforma buscou ser aplicada tentando superar seu caráter anacrônico e de artesanato deformado, as forças sociais dominantes não aceitaram. Ver a esse respeito a dissertação de Antônio Mânfio, *Centro intercolegial integrado de Tubarão*: a teoria na prática. Rio de Janeiro: Iesae/FGV, 1981. Grzybowski mostra igualmente, em recente estudo sobre "formação profissional de trabalhadores rurais da cana", que existe uma estratégia de "esvaziamento das propostas de formação profissional por parte dos patrões" (ver, a

do, mudanças que alteram sua proposta original. Trata-se de readaptações propostas como mecanismo de ajustamento — dentro da ótica circular do interesse da classe dominante — patrocinadas pelo próprio Estado, ou mudanças forçadas pela própria crítica que se amplia em diferentes segmentos da sociedade civil. O Parecer n. 76/75 representou, na análise efetivada por Cunha, a "reforma da reforma" (Cunha, L. A., 1982) e, atualmente, a proposta da retirada da obrigatoriedade compulsória do ensino profissionalizante consubstancia a "reforma da reforma da reforma" (Cunha, L, A., 1982).

Em relação ao ensino superior, o que se pretende também é a mudança dos números sem a mudança das coisas numeradas. As medidas da política do Estado neste nível de ensino apontam na direção de uma estratégia calcada em mecanismos de seletividade mais ostensiva, ou mediante formas de uma aparente democratização que esconde a seletividade ou a desqualificação do ensino no interior da universidade. A preocupação do Estado — que no capitalismo monopolista passa a ter papel crescente de gestor das crises do capital no seu conjunto — é que a universidade, além de cumprir seu papel de formadora de quadros dirigentes, tecnocratas, gerentes etc., e seu papel ideológico, cumpre também a função de uma espécie de válvula que abre e fecha de acordo com os diferentes ciclos das conjunturas econômicas (ver Gianotti, J. A., 1980).

Os processos de seletividade social, como se pode depreender de sua evolução histórica, são cada vez mais dissimulados e tecnicamente mais apurados de sorte que tais processos se revestem de uma pretensa meritocracia.

> Para que a meritocracia tenha aparência democrática, dando a todos igual oportunidade, a base da pirâmide é expandida ao máximo (podendo), até incluir toda a população no grau mínimo de escolaridade obrigatória. Ao mesmo tempo, porém, a altura da pirâmide aumenta sem cessar, pois a estrutura social capitalista nada tem de igualitário e o papel da escola

---

esse respeito, Grzybowski, C. *A formação profissional de trabalhadores rurais da cana*: o aprendizado nos cursos face ao aprendizado no trabalho e na vida. Rio de Janeiro: Iesae/ FGV, 1982. (Mimeo.)

é essencialmente selecionador. Entre base e altura da pirâmide tem que haver uma tal proporção que apenas uma fração "adequada" da clientela possa alcançar os estágios mais altos. (Singer, P., 1980, p. 3)

Isto, entretanto, com relação especialmente ao ensino superior no Brasil nas últimas décadas, nem sempre ocorreu de acordo com os interesses dominantes. A tendência, como vimos anteriormente, ditada, de um lado, pela própria forma de organização da produção que leva a uma crescente concentração econômica e um consequente deslocamento dos canais de ascensão social,[32] determinando que novos segmentos da sociedade pressionem pelo acesso à universidade; e, de outro, pelas próprias forças progressistas da sociedade civil que concebem a universidade dentro de um âmbito sociocultural e político diverso dos interesses dominantes,[33] é de elevar os patamares escolares, para uma população cada vez mais ampla, muito acima daquilo que seria funcional ao sistema.

Sob o primeiro aspecto, convém notar inicialmente que na atual fase do capitalismo a propriedade deixou de ser o principal meio de ascensão social. Hoje, as principais posições de poder, nas empresas monopolistas, no aparelho de Estado e nas grandes instituições não lucrativas (universidades, hospitais, museus, centros de pesquisa etc.) não são ocupadas por "proprietários", mas por "tecnocratas" — pessoas que exibem como credencial mais importante para exercer poder e conhecimento. Estamos vivendo numa pretensa meritocracia, ou seja, num sistema em que a repartição das pessoas nas escalas hierárquicas do poder se pretende

---

32. Sobre este aspecto, L. A. Cunha contesta as teses usuais que explicam a expansão do ensino superior, seja como mecanismo de melhoria do ensino degradado nos níveis anteriores, seja como a tese da democratização social, mediante a tese da "recomposição" dos canais de ascensão social. Cunha, L. A. A expansão do ensino superior: causas e consequências. *Revista Debate e Crítica*, Rio de Janeiro, n. 5, 1979.

33. A questão da organização da universidade e a sua gestão tem-se constituído, especialmente nas últimas décadas, num local de embate onde se confrontam as forças reacionárias dominantes, interessadas em manter a universidade dentro do *status quo*, e as forças progressivas que buscam construir uma universidade comprometida com a transformação das relações sociais vigentes. Diversos estudos analisam esse embate (ver Cunha, L. A. *A universidade crítica*: o ensino superior na República populista. Rio de Janeiro: Francisco Alves, 1983; ver também Veiga, Laura. Os projetos educativos como projetos de classe: Estado e universidade no Brasil [1954-1964]. *Educação & Sociedade*, São Paulo, n. 11, p. 25-70, jan. 1982).

fundamentar exclusivamente na competência alicerçada no conhecimento superior. "Manda mais quem sabe mais". Ora, se esta é — senão a realidade — a alusão dominante a respeito do que deveria ser a realidade, que instituição é mais apropriada para julgar o saber do que a escola? (Singer, P., 1980, p. 3)

O diploma superior, embora não seja uma condição suficiente, passa a ser uma credencial necessária para o acesso a essas posições.

A expansão que se dá no ensino superior na fase de internacionalização acelerada da economia nacional (fins da década de 1960), quando a crise estudantil atingiu contornos de ameaça à ordem política, tem, no início, seu efeito — pelo menos parcialmente — tanto político quanto econômico. Entretanto, uma década e meia se passou e o "milagre brasileiro" revelou sua verdadeira natureza. A economia "nacional" está a mercê do capital internacional e o país manietado pelas decisões do Fundo Monetário Internacional. A concentração aguda da renda, de um lado, e a inelasticidade da oferta de empregos compatíveis com o nível superior, de outro, conformam um quadro de diplomados a nível superior que constitui o exército dos "favoritos degradados", como os caracteriza Prandi, na análise do mercado para egressos do ensino superior (Prandi, R., 1982). A crise do final da década de 1960, administrada pelo Estado, mediante essencialmente a expansão do ensino privado; reaparece, concretamente, num nível mais agudo: o desemprego dos diplomados. Desfaz-se o mito de que o progresso técnico demanda crescente contingente de diplomados a nível superior e que tal diploma garante o exercício de um trabalho qualificado e mais bem remunerado.

O problema crucial que se apresenta ao Estado em relação à política educacional, dentro de sua função de gestor dos interesses do capital e, enquanto tal, instrumento de criação das condições para a consecução desses interesses, é, uma vez mais e especialmente no nível superior de ensino, como manter esse nível funcional à divisão social do trabalho, à divisão entre organização e execução da produção. Em suma como manter a estrutura do privilégio — arcabouço básico da sociedade de classes.

A reconstituição histórica dos processos de seletividade no ensino superior indica vários mecanismos que concorrem para esse controle.

Com a crescente pressão pelo acesso ao ensino superior, os mecanismos de seletividade social tendem a ser cada vez menos na entrada, e cada vez mais pelo tipo de instituição e qualidade de ensino que ministra, pelo tipo de curso ou carreira. Em recente estudo de que participamos sobre vestibular como diagnóstico do sistema educacional e social,[34] analisando uma série histórica de dados do Cesgranrio, constata-se uma hierarquização social das carreiras, bem como uma composição social diversa nas instituições públicas e privadas, até mesmo dentro da mesma carreira ou curso. Exemplo: cursos de engenharia, medicina, arquitetura etc.

Na análise histórica dos processos seletivos de acesso ao ensino superior, efetivada no estudo aludido, foram detectadas três grandes etapas, associadas à forma de organização econômico-política da sociedade:

> a primeira, em que o recrutamento dos futuros destinatários se realizava e era organizado dentro do próprio aparelho escolar, através dos seus regimentos de regulamentação de cada curso. Foi um período de *seleção entre poucos*, abrangendo os séculos XVI, XVII, XVIII e XIX e início do século XX; a segunda, em que o controle do acesso na própria instituição se mostrou ineficaz, acentuando-se assim a preocupação com a elaboração de uma legislação específica para ingresso. Foi uma fase que inaugurou a *seleção para a contenção* e na qual se sacramentou o exame do ingresso como mecanismo seletivo. Ele compreendeu as décadas de 1920, 30 e 40 do século passado; e, finalmente, a terceira, a da *seleção entre "muitos"*, na qual a competição sofre uma crise de controle e exigiu o refinamento do exame vestibular e a criação de órgãos e instituições com a finalidade de repensá-lo e reelaborá-lo continuamente. Esse período se iniciou após a Segunda Guerra Mundial e permanece até nossos dias.[35]

---

34. Cesgranrio. *O vestibular como diagnóstico do sistema educacional*, op. cit.

35. Nunes, Clarice. *O que você vai ser quando crescer ou a trajetória do desemprego*. Parte do estudo sobre *Vestibular como diagnóstico do sistema educacional*, op. cit., p. 129.

A PRODUTIVIDADE DA ESCOLA IMPRODUTIVA

Deve-se observar, entretanto, que a par destes mecanismos institucionais, legais, paralelamente desenvolvem-se, no interior das próprias relações de trabalho, mecanismos de controle sobre os profissionais de nível superior.

Para exemplificar, é interessante observar que para determinadas carreiras, que nascem historicamente com uma especificidade bastante definida no interior da organização e do desenvolvimento do processo capitalista de produção no Brasil — Medicina, Engenharia, Direito (Id., ibd., p. 23-128) — à medida que o processo capitalista de produção se torna dominante e à medida que estas carreiras se expandem muito além do funcional aos interesses do capital, buscam-se formas concretas de controle dessas áreas. Tal controle passa pela própria desqualificação dessas carreiras pelas condições concretas de como o Estado vai gerir a universidade; pela política de privatização e comércio do ensino superior etc. Por este caminho fica fácil até justificar o controle do acesso a essas profissões, como de resto a outras, contrapondo quantidade a qualidade.[36]

Entretanto, o mecanismo mais radical — inserido não no interior da universidade, mas no interior do processo de trabalho — é o aviltamento das relações e condições de trabalho dessas categorias profissionais. A passagem de profissionais liberais para a condição de trabalhadores assalariados, dentro de um esquema de parcialização de tarefas, representa não só a perda do controle sobre seu processo produtivo e a definição de seus ganhos, como também uma subjugação cada vez mais aguda às leis das relações capitalistas de trabalho.

Se esse mecanismo mais radical de controle, a par de outros, representa a forma de o Estado, guardião dos interesses do capital

---

36. Esse argumento é parte obrigatória do discurso dos que ao mesmo tempo, e contraditoriamente, propalam a democratização do ensino superior, mas logo põem a restrição do não rebaixamento da qualidade. Julgamos que a colocação feita por Gramsci, a esse respeito desmascara claramente essa ambiguidade — muito produtiva — para os defensores da elitização. "[...] dado que não pode existir quantidade sem qualidade e qualidade sem quantidade, toda a contraposição dos dois termos é racionalmente um contrassenso [...] sustentar a "qualidade" contra a quantidade significa apenas isto: manter intactas determinadas condições de vida social, nas quais alguns são pura quantidade, outros pura qualidade" (Gramsci, A., op. cit., p. 50).

no seu conjunto, manter sob seu controle a produção dos "graduados", especialmente em determinadas áreas, não é suficiente para contornar a ampliação das contradições que emergem da contradição fundamental capital/trabalho. Como assinala C. Nunes,

> identificando-se mais com o trabalhador do que com a classe dirigente tais categorias ganharam consciência mais aguda do desgaste de suas condições socioeconômicas. Este fenômeno demonstra o caráter contraditório da própria expansão capitalista. Ao mesmo tempo em que, para manter-se, o capitalismo sacrifica as condições de trabalho e de vida destes profissionais, proporciona, através destas mesmas condições deterioradas, a oportunidade do exercício de uma prática política que se caracteriza na percepção da oposição entre os interesses do capital e do trabalho. (Nunes, C., op. cít., p. 132)

Em suma, o que queremos destacar até aqui é que, efetivamente, a escola enquanto instituição que se insere no interior de uma formação social, onde as relações sociais de produção capitalista são dominantes, tende a ser utilizada como uma instância mediadora, nos diferentes níveis, dos interesses do capital. Essa mediação, entretanto, à medida que se efetiva no interior de relações sociais, onde estão em jogo interesses antagônicos, não se dá de forma linear. Por isso é que a gestão da escola adequada aos interesses do capital lhe é historicamente problemática. A escola que interessa à grande maioria dos que a ela têm acesso — ou que gostariam ter — não é a escola requerida pelos interesses do capital. Numa sociedade organicamente montada sobre a discriminação e o privilégio de poucos, não há interesse por uma escolarização que nivela — em quantidade e qualidade — o acesso efetivo do saber.

A desqualificação da escola, por diferentes mecanismos aqui apenas referidos, constitui-se, ao lado dos mecanismos inseridos no próprio processo produtivo, numa forma sutil e eficaz de negar o acesso aos níveis mais elevados de saber à classe trabalhadora. Esta negação, por sua vez, constitui-se numa das formas de mantê-la marginalizada das decisões que balizam o destino de sociedade. A desqualificação da escola, para a grande maioria que constitui a classe trabalhadora, não é uma questão conjuntural — algo, como insinua a tecnocracia, a ser redimido, recuperado por mecanismos técnicos (ou pela tecnologia educacional). Trata-se de uma desqualificação orgânica, uma "irracionalidade racional", uma "improdutividade produtiva", necessária à manutenção da divisão social do trabalho e, mais amplamente, à manutenção de sociedade de classes. Ou, então, como se pode entender o descaso concreto, historicamente recalcitrante, com a escolarização da classe trabalhadora?

Se efetivamente o espaço escolar, enquanto espaço de produção e difusão de conhecimento, é alvo de uma disputa e se, como vimos, a escola que se organiza para mediar os interesses do capital não é a escola que medeia os interesses da classe trabalhadora, por onde passa fundamentalmente a questão do dimensionamento político e técnico do resgate da escola para o interesse da maioria discriminada?

Essa parece ser uma questão crítica que vem ocupando um número crescente de "intelectuais progressistas", muitos deles oriundos da "maioria discriminada", que tiveram acesso aos patamares mais elevados do saber, ou de intelectuais que, embora provenientes das camadas médias — como as tipifica Poulantzas — se colocam na ótica dos interesses dessa grande maioria. No tópico a seguir, concluindo o *corpus* deste trabalho, buscamos caminhar nesta direção apontando alguns aspectos que nos parecem pertinentes dentro do debate presente.

4. O trabalho como elemento de unidade técnico-político na prática pedagógica que medeia os interesses da "maioria discriminada"

> [...] a tendência democrática, intrinsecamente, não pode consistir apenas em que um operário manual se torne qualificado, mas que cada "cidadão" possa se tornar "governante" e que a sociedade o coloque, ainda que "abstratamente", nas condições gerais de poder fazê-lo...
>
> *A. Gramsci*

A apreensão teórica e histórica da prática educativa escolar, inserida na sociedade de classes como uma prática contraditória e, enquanto tal, alvo de uma disputa pelo saber que se divulga ou produz, e da articulação deste saber com os interesses de classes, presentes de forma crescente na literatura das ciências sociais aplicadas à educação, entre nós, aponta para uma dupla superação: da visão ingênua, não crítica e da visão "crítico-reprodutivista" desta prática, na ótica do que expõe Saviani a esse respeito (Saviani, D., 1982b, p. 8-16).

Esta superação pela negação, entretanto, é apenas o ponto de partida de uma teoria e prática educativa críticas, teoria e prática que se articulam com os interesses da maioria discriminada, dos dominados. O movimento da negação da negação, que se consubstancia na práxis — articulação entre a apreensão teórica e a transformação real — é, no dizer de Saviani,

> um caminho repleto de armadilhas, já que os mecanismos de adaptação acionados periodicamente, a partir dos interesses dominantes, podem ser confundidos com os anseios da classe dominada. (Saviani, D., 1982b, p. 16)

Um exemplo dessa armadilha, como vimos anteriormente no item 3.3, é analisado por Saviani quando discute as teorias educacionais que se põem como democráticas, inovadoras, mas que de fato articulam a manutenção do privilégio e da elitização.

A forma de se evitar o risco de cair nesta armadilha — aponta-nos Saviani — é

> avançar no sentido de captar a natureza específica da educação, o que nos levará à compreensão das complexas mediações pelas quais se dá sua inserção contraditória na sociedade capitalista. (Saviani, D., 1982b, p. 16)

A não apreensão desta especificidade tem levado muitas análises, que procuram se situar na ótica dos interesses da maioria discriminada, a caírem na armadilha de encaminhamentos cujo resultado é o reforço do interesse da burguesia.

Esse, como apontamos nos tópicos anteriores deste capítulo, tem sido em boa medida o equívoco de Salm. Ao tomar como espe-

A PRODUTIVIDADE DA ESCOLA IMPRODUTIVA   205

cificidade da escola apenas o ideológico, e ao descartar as diferentes mediações da prática educativa escolar com as demais práticas sociais, especificamente com a prática econômica, indica, como caminho de resgate da escola que interessa à classe dominada, o ideal de Dewey — formação para a democracia e para a cidadania. Ora, como vimos no item 3.1, a proposta de Dewey é uma proposta aparentemente democrática como todas as propostas liberais, mas que ensejou medidas concretas de uma escola mantenedora da discriminação e do privilégio.

Um encaminhamento desta natureza, circunscrito historicamente nas mudanças da política educacional brasileira em relação à profissionalização de 1º e 2º graus, pode referendar, como solução do fracasso da profissionalização, as medidas que se vêm tomando de simplesmente revogar a obrigatoriedade da profissionalização e acentuar o caráter genérico do ensino academicista

Se concretamente a forma como se introduziu a profissionalização se constituiu num mecanismo de desqualificação da escola e num desvio na apreensão do avanço do progresso técnico e das forças produtivas, a revogação da obrigatoriedade e a volta ao ensino abstrato, genérico não significam um avanço na direção dos interesses dos dominados. Pelo contrário, significam, apenas, um mecanismo de readaptação aos interesses dominantes.

O que fica uma vez mais negada é a organização da escola capaz de formar, desde o nível elementar — como aponta Gramsci, em sua concepção de escola unitária — cada cidadão e todo cidadão concomitantemente para a *societas hominum* (consciência dos direitos e dos deveres para introduzi-lo na sociedade política e civil) e a *societas rerum* (conhecimento científico para dominar e transformar a natureza).[37]

O encaminhamento do resgate da prática educativa escolar, para que a mesma se articule com os interesses dos dominados,

---

37. Adiante retomaremos esta questão (ver Gramsci, A. A organização da escola e da cultura; e para a investigação do princípio educativo. In: *Os intelectuais e a organização da cultura*. Rio de Janeiro: Civilização Brasileira, 1979. p. 117-28, 129-40).

firmado na ótica apenas ideológica ou político-ideológica, reforça um outro tipo de ação concreta bastante presente em setores tidos como de "vanguarda" no campo educacional, e que pode se constituir numa das armadilhas anteriormente aludidas.

Trata-se da postura que secundariza — no processo de instrução e formação escolar da maioria discriminada — as condições objetivas; no dizer de Gramsci, "a realidade rebelde" que demanda esforços inauditos para transformá-la, e que condiciona a aquisição de um aprendizado que é fundamental para a formação da consciência de classe e a organização da classe trabalhadora na luta por seus interesses mais amplos, radicados no modo de produção de sua existência. O desvio situa-se, uma vez mais, na não apreensão da especificidade política e técnica da prática educativa escolar na relação com as demais práticas sociais. Na prática isto se revela pela maior preocupação com o discurso ideológico do que com o fornecimento de uma base concreta de conhecimento vinculada aos interesses ideológicos e políticos da classe trabalhadoras.[38] Trata-se, de certo ângulo, do reverso da visão tecnicista que empresta aos meios o caráter neutro e suficiente para resolver as "mazelas" da educação e, por esta via, as da sociedade.

Esta, porém, não é uma questão trivial — e o risco de mal-entendidos é grande. Este risco situa-se num duplo nível: na separação entre as dimensões política e técnica da educação e na não contextualização histórica da articulação destas dimensões.

Compreendendo-se a prática educativa escolar como sendo uma prática política e técnica que não se situa ao mesmo nível da

---

38. O problema levantado por Saviani, num dos seminários de tese (São Paulo, PUC, 26/11/1982), com respeito à escolas dos sindicatos, situa o plano por onde passa essa questão. A escola do sindicato pode pautar-se em cima de objetivos mais sindicais, político-ideológicos que propriamente no fornecimento de um instrumental básico para o conhecimento da *societas rerum* e da *societas hominum*. Esta escola de *per se* não garante que os interesses do trabalhador, que vê no saber que se produz na escola um valor, sejam atendidos. A articulação da escola com a luta que se trava a nível sindical e dos movimentos da classe trabalhadora não supõe que a escola seja formalmente do sindicato. Saviani sintetiza essa discussão no texto: "Onze teses sobre educação e política". In: Saviani, D. *Escola e democracia*. São Paulo: Cortez, 1983.

prática fundamental das relações sociais de produção que condicionam o modo de existência dos homens, nem da prática ideológica e política que sob essa base se estrutura, a influencia e a modifica, resta especificar a natureza da dimensão política e técnica da educação e como se articula com o conjunto das práticas sociais,

O primeiro aspecto a se ter claro é, então, que a natureza da dimensão política da ação educativa escolar, enquanto ação que se dá num espaço de uma prática não fundamental, mas mediadora, não se define dentro dos "muros" da escola, mas nas relações sociais de produção da existência. Isto indica, ao mesmo tempo, que a ação educativa escolar, sua dimensão política, se vincula e recebe a determinação na luta hegemônica que se efetiva entre as classes nas práticas sociais fundamentais, e que ela não é uma ação política que se dá no mesmo nível da ação política que se desenvolve no interior dessas práticas.

A especificidade da dimensão política da ação pedagógica escolar está exatamente na articulação desta ação na linha dos interesses hegemônicos de um determinada classe social. A dimensão política da ação pedagógica na linha dos interesses da classe trabalhadora se concretiza à medida que se busca viabilizar uma escola que se organiza para o acesso efetivo do saber que lhe é negado e expropriado pela classe dominante.

O ponto de partida e de chegada, portanto, da ação educativa que busca viabilizar os interesses hegemônicos da classe trabalhadora é político. Enquanto ponto de partida, a determinação da direção da prática educativa escolar que articula os interesses da classe trabalhadora nasce na luta mais ampla das relações sociais de classe; enquanto ponto de chegada, implica a apropriação concreta de um saber objetivo que, articulado com o interesse da classe trabalhadora, reforça e amplia a sua luta hegemônica.

Entretanto, não basta a direção política adequada aos interesses da classe trabalhadora à medida que a aquisição do saber que possibilita um nivelamento para o "alto", da maioria discriminada, demanda condições objetivas que passam pela mediação de exigências e de competência técnica.

Em suma, a articulação da prática educativa escolar com os interesses dos dominados supõe um movimento de unidade da dimensão política e técnica dessa prática. Trata-se de um movimento que tem uma tríplice dimensão. Primeiramente, a luta pelo acesso e pelas condições objetivas de uma escola de qualidade para a classe trabalhadora tem sua determinação básica na luta que se dá ao nível das classes sociais no conjunto das práticas sociais. Ianni explicita essa dimensão quando afirma que "os limites da democratização da escola coincidem com os limites da democracia na sociedade de classe", e que "[...] lutar para o progresso da democratização da escola é lutar por alguns obstáculos ao progresso da democratização da sociedade" (Ianni, O., 1963, p. 94 e 205). Essa luta mais ampla, como vimos anteriormente, é que dá a direção política da ação educativa escolar que se explicita na escola, pela forma de articular o saber com os interesses hegemônicos da classe trabalhadora; e, finalmente, tanto a primeira quanto a segunda dimensões implicam a mediação da competência técnica e de instrumentos materiais mediante os quais se transforma a "realidade rebelde" da negação do saber à classe trabalhadora. Apropriar-se do saber objetivo que lhes é negado historicamente pela classe dominante a nível de instituição escolar, de instituições culturais, e expropriado a nível do processo produtivo onde o capital se apossa do saber coletivo da classe trabalhadora, é uma tarefa que transcende à vontade política, ainda que esta seja ponto de partida. O resgate efetivo de uma escola de qualidade que alfabetize de fato condiciona, grandemente, a possibilidade de se fazer da escola um espaço que reforça e amplia os interesses da classe trabalhadora. Este resgate demanda organização, disciplina, qualificação técnica e direção política, e necessita de intelectuais que reúnam, ao mesmo tempo, a capacidade técnica e a opção política na direção dos interesses dos dominados.

Circunscrita a prática educativa escolar dentro da unidade necessária da dimensão política e técnica e, tendo essa unidade como ponto de partida e de chegada os interesses da classe trabalhadora, qual o elemento histórico que estabelece essa unidade diversa a nível de escola e o articula com esses interesses hegemônicos mais amplos? Ou, noutros termos, qual a categoria histórica que articula a mediação política e técnica da escola com o movimento da luta pelos interesses hegemônicos da classe trabalhadora que se dão ao nível das práticas sociais fundamentais?

Este elemento histórico que define as relações sociais de produção da existência e que perpassa e articula a prática escolar e as práticas superestruturais, no seu conjunto, com a prática social fundamental, é o *trabalho humano*. Trabalho não enquanto categoria geral, abstrata, mas enquanto produção concreta da existência do homem em circunstâncias históricas dadas (ver item 1, Capítulo II).

A relação dialética homem-trabalho-homem não significa apenas que o homem, ao transformar a natureza, se transforma a si mesmo, mas também que a atividade prática dos homens é o ponto de partida do conhecimento e a categoria básica do processo de conscientização. Esta concepção do trabalho humano como o fundamento do conhecimento e da conscientização, como já aludimos anteriormente, é explícito em Marx, no Prefácio de *Contribuição à crítica da economia política*, afirma:

> O modo de produção da vida material condiciona o processo de vida social, política e espiritual em geral. Não é a consciência do homem que determina seu ser, senão pelo contrário, o seu ser social é que determina a sua consciência. (p. 24)

Reconhecer a dialética do trabalho ou a práxis humana como a base do conhecimento humano, tem como decorrência imediata a negação das concepções sobre a incapacidade da classe trabalhadora se autogerir, bem como as concepções educativas que são impostas à margem dessa práxis.

Tomando-se, então, as relações sociais de trabalho, mediante as quais os homens produzem sua existência, e o trabalho, enquanto tal, como o princípio educativo, a análise da escola que se articula com os interesses da classe que tem seu trabalho alienado, expropriado, não passa pela separação entre escola e trabalho, mas se situa na apreensão da "escola do trabalho",[39] como nos é posta dentro da evolução da concepção *marxista* de escola politécnica.

Se objetivamente a forma do capital expropriar a classe trabalhadora, tanto e principalmente pela forma de organização do processo produtivo, quanto no interior das instituições educacionais e culturais, se dá pela separação dessa classe das condições objetivas de sua produção, a direção da luta, dentro do processo produtivo e dentro dessas instituições, é o resgate desta unidade.

Pensar a educação escolar ou não escolar separada do mundo do trabalho, das relações sociais de produção, e dar-lhe como função precípua a formação do cidadão para a democracia (abstrata) é, uma vez mais, cair na armadilha que reserva uma escola de elite para a classe dirigente e uma "multiplicidade de escolas", que vão desde a escola formal desqualificada, "escolas" profissionalizantes (privadas ou público-privadas), de formação profissional (Senai, Senac, Senar), treinamento na empresa, até a "escola" das próprias relações capitalistas de trabalho no interior do processo produtivo, para a classe trabalhadora.

O caminho do resgate, então, como assinalamos anteriormente, não poderá ser o ideal de Dewey, mas a volta à proposta pedagógica posta por Marx, desenvolvida e ampliada por Lenine e, especialmente, por Gramsci.[40]

A questão crítica que surge de imediato ao se pensar essa perspectiva de escola (unidade do ensino e trabalho produtivo, trabalho como princípio educativo e escola politécnica), dentro de uma formação social capitalista específica, passa por dois aspectos:

a) o primeiro relaciona-se com a compreensão teórica de que dispomos sobre a evolução da reflexão marxista (sem orto-

---

39. Referimo-nos aqui a obra de Pistrak (*Fundamentos da escola do trabalho*. São Paulo: Brasiliense, 1981) que, dentro de um contexto específico das relações sociais de produção instauradas pela Revolução de Outubro de 1917, na Rússia, faz do "trabalho na escola" a base educativa que se articula com o trabalho social e o processo produtivo real.

40. Ao delimitar o desenvolvimento dado à questão pedagógica posta por Marx, a Lenine e Gramsci, não queremos dizer que a mesma se esgote em suas análises. Apenas estamos demarcando a direção que nos parece historicamente adequada.

doxia, mas também sem ecletismo) na proposta da unidade entre ensino e trabalho produtivo, escola politécnica e trabalho como princípio educativo, na linha dos autores supracitados;

b) o segundo aspecto diz respeito à concretização histórica do trabalho como princípio educativo e como elemento da unidade entre a dimensão técnica e política da prática educativa escolar e as práticas fundamentais, em formações sociais capitalistas como a brasileira, onde a passagem para a socialização dos resultados do trabalho coletivo se apresenta apenas como possibilidade, mas cuja realidade se pauta na exploração da classe trabalhadora, a nível do processo produtivo e a nível da exploração política pelo próprio Estado, que zela pelas condições de ampliação do capital.

Sobre o primeiro aspecto que nos possibilita, cremos, um encaminhamento para situar o segundo, não obstante o caráter sempre polêmico das interpretações, em face de literatura já existente, limitamo-nos apenas àquilo que julgamos importante para o encaminhamento final deste trabalho.[41]

Da discussão que se empreende sobre o princípio da união entre ensino e trabalho produtivo[42] nos escritos de Marx, especialmente do trabalho de Manacorda,[43] que efetiva uma análise exaus-

---

41. Cândido G. Vieitez, no seu trabalho sobre os "Professores e a organização da escola", efetiva uma discussão sobre a concepção de educação Marx-Engels, Lenine e Gramsci, destacando a base comum e as especificidades da concepção de cada autor. Considerando-se que os aspectos que abordamos sobre a concepção desses autores se atém a uma visão mais específica, é interessante que o leitor, que não tem possibilidade imediata de ir às fontes, consulte essa obra (Vieitez, C. G. *Os professores e a organização da escola*. São Paulo: Cortez/Autores Associados, 1982. p. 11-24).

42. Em relação à concepção de trabalho produtivo, ver o item 3.2.

43. Manacorda efetiva uma análise do pensamento pedagógico de Marx partindo dos *Princípios do comunismo*, escritos por Engels, passando pelo *Manifesto del Partido Comunista*, que se estrutura tendo como base esses princípios, passa pelas *Instrucciones a los delegados*, *O capital* e a *Crítica ao programa de Ghota* (ver Manacorda, M. *Marx y la pedagogía de nuestro tiempo*. Roma, USPAG, 1966, p. 19-48; ver também Marx, K.; Engels, F. *Crítica da educação e do ensino*. Lisboa: Moraes, 1978. 265 p.).

tiva da proposta pedagógica marxista, o que importa reter são alguns aspectos básicos.

Primeiramente, é importante salientar que a atualidade do princípio da união ensino e trabalho produtivo se radica menos a uma ortodoxia sem história e muito mais à substantividade e ao caráter revolucionário desta concepção, um século depois de sua formulação. O que é relevante fixar e historicizar é que a união ensino e trabalho produtivo, e a defesa de formação politécnica, decorrem, no âmbito teórico, político e prático, da própria luta de reconquista, pela classe trabalhadora, das condições objetivas de sua produção, isto é, da reconquista de algo que é a própria possibilidade de a classe ser redimida da sua degradação. A união ensino e trabalho produtivo decorre, então, da luta pelo resgate da relação objetiva que o homem perdeu para produzir pelo trabalho, em relação aos demais homens, sua existência, mediante o surgimento da propriedade privada. Na perda do poder de apropriar-se, como proprietário coletivo das condições de sua produção física e psicossocial, o homem perde a si mesmo; é alienado, degradado. "No proletariado o homem perdeu-se a si mesmo" (Lenine).

A união do ensino ao trabalho produtivo e um ensino politécnico é pois, uma concepção orgânica implicada no movimento da criação das condições históricas de uma sociedade onde o homem total e todo homem se humanize pelo trabalho. O caráter politécnico do ensino decorre da dimensão de um desenvolvimento total das possibilidades humanas, onde, como afirma Marx, na *Ideologia alemã*, os pintores serão *hombres que además pinten*.

A escola politécnica, cuja organização básica envolve o desenvolvimento intelectual, físico, a formação científica e tecnológica e a indissociabilidade do ensino junto ao trabalho produtivo, ao mesmo tempo que é posta como a escola da sociedade futura — onde se tenha superado a divisão social do trabalho e "o trabalho se tenha convertido não só em um meio de vida, mas na primeira necessidade da vida" — indica a direção da luta, no interior da sociedade burguesa, por uma escola que atenda aos interesses da classe trabalhadora.

O surgimento das condições efetivas para a formação politécnica, que implicam a existência concreta da unidade entre teoria e prática, entra em contradição com o modo de produção capitalista.

De que forma, então, a escola pode contribuir para que, no interior dessa contradição, se criem as condições para a superação da contradição?

Esta tarefa não é de fácil apreensão, pois, como nos indica Snyders,

> a escola, como o movimento operário, implica um equívoco: só conseguirá interpretar plenamente seu papel numa sociedade renovada e, ao mesmo tempo, compete-lhe, dia após dia, desempenhar um papel. (Snyders, G., 1981, p. 392)

Lenine e, especialmente, Gramsci, partindo da concepção marxista de escola politécnica e da inseparabilidade de ensino e trabalho produtivo — concepção que está mais voltada, em Marx, para a busca de superação das condições estruturais da divisão social do trabalho, separação entre trabalho intelectual e manual — estabelecem alguns avanços significativos para a compreensão do papel que a escola pode ter em sua dimensão técnica e política, no interior da sociedade burguesa, na articulação dos interesses da classe trabalhadora e no movimento global pela transformação da sociedade de classes.

Em Lenine, as teses pedagógicas de Marx não apenas são retomadas como vão se constituir, após a Revolução de Outubro de 1917, na base do sistema escolar e da ação programática da escola politécnica. Uma escola politécnica "que dé a conocer, en la teoría y en la prática, todas las principales ramas de la producción", e que está fundada sobre o "estrecho lazo de unión de lá enseñanza con el trabajo productivo de los muchachos" (Lenine, 1954, p. 47).

Do pensamento pedagógico de Lenine, o que nos parece relevante enfatizar, dentro dos propósitos deste trabalho, é a explicitação da dimensão política da prática educativa, a que nos referimos anteriormente. Ao mesmo tempo que situa o ponto de vista da classe trabalhadora como ponto de partida da escola que articula os seus interesses, pondera que não se trata apenas de saber palavras de ordem. Ao se dirigir aos jovens, criticando a tendência de ver tudo o que se fez "na velha escola" como algo livresco e inútil, adverte para a necessidade de se extrair desta escola o que é indispensável para a sociedade comunista.

> Seria errado pensar que basta saber as palavras de ordem comunista, as conclusões da ciência comunista, sem adquirir a soma de conhecimentos dos quais o comunismo é consequência. O marxismo é um exemplo de como o comunismo resultou da soma de conhecimentos adquiridos pela humanidade. (Lenine, 1968, p. 98)

Se em Lenine o desenvolvimento das ideias pedagógicas básicas de Marx encontram um avanço que nos permite vislumbrar de dentro da escola, mesmo sob as condições capitalistas, um campo de ação ainda que não determinante, mas fundamental para articular os interesses hegemônicos da classe trabalhadora, em Gramsci encontramos os elementos que mostram ser essa tarefa possível e viável.

Gramsci, efetivamente, vai dar ao princípio do trabalho como elemento educativo, à inseparabilidade entre ensino e trabalho produtivo e ao caráter politécnico da escola única, uma dimensão mais ampla e cultural.

> O advento da escola unitária significa o início de novas relações entre trabalho intelectual e industrial não apenas na escola mas em toda a vida social. O princípio unitário, por isso, refletir-se-á em todos os organismos da cultura, transformando-os e empreendendo-lhes um novo conteúdo.[44]

Esse alargamento da concepção pedagógica marxista somente pode ser entendido dentro da elaboração teórica, compreensão histórica e prática política em que Gramsci está engajado. Se é

---

44. Gramsci, A. *Os intelectuais e a organização da cultura*, op. cit., p. 125. A discussão que se segue sobre o pensamento pedagógico de Gramsci e sua ligação com a análise que o mesmo efetiva do Estado, partido, intelectual, hegemonia etc., tem como base, além do livro acima, os seguintes livros: *Concepção dialética da história*, op. cit., *Maquiavel, a política e o Estado moderno*, op. cit.

A PRODUTIVIDADE DA ESCOLA IMPRODUTIVA

possível discernir, metodologicamente, as formulações teórico-interpretativas mais gerais de suas aplicações em realidades específicas, não há como separar Gramsci (Marx, Lenine), pensador e político.

A análise que Gramsci faz da escola única e do caráter politécnico da escola se situa, então, no bojo mais amplo da análise que o mesmo faz da questão das classes sociais, da hegemonia, do partido e do intelectual no contexto de um capitalismo monopolista. Subjaz à especificidade dessas análises uma questão fundamental que une a reflexão teórica à prática política em Gramsci. Trata-se de entender porque no interior do capitalismo monopolista, no Ocidente, a passagem para a sociedade socialista é mais complexa, e de se situar o espaço e os mecanismos onde se articula esta passagem.

Ao buscar a resposta a essa questão, como vimos, Gramsci é levado a desenvolver, no âmbito teórico e prático, a questão das relações de classe, da hegemonia, do Estado, dos intelectuais, do partido, da escola e sua função.

O que nos interessa aqui é apenas entender onde entra a questão da escola e por que Gramsci vislumbra uma função importante para a mesma no conjunto dos mecanismos que ajudam a classe trabalhadora a superar, por um processo catártico, as visões do senso comum, os interesses imediatos, corporativos ou meramente econômicos, e se elevar para uma consciência universal. Como, em outros termos, a escola pode ajudar a classe trabalhadora partindo do seu senso comum, de sua cultura, a elaborar e "explicitar seu saber, sua ciência e sua consciência".

Em termos esquemáticos, o que Gramsci faz para responder à questão da complexidade da passagem do capitalismo ao socialismo, no capitalismo monopolista, e dentro da qual se insere a análise do papel da escola, pode ser posta nos tópicos a seguir.[45]

---

45. Este raciocínio esquemático tem como base as obras de Gramsci supracitadas e um esquema de análise do pensamento desse autor elaborado por Dermeval Saviani e por mim desenvolvido como trabalho final do curso monográfico sobre a obra de Gramsci (ver: *Notas sobre minha leitura da obra de Gramsci*: implicações para a organização do trabalho escolar e a prática educativa. São Paulo: PUC, 1980. 31 p. (Mimeo.)

A sociedade capitalista, cindida fundamentalmente pelas classes fundamentais (burguesia e proletariado), se caracteriza por relações sociais de produção da existência antagônica. Há nesse antagonismo um jogo de relações de forças. Estas relações de força se dão ao nível das relações sociais, das relações econômicas (que vão do momento corporativo, momento propriamente econômico, até o momento político) e das relações militares.

Tais relações de força, que se articulam ao nível infra e superestrutural, na busca de consolidar a hegemonia de uma classe, são explicitadas pelo conceito de bloco histórico.

O momento de consolidação do bloco histórico é, pois, marcado por um embate hegemônico que se expressa por um conjunto de elementos em torno do interesse de classe. O processo pelo qual uma classe passa de dominante (tendo como base o poder coercitivo) para hegemônica demanda não apenas a direção política, mas também a direção ético-cultural e ideológica.

O conceito de hegemonia expressa a capacidade de direção, de conquista de alianças, de desarticulação da classe antagônica, na consolidação de um bloco histórico.

O desenvolvimento do conceito de bloco histórico e de hegemonia, na tentativa de entender a complexidade da passagem do estado capitalista para o socialista, leva Gramsci a uma nova formulação política da concepção de Estado e, dentro desta nova visão, desenvolve a análise do papel do intelectual, do partido, e situa a função da escola.

Gramsci, que vive uma época histórica onde o fenômeno estatal é mais complexo, vai perceber que as crises econômicas não irrompem de forma catastrófica nas esferas superestruturais, mas são mediatizadas pelas instituições da sociedade civil. Sem desviar-se do núcleo central da teoria marxista de Estado (caráter de classe de todo o poder de Estado), amplia a compreensão do Estado como sendo a sociedade política e a sociedade civil. A primeira designa o conjunto de mecanismos através dos quais a classe dominante detém o monopólio da coerção. A segunda designa o conjunto de organizações, aparelhos culturais e político-econômicos, onde se situa a sede específica da hegemonia.

A PRODUTIVIDADE DA ESCOLA IMPRODUTIVA

Sociedade política e sociedade civil, embora tenham uma especificidade, mantêm entre si uma unidade dialética. Em conjunto servem para conservar e promover organicamente determinada base econômica, de acordo com o interesse de uma classe fundamental. No interior da sociedade civil, as classes buscam exercer a hegemonia pela direção e consenso, além de alianças com outros grupos. No interior da sociedade política, encontramos os instrumentos de dominação e coerção.

Para Gramsci, então, o processo de transição para o socialismo não implica apenas a conquista do Estado (sociedade política), mas também uma prática ativa, organizada de criação da consciência coletiva, a consciência de classe dos trabalhadores no interior das instituições da sociedade civil.

O intelectual e o partido entram no contexto desta tarefa. A categoria intelectual é, na obra de Gramsci, um conceito central. Parte da concepção de que todos os homens são intelectuais, embora nem todos desempenhem a função de intelectual. Esta concepção deriva do fato de que, em Gramsci, o conceito de intelectual é estruturado pelo lugar e função que ocupa no conjunto do sistema de relações sociais, e não pela natureza do trabalho que realiza.

> O operário ou proletário não se caracteriza especificamente pelo trabalho manual ou instrumental, mas por este trabalho em determinadas condições e determinadas relações sociais. (Gramsci, A., 1979, p. 7)

O intelectual orgânico,[46] no interior da classe fundamental a que pertence, tem a função, a nível econômico, cultural, social e político-ideológico, de organizador, dirigente e educador. Cabe-lhe suscitar, entre os membros da classe a que está organicamente ligado, uma tomada de consciência de sua comunidade de interesse e promover no interior da classe uma concepção de mundo homogênea e autônoma. O intelectual tem a tarefa de criar uma

---

46. Para uma análise do conceito de intelectual orgânico e tradicional, além das obras de Gramsci supracitadas, ver Piotte, J. M. *O pensamento político de Gramsci*. Porto: Afrontamento, 1975. p. 35-56.

ideologia orgânica[47] capaz de tornar a classe não só dominante, mas hegemônica.

Na ótica do proletariado, o intelectual orgânico é aquele que educa, organiza e direciona a classe para a tomada de consciência das relações sociais de produção a que a mesma está submetida. A difusão da consciência de que a classe proletária não é dona dos meios de produção e é a produtora da mais valia, é o elemento básico na criação da consciência de classe, na homogeneização dessa consciência.

Essa tarefa do intelectual orgânico do proletariado de organizador, dirigente, educador, persuador, ideólogo, político não se dá mecanicamente. Trata-se de uma relação dialética intelectual — massa, isto é, uma relação que traz no seu bojo avanços e recuos, contradições etc. O intelectual enquanto o portador, o criador da consciência de classe e, ao mesmo tempo, o difusor e a "consciência crítica da classe", é um engajado na luta pela hegemonia da classe proletária. Esse engajamento, essa relação dialética, teórica e prática, objetiva e subjetiva, intelectual — massa, segundo Gramsci, dá-se no partido.

Se o intelectual é, para Gramsci, organizador e crítico da consciência da classe, o partido constitui o "intelectual coletivo".

As mesmas preocupações concretas com a luta do proletariado que levam Gramsci a uma concepção de Estado num sentido ampliado, levam-no a uma ampliação da concepção de partido.

O partido enquanto orgânico, fundamental, não se confunde com partido no sentido estrito (organização que exerce a ação política estatal). O partido abrange toda a ação político-ideológica) que se dá no interior das organizações da sociedade civil (jornal, escola, sindicato etc.).

---

47. O conceito de ideologia historicamente orgânica contrapõe-se à concepção que reduz a ideologia a falseamento da realidade, a falsa consciência. A ideologia orgânica é entendida por Gramsci como sendo o elemento de orientação da ação, de organização das massas, que permite a tomada de consciência de sua posição. A ideologia traduz uma concepção de mundo que se manifesta e tem que ser elaborada, no mundo da filosofia, da ciência e do senso comum.

Na análise gramsciana de partido, podemos distinguir o partido político, o ideológico e o revolucionário.

O partido político diz respeito à organização formal integrante do jogo do governo numa dada conjuntura. Compreende o exercício organizado necessário à prática política no sentido estrito.

O partido ideológico está ligado ao exercício da luta hegemônica e a uma nova concepção de mundo e de sociedade. Sua ação se manifesta em diferentes organizações, predominantemente no âmbito da sociedade civil — organizações que formalmente podem até declarar-se apolíticas.

O partido revolucionário representa a síntese dialética entre partido político e partido ideológico. Trata-se do "moderno príncipe", isto é, aquele determinado partido que pretende e está racional e historicamente destinado a fundar um novo tipo de Estado. "É o elemento equilibrador dos diversos interesses em luta contra o interesse dominante". Tem o poder de fato e exerce função hegemônica e, portanto, equilibrador de interesses diversos na sociedade civil.

O partido revolucionário, na sociedade burguesa, terá como meta primeira a criação de um novo Estado — o Estado socialista, cujo objetivo básico é o fim do próprio Estado — "a reabsorção da sociedade política pela sociedade civil" (Gramsci, A. *Maquiavel*, 1978).

A função básica do "moderno príncipe" é a formação de uma vontade coletiva e uma reforma intelectual e moral, uma laicização de toda a vida e de todas as relações e costumes, cujo objetivo fundamental é alcançar uma forma superior e total de civilização moderna.

O partido constitui-se no intelectual coletivo, no organismo educador por excelência, onde intelectuais e massa elaboram a hegemonia, dão coesão e consenso à classe e criam as condições concretas para a instauração de um novo bloco histórico.

Nesse âmbito do partido como intelectual coletivo, organizador, educador, formador da consciência de classe, instrumento por excelência da hegemonia é que se coloca, no pensamento gramsciano, o papel da escola e da atividade educativa no seu conjunto.

A importância que Gramsci vai dar à organização da escola, ao rigor e à disciplina, bem como a proposta da escola única e do trabalho como o princípio educativo, ficam mais bem compreendidas quando situadas na perspectiva do conjunto de mecanismos que a classe trabalhadora necessita para viabilizar a luta hegemônica por uma nova sociedade.

Educar, neste contexto, é explicitar criticamente as relações sociais de produção da sociedade burguesa, para pôr-se a caminho de sua desarticulação, e criar as condições objetivas para que se instaure um novo bloco histórico onde não haja exploradores e explorados, proprietários e não proprietários, e que, pelo trabalho, mediatizados pela técnica, os homens produzam sua existência de forma cada vez mais completa.

Do ponto de vista mais global, a proposta de escola única e pública e do trabalho como o princípio educativo decorrem da concepção de educação que expressa, ao mesmo tempo, uma postura política e a necessidade da mediação técnica.

O princípio da escola única e pública e a criação das condições concretas para que esta escola tenda à homogeneização eliminam de imediato o caráter de privilégio e o elitismo — elementos da essência discriminadora da sociedade burguesa. O trabalho como princípio educativo, por outro lado, indica que é pelo trabalho que o homem — e todo homem — encontra sua forma própria de produzir-se em relação aos outros homens. Indica, de outra parte, que não há razões de outra espécie, a não ser históricas, que justifiquem relações sociais de produção da existência humana onde haja proprietários dos meios e instrumentos de produção, e aqueles que têm apenas a posse relativa de sua força de trabalho.

A integração da relação entre ensino e trabalho, que em Marx é situada no interior do processo de trabalho da fábrica, em Gramsci é posta como sendo possível dentro do próprio processo autônomo de ensino.

Assim é que Gramsci contrapõe à escola "desinteressada" a

> escola única, inicial, de cultura geral, humanista, formativa, que equilibre equanimemente o desenvolvimento da capacidade de trabalhar manualmente (tecnicamente, industrialmente) e o desenvolvimento das capaci-

A PRODUTIVIDADE DA ESCOLA IMPRODUTIVA

dades de trabalho intelectual. Deste tipo de escola única, através de repetidas experiências de orientação profissional, passar-se-á a uma escola especializada ou ao trabalho produtivo. (Gramsci, A., 1979, p. 118)

Tendo como preocupação subjacente do trabalho escolar, disciplinar a formação da criança da classe trabalhadora para um "tipo superior de luta", libertá-la das visões mágicas do senso comum do mundo físico e das relações sociais, Gramsci define claramente o âmbito dos conteúdos e do método da escola elementar única.

Do ponto de vista do conteúdo

nas escolas elementares, dois elementos participam na educação e formação das crianças: as primeiras noções de ciências naturais e as noções dos direitos e deveres dos cidadãos. As noções científicas deviam servir para introduzir o menino na *societas rerum*, ao passo que os direitos e deveres para introduzi-lo na vida estatal e na sociedade civil. As noções científicas entram em luta com a concepção mágica do mundo e da natureza, que a criança absorve do ambiente impregnado de folclore, do mesmo modo as noções de direitos e deveres entram em luta com as tendências à barbárie individualista e localista, que é também um aspecto do folclore. (Id., ibid., p. 129)

Ao explicitar a base concreta da concepção de escola elementar única, Gramsci nos permite depreender por que o trabalho, tomado como o "princípio educativo imanente à escola elementar", efetivamente se constitui no elemento de unidade dialética entre a dimensão política e técnica da prática educativa.

O conceito e o fato do trabalho (da atividade teórico-prática) é o princípio educativo imanente à escola elementar, já que a ordem social e estatal (direitos e deveres) é introduzida e identificada na ordem natural pelo trabalho. O conceito do equilíbrio entre ordem social e ordem natural sobre o fundamento do trabalho, da atividade teórico-prática do homem, cria os primeiros momentos de uma intuição do mundo liberta de toda a magia ou bruxaria, e fornece o ponto de partida para o posterior desenvolvimento de uma concepção histórico-dialética do mundo. (Id. ibid. p. 130)

Este ponto de partida, dentro do esquema de escola posto por Gramsci, deverá desenvolver-se nos graus subsequentes até conduzir o jovem aos "umbrais da escolha profissional, formando-o, entrementes, como pessoa capaz de pensar, de estudar, de dirigir ou controlar quem dirige" (Id., ibid., p. 136). O ponto de chegada é levar a criança da classe trabalhadora a constituir-se num cidadão "que possa se tornar governante e que a sociedade o coloque, ainda que abstratamente, nas condições gerais de poder fazê-lo".

A metodologia proposta e mediante a qual se desenvolve o trabalho escolar decorre, em Gramsci, uma vez mais da inseparabilidade de sua reflexão teórica da atividade prática. Frente à realidade da criança da classe trabalhadora restringida, por sua condição de classe, no acesso aos bens econômicos e culturais, e impedida de dispor dos instrumentos que lhe permitem explicitar seu saber e sua ciência, assinala-nos Gramsci que,

> se se quiser criar uma nova camada de intelectuais, chegando às mais altas especializações, própria de um grupo social que tradicionalmente não desenvolveu as aptidões adequadas, será preciso superar dificuldades inauditas. (Id., ibid., p. 139)

Na prática, a superação destas dificuldades vai demandar, fundamentalmente, organização, eficiência, disciplina e um certo grau de "coação" e "dogmatismo".

Os princípios pedagógicos da "disciplina", da "coação" e do "dogmatismo" no trabalho escolar devem ser interpretados no interior da luta contra o espontaneísmo e como necessários à superação das diferenças socialmente produzidas pela sociedade de classes. Representam uma revisão dos princípios liberais da pedagogia atual. Sob o manto da espontaneidade, criatividade, desenvolvimento da personalidade podem estar-se legitimando e reforçando os interesses burgueses. Sob este mesmo prisma, o caráter ativo e criador da escola única não se confunde com ativismo. Trata-se, antes de tudo, de um método de investigação e conhecimento.

> A escola criadora não significa escola de "inventores e descobridores"; ela indica uma fase e um método de investigação e de conhecimento e não um programa predeterminado que obrigue à inovação e à originalidade a todo custo. (Id., ibid., p. 130)

A PRODUTIVIDADE DA ESCOLA IMPRODUTIVA

Dentro desta postura metodológica, o como *ensinar* está organicamente ligado ao *que ensinar*. Neste sentido, o senso comum, as visões folclóricas, o empírico imediato, a realidade complexa e diferenciada sempre serão o ponto a partir do qual se estrutura uma visão crítica da realidade.

Em suma, na visão gramsciana a escola única e politécnica assume uma dimensão, ao mesmo tempo política e técnica, que se estrutura a partir da luta de classe inscrita nas relações sociais mais amplas e que se articula no interior da sociedade civil a nível dos aparelhos de hegemonia.

Ao situar o trabalho escolar basicamente no campo da luta hegemônica, Gramsci abre uma perspectiva para se apreender o espaço escolar como um local onde se explicitam as contradições e antagonismos de classes e onde se articulam interesses de classes.

Sob este prisma fica evidenciada como enviesada a percepção tanto da "inutilidade da escola", para os interesses da classe trabalhadora, quanto da necessária submissão do trabalho escolar aos interesses do capital ou da classe dominante. Pelo contrário, a escola recebe uma dimensão ativa e relevante na tarefa revolucionária da classe trabalhadora.

> A escola, mediante o que ensina, luta contra o folclore, contra todas as sedimentações tradicionais de concepção de mundo, a fim de difundir uma concepção mais moderna, cujos elementos primitivos e fundamentais são dados pela aprendizagem da existência de leis naturais como algo objetivo e rebelde, às quais é preciso adaptar-se para dominá-las, bem como as leis civis e estatais que são produto de uma atividade humana estabelecidas pelo homem e podem ser por ele modificadas visando seu desenvolvimento coletivo. (Id., ibid., p. 130)

A concepção de escola única, politécnica, que tem no trabalho humano o seu princípio educativo (teórico, político e técnico) e que postula uma prática pedagógica que, ao mesmo tempo, forme o homem técnica e cientificamente, para a transformação da *societas rerum*, e lhe possibilite uma consciência política para a transformação da *societas hominum*, nos remete à segunda questão levantada neste tópico: como passar das categorias gerais da herança teórica marxista sobre a questão da escola, para a sua concretização específica dentro de um contexto de uma formação social capitalista como a brasileira? Ou, em outros termos, em que sentido essa herança teórica pode iluminar concretamente os trabalhadores que atuam na instituição escolar, que se identificam, mas ao mesmo tempo se diferenciam dos demais trabalhadores, para articular o trabalho escolar com os interesses da classe trabalhadora no seu conjunto? Mais especificamente, por onde passa a direção dessa prática que interessa à classe trabalhadora?

Essa questão não é nova, nem tem resposta fácil e de caráter genérico. Aqui nos interessa mostrar que o fato de a questão estar colocada de forma explícita significa que existem sinalizações historicamente concretas de sua resposta. O intuito de recuperar estas sinalizações, a título indicativo, se prende ao interesse de demonstrar que a escola que interessa à classe trabalhadora não é aquela idealizada por Dewey.

Do ponto de vista prático mais geral essa herança teórica, especialmente no desenvolvimento que recebe em Gramsci, nos indica que a articulação do trabalho escolar aos interesses da classe trabalhadora implica conceber esse trabalho inserido na ação mais ampla do "intelectual coletivo", que se constitui na organização mais apta para a formação da consciência de classe. Isto significa que o professor não se limita a ser um técnico, mas é também dirigente. A organização e a eficiência técnica do seu trabalho recebem uma qualificação e determinação de classe.

É preciso ter presente, então, que é nas relações antagônicas entre capital-trabalho em circunstâncias históricas concretas que se apreende a história da negação e da expropriação do saber da classe trabalhadora, como a própria história da constituição de seu saber. A escola que interessa à classe trabalhadora é, então, aquela que ensina matemática, português, história etc. de forma eficaz e organicamente vinculada ao movimento que cria as condições para que os diferentes segmentos de trabalhadores estruturem uma consciência de classe, venham a se constituir não apenas numa "classe em si", mas numa "classe para si", e se fortaleçam enquanto tal na luta pela concretização de seus interesses. Uma escola,

A PRODUTIVIDADE DA ESCOLA IMPRODUTIVA

portanto, que não lhes negue seu saber produzido coletivamente no interior do processo produtivo, nos movimentos de luta por seus interesses, nas diferentes manifestações culturais, mas que, pelo contrário, seja um *locus* onde este saber seja mais bem elaborado e se constitua num instrumento que lhes faculte uma compreensão, mais aguda, na realidade e um aperfeiçoamento de sua capacidade de luta.

A estratégia burguesa em relação à prática educativa escolar não consiste apenas na negação do saber socialmente produzido pela classe trabalhadora, senão também, da negação ao acesso do saber elaborado, sistematizado e historicamente acumulado. A desqualificação da escola para a classe trabalhadora consiste exatamente na simples negação da transmissão deste saber elaborado e sistematizado ou no aligeiramento desta transmissão. A luta pela apropriação deste saber — enquanto um saber que não é por natureza propriedade da burguesia — pela classe trabalhadora, aponta para o caráter contraditório do espaço escolar. Contradição que se explicita mediante a luta pela apropriação do saber elaborado, sistematizado e acumulado para articulá-lo aos interesses de classe em conjunturas e movimentos sociais concretos.

Neste sentido, Saviani, ao discutir os mecanismos históricos utilizados pela burguesia para negar a igualdade real na escola, nos indica que:

a pressão em direção à igualdade real (na escola) implica a igualdade de acesso ao saber, portanto, à distribuição igualitária dos conhecimentos disponíveis. Mas aqui também é preciso levar em conta que os conteúdos culturais são históricos e o seu caráter revolucionário está intimamente associado à sua historicidade. [...] Uma pedagogia revolucionária centra-se, pois, na igualdade essencial entre os homens. Entende, porém, a igualdade em termos reais e não apenas formais. Busca, pois, converter-se, articulando-se com as forças emergentes da sociedade, em instrumento a serviço de uma sociedade igualitária. Para isso a pedagogia revolucionária, longe de secundarizar os conhecimentos descuidando a sua transmissão, considera a difusão dos conteúdos, vivos e atualizados, uma das tarefas primordiais do processo educativo em geral e da escola em particular. (Saviani, D., 1982a, p. 59)

Pensando numa formação social capitalista como a brasileira, o ponto de partida acima esboçado, a partir das categorias gerais de análise, necessariamente deve receber especificações. Efetivamente, se as categorias gerais de análise definem uma postura que apreende a prática educativa na sociedade de classes como uma prática contraditória; se a escola como um local onde se explicitam interesses antagônicos e se materializa uma luta pela articulação do saber com os interesses de classe; e se as relações sociais de produção da existência, as relações de trabalho, são o vetor por onde deveria se organizar o processo pedagógico, é preciso ter presente o caráter complexo, diferenciado, circunstanciado conjunturalmente das diferentes realidades a serem analisadas. Neste sentido, se a polarização classe burguesa *versus* classe trabalhadora aponta para a cisão fundamental da sociedade capitalista e define substancialmente que a prática educativa se articula com um dos polos em luta, isto não significa que numa realidade específica, como a brasileira, esses polos se apresentem nitidamente. Pelo contrário, por exemplo, ao falarmos de classe trabalhadora, estamos nos referindo a uma complexidade que se define por diferentes segmentos, com lutas específicas, com interesses e percepções de realidade diversos, onde a ação educativa tem um papel relevante na tarefa de torná-la efetivamente uma classe.

Vislumbramos aqui um primeiro campo de ação onde se pode dar a articulação política e técnica específica do trabalho escolar com os interesses da classe trabalhadora, dentro da realidade brasileira. Há um vasto campo de pesquisa e análise histórica que os intelectuais progressistas deveriam ter como tarefa imperativa. Trata-se da investigação da especificidade e evolução da organização do processo de trabalho, das relações de trabalho, do papel do Estado nesta organização e sua relação com as diferentes formas de *educar*, formar o trabalhador no Brasil.

A história do capitalismo no Brasil não só mantém especificidades em relação a outras formações sociais capitalistas, pelo seu caráter selvagem, como também internamente, o avanço do capital não se dá ao mesmo tempo e da mesma forma nos setores industrial, comercial e agrícola. Há a necessidade de se efetivar uma apreensão

A PRODUTIVIDADE DA ESCOLA IMPRODUTIVA

histórica mais *sistemática* das relações entre capital e trabalho no desenvolvimento capitalista brasileiro, na indústria, nos serviços e no campo, e a crescente inter-relação destes setores no interior do capitalismo monopolista. Em última análise, significa escrever ou reescrever a história da constituição do trabalhador coletivo, os mecanismos de expropriação material e intelectual, as estratégias que o capital utiliza para educar a força de trabalho de acordo com seus desígnios; e a resistência que a própria classe trabalhadora oferece historicamente em diferentes momentos e realidades.

Este esforço pode ter resultados imediatos tanto para divulgar, sob outra ótica e para os próprios trabalhadores, a sua história concreta, quanto para a formação dos próprios professores e reorientação do conteúdo curricular de uma escola que busca fazer da história do trabalhador o ponto de partida para sua qualificação técnica e consciência política.

Sob esse aspecto, Arroyo[48] sistematizou alguns problemas que, a nosso ver, indicam concretamente como os intelectuais progressistas, de dentro da escola, podem trabalhar os interesses da classe trabalhadora. Destacamos, aqui, apenas alguns problemas.

Um primeiro conjunto de questões passa por uma reconstituição histórica da especificidade. da organização e da divisão social e técnica do trabalho no Brasil, que lhe permite prescindir da expansão da escolaridade e da qualificação da escola para o trabalhador; gera o fracasso do ensino técnico e profissionalizante e a própria crise da universidade.

Um segundo conjunto de questões diz respeito a como o capital "forma", "fabrica" o trabalhador no Brasil? Qual a especificidade da escola e quais os outros mecanismos inscritos nas próprias relações de trabalho, em diferentes regiões e realidades, no interior do processo produtivo ou da sociedade mais ampla, que concorrem para "fabricar" o trabalhador que convém ao capital? Neste contex-

---

48. Arroyo, M. *Educação e trabalho*. Reunião Anual da Associação Nacional de Pós-Graduação em Educação. Rio de Janeiro, 1981. (Mimeo.) Trata-se de um documento que orientou a discussão do grupo que analisa as relações entre educação e trabalho.

to cabe averiguar, igualmente, os processos, mediante os quais o trabalhador é expropriado do seu saber.

Finalmente, um conjunto de questões relativas aos movimentos de resistência do trabalhador contra os mecanismos educativos do capital e os processos mediante os quais os trabalhadores buscam resgatar o saber que lhes pertence e construir a formação e a educação que convêm à sua classe.

Sob esse último aspecto, entre outros trabalhos, as análises que Grzybowski vem realizando sobre educação no meio rural, a partir dos movimentos sociais, e os processos de organização dos trabalhadores do campo exemplificam concretamente o que assinalamos acima. Nestas análises, Grzybowski destaca que embora haja uma grande diversidade/fragmentação dos movimentos de trabalhadores camponeses — o que estabelece determinações específicas para apreensão do processo educativo — existe uma luta comum pela escolaridade mínima universal, pública e gratuita. A luta histórica por este direito demonstra o valor que o trabalhador percebe na educação escolar para seus interesses mais amplos. Os avanços, as conquistas, entretanto, que se conseguem estão condicionados à força política e à correlação de força dos trabalhadores em face das políticas do Estado, que representa os interesses dominantes. Neste sentido, uma vez mais aparece o componente conjuntural do processo educativo. "É heterogênea e contraditória a educação no campo, pois a educação é, ela mesma, uma arena particular de disputa social em estrita relação com as outras lutas entre as classes em diferentes conjunturas.[49]

Essas análises revelam, por outro lado, que os trabalhadores desenvolvem mecanismos de resistência às intervenções educativas e de formação profissional veiculadas pelo Estado ou organismos privados que não representam seus interesses. Ao analisar especificamente os programas de formação profissional do Senar, Emater, Fundenar, Cooperplam, para trabalhadores da cana-de-açúcar, em

---

49. Grzybowski, C. Os trabalhadores rurais e a educação. In: Unesp/FCA. *A mão de obra volante na agricultura*. São Paulo: CNPq/Unesp/Polis, 1982a. p. 306-22. Ver também, do mesmo autor, *Esboço de uma alternativa para pensar a educação no meio rural*. Rio de Janeiro: Iesae/FGV, 1983. Documento de trabalho n. 1. (Mimeo.)

A PRODUTIVIDADE DA ESCOLA IMPRODUTIVA 229

Campos (RJ), observa-se que a resistência dos trabalhadores se liga ao fato de que tais programas e cursos não se relacionam com o trabalho concreto da cana. O trabalhador percebe que a

> qualificação profissional não é uma mera expressão do volume de conhecimento e habilidades adquiridos pelos trabalhadores, nem de seu grau de domínio de uma tecnologia determinada, mas antes, a expressão de uma relação social de trabalho. Os habilidosos carroceiros viram trabalhadores desqualificados quando o trabalho que lhes sobra é o de cortadores de cana. [...] As qualificações tornam-se desqualificações, dependendo das relações. (Grzybowski, C., 1982b)

Por outra parte, os trabalhadores não atribuem legitimidade a esses cursos porque, além de não alterarem suas relações de trabalho, seus salários, as condições de expropriação, negam o aprendizado que o trabalhador constrói no trabalho.

Em suma, estas análises circunstanciadas revelam que

> a educação, qualquer que seja, é resultado de uma disputa social. Por isso, ela varia, se reestrutura, tem um movimento contraditório em seu interior. [...] Na perspectiva das classes subalternas, em especial os trabalhadores, a educação é, antes de mais nada, desenvolvimento de potencialidades e apropriação do "saber social". Trata-se de buscar na educação conhecimentos e habilidades que permitam uma melhor compreensão da realidade e elevem a capacidade de fazer valer os próprios interesses econômicos, políticos e culturais.[50]

Se no campo da pesquisa das relações de trabalho historicamente determinadas e sua relação com as formas de "educar o trabalhador" é possível trazer ao nível da especificidade da formação social brasileira a herança teórico-marxista sobre a questão

---

50. Grzybowski, C. *Esboço de uma alternativa para pensar a educação no meio rural*. Op. cit., p. 8. O autor utiliza a noção de "saber social" para expressar "o conjunto de conhecimentos e habilidades, valores e atitudes produzidas pelas classes para dar conta de seus interesses. Trata-se do saber que identifica e unifica uma classe social, lhe dá elementos para se inserir numa estrutura de relações sociais de produção e para avaliar a qualidade de tais relações e, enfim, trata-se de um saber instrumento de organização e de luta" (p. 5).

educacional, no âmbito mais amplo e complexo do ensino, nos diferentes níveis, essa herança também pode ter uma contribuição fecunda.

Como aludimos anteriormente, o trabalhador reivindica escolaridade porque percebe que saber, no interior das relações sociais em que ele vive, é uma forma de poder. Por isso não lhe interessa estar fora da escola, como não lhe convém a "defesa da desescolarização". Por outro lado, ele resiste a um tipo de educação que não tem nada a ver com as preocupações concretas por sua existência, ou que nega seu saber acumulado no trabalho e na vida.

Objetivamente, dentro da história da educação brasileira, notamos que os trabalhadores tiveram a "não escola", a escola desqualificada, a escola que ignora e despreza seu saber acumulado ou escolas paralelas, do tipo Senai, cuja pedagogia específica é a própria pedagogia do capital que busca fazer "pelas mãos a cabeça do trabalhador" (ver Frigotto, G., 1983). Entretanto, até este tipo de escolarização é algo problemático à gestão do capital, à medida que a aquisição de um "saber mínimo", mesmo quando eivado de doutrinação, não garante que esse saber, no interior da luta fundamental capital-trabalho, não seja articulado contra os próprios interesses do capital.[51]

Esta leitura do caráter contraditório da prática educativa no interior das relações capitalistas nos impõe, como tarefa imediata e permanente, aquela que é, dentro da tradição marxista, elemento programático desde o rascunho do *Manifesto* escrito por Engels — a luta pela escola única, universal, pública e gratuita. O acesso à escola, porém, que dentro da realidade brasileira tem-se constituído numa conquista crescente dos trabalhadores, tem sido em grande parte neutralizado pela articulação estrutural da escola com os interesses e valores burgueses. A escola se organiza, então, técnica e politicamente mediante seus conteúdos e seus métodos de forma tal que

---

51. Um diretor regional do Senac, em depoimento num curso do Senafor (São Paulo, 1981), por mim ministrado, declarou publicamente que para sua empresa não quer pessoas que tenham passado pelo Senac, que ele mesmo dirige. O que aprendem lá já lhe traria problemas para gerir a força de trabalho da empresa.

não apenas se constitui em algo estranho aos interesses e valores da classe trabalhadora, como também determina uma "exclusão" precoce do trabalhador. Conquistado o acesso, cabe avançar na conquista pela permanência na escola e pelo controle da organização do próprio trabalho escolar, de sorte que se possa articulá-lo, no conteúdo e no método, com os interesses da classe trabalhadora.

Certamente o controle da organização da escola, enquanto uma relação de poder, uma relação política mais ampla, tem implicações com o próprio avanço mais global na democratização da sociedade em seu conjunto. Entretanto, o que queremos enfatizar aqui é que, a partir do interior da própria escola sob as condições capitalistas dominantes, há um "espaço possível", bem mais amplo do que o existente, para estruturá-la tendo como base os interesses da classe trabalhadora.

E o que significa, operacionalmente, organizar a escola técnica e politicamente para a concretização dos interesses da classe trabalhadora? Certamente não basta elaborar um discurso diferente, e nem mesmo elaborar um instrumental que permita uma postura crítica em face da ideologia dominante. Esse passo, condição necessária mas não suficiente, julgamos tenha sido dado no âmbito da literatura e, em boa medida, na prática pedagógica. O que se impõe como necessário é uma escola organizada de tal sorte que possibilite ao trabalhador o acesso ao "saber objetivo" elaborado, sistematizado e historicamente acumulado.

Nesse particular, o legado teórico de Gramsci, anteriormente assinalado, parece-nos muito apropriado para esboçar o horizonte possível da organização do trabalho escolar que tanto no conteúdo, quanto no método, viabilize a escola que técnica e politicamente possibilite à classe trabalhadora ter a seu alcance instrumentos para apropriar-se do saber historicamente produzido, sistematizado — e que sempre lhe foi negado — para elaborar e explicitar o seu saber, sua ciência e sua consciência, e ampliar, desta forma, sua capacidade de organização e de luta por seus objetivos mais gerais.

Objetivamente, o vetor que norteia a organização técnica e política da escola que interessa à classe trabalhadora, nas diferentes áreas de conhecimento, não pode ser outra senão a própria realidade complexa vivida pela classe trabalhadora nas relações sociais de produção de sua existência, historicamente determinadas.

Nesta direção, não obstante as relações capitalistas dominantes não possibilitem objetivamente uma união entre o trabalho produtivo e o ensino, é possível tomar as relações de trabalho historicamente circunstanciadas e as formas de vida que se produzem a partir destas relações como o material substantivo em cima do qual se ensine, de forma técnica adequada, Matemática, Português, História etc., e politicamente se elabore a própria consciência de classe. Trata-se de uma escola cujo conteúdo se elabora tendo como ponto de partida a própria experiência e realidade da classe trabalhadora. Realidade que precisa ser resgatada do interior do senso comum, das visões fragmentadas e das próprias mistificações inculcadas pela ideologia dominante, e elaborada e devolvida em sua dimensão de criticidade e totalidade.

Se a própria experiência das relações sociais de produção da existência do aluno filho do trabalhador for objeto do conteúdo escolar — experiência que se traduz pelo local em que se reside, como se mora; onde ou quanto se trabalha, o que se percebe, o acesso aos bens econômicos e culturais e, enfim, por um modo e uma história de vida do trabalhador e sua classe — metodologicamente estar-se-á introduzindo a dimensão ativa no processo de aprendizagem, o nexo instrução-educação e a dimensão social e política desse processo. Quando nos referimos à própria experiência do aluno, estamos, em última análise, nos referindo, como assinala Gramsci, às relações sociais que o produzem historicamente.

> A consciência da criança não é algo "individual" (e muito menos individualizado), é o reflexo da fração da sociedade civil da qual participa, das relações tais como elas se concentram na família, na vizinhança, na aldeia etc. (Gramsci, A., 1979, p. 131)

O caráter ativo não se expressa, então, fundamentalmente pelo ativismo artificial nem pela concepção pedagógica liberal de criatividade, mas pela concepção segundo a qual "a participação realmente ativa do aluno na escola pode existir unicamente se a escola está ligada à vida" (Id., ibid., p. 133).

Esta forma de conceber a organização da escola contrasta com a escola estruturada a partir de "um suposto geral", de um coletivo abstrato, de uma realidade homogênea, de uma unidade nacional. O que ocorre nesta circunstância é que o particular — visão da realidade e de mundo da classe dominante veiculada pelo Estado, que é a suposta expressão do coletivo — constitui-se no universal. Este universal, refletido nos conteúdos e nos métodos escolares, é que vai se constituir em algo estranho para o aluno cuja experiência concreta de vida é resultante de determinantes sociais que produzem homens profundamente desiguais.[52]

Snyders, ao assinalar os rumos da "escola progressista", realça a necessidade de que a prática pedagógica seja construída a partir das exigências e dos problemas da criança proletária.

> [...] As crianças proletárias estão presas ao mundo presente, porque é seu caminho de luta no dia a dia sem o qual os seus pais não poderiam aguentar-se e que para elas é o teatro de suas ações, já reais e já adaptadas; [...]. Os alunos do povo pedem que a escola lhes fale deles mesmos, e do seu tempo, do seu mundo e das suas lutas — o que implica uma coneção direta entre o movimento social e o que se passa na escola: deste modo se vai muito longe na exigência de transformação. (Snyders, G., 1981, p. 392)

A investigação dos processos pedagógicos do capital para formar, produzir a força de trabalho com os atributos técnicos e culturais que lhes convém, no interior do processo produtivo, nas relações sociais mais amplas, na instituição escolar ou em instituições especializadas do tipo Senai, pode nos mostrar tanto o caráter limitador, adaptador e adestrador desta formação profissional, quanto

---

52. "Justamente porque os indivíduos procuram apenas seu interesse particular, que para eles não coincide com seu interesse coletivo (o geral é de fato a forma ilusória da coletividade), este interesse comum faz-se valer como interesse 'estranho' deles, como um interesse 'geral', especial e peculiar; [...] Por outro lado, a luta prática destes interesses particulares, que constantemente e de modo real chocam-se com os interesses coletivos e ilusoriamente tidos como coletivos, torna necessário o controle e a intervenção prática através do ilusório interesse 'geral' como Estado" (Marx, K.; Engels, F. *A ideologia alemã*. São Paulo: Editorial Grijalbo, 1977. p. 49).

nos apontar algum caminho para contrapor à sua eficiência a eficiência na ótica da classe trabalhadora.

Na escola, a negação do acesso aos instrumentos que facultam a apropriação do saber e a própria visão deformada de formação profissional constituem-se numa disfuncionalidade necessária, uma "improdutividade produtiva". A escola é funcional pelo que nega, e subtrai.

É no interior do processo de formação profissional do tipo Senai, porém, que podemos identificar com maior clareza a diferença fundamental entre a formação profissional na ótica do capital e a perspectiva da formação politécnica.

A "fábrica-escola-Senai" utiliza o princípio "de ensinar poucas coisas e bem ensinadas" e tem como método educativo e de aprendizado a própria relação máquina-aprendiz. A preocupação fundamental não são as relações de produção da existência do segmento da classe trabalhadora de onde o aprendiz — mas o que serve à indústria. O que serve à indústria tem que ser apreendido de forma eficiente. Há neste particular uma investigação permanente das necessidades da indústria e de acordo com elas modifica-se o processo pedagógico. De outra parte, há todo um processo de "orientação educacional", muito eficiente, para mostrar que o ponto de vista dos trabalhadores sobre os patrões é distorcido. Aprendem-se aí diversas lições. O instrutor (que vem da fábrica) e o patrão são pessoas que "ajudam a vencer na vida". Aqueles que "têm autoridade sobre os seus comandados, isto é, têm o direito de mandar e poder se fazer obedecer". A lição fundamental e explícita é de que "não existem maus patrões", mas "maus empregados".

> O patrão vai promover aquele operário responsável, que produz — o bom operário. Ao operário cabe a tarefa de se autopromover pelo seu esforço e pela sua capacidade de produção havendo para ele uma trajetória de postos a galgar.[53]

---

53. Os comentários sobre o Senai foram baseados em Frigotto, Gaudêncio. *Fazendo pelas mãos a cabeça do trabalhador...* Op. cit., p. 12-3.

A PRODUTIVIDADE DA ESCOLA IMPRODUTIVA

Da análise que efetivamos sobre a pedagogia do Senai percebemos que contrariamente ao que se enfatiza neste tipo de formação profissional — o preparo técnico — tem-se um processo de formação de um conjunto de maneira de ser, de pensar, de agir, atributos "morais", funcionais ao desempenho profissional no interior do processo produtivo da fábrica. Ou seja, as relações máquina-aprendiz, a forma de organização interna das oficinas, os valores que se passam, as atitudes e hábitos que se reforçam e/ou se destróem, as imagens de trabalhador bem-sucedido e fracassado, as figuras de patrão, os traços, enfim, de assiduidade, pontualidade etc., indicam que o ponto básico desse processo educativo é formar, produzir "bons trabalhadores". Trabalhadores que se submetem mais facilmente às relações capitalistas de trabalho no interior da fábrica.[54]

O trabalho, categoria básica a partir da qual o aprendiz poderia entender as relações sociais de produção a que está submetida a classe trabalhadora, é reduzido a "emprego", preparo para uma ocupação. A formação profissional se reduz à conformação ideológica e adestramento técnico. Formar, profissionalizar vai significar um esforço — nem sempre bem-sucedido — de adaptar, conformar o aprendiz ao processo de retalhação das ocupações no interior da evolução capitalista de produção. Formar, em última análise, tem um sentido de parcializar e de desqualificar.

A adaptabilidade à qualificação do trabalho no interior do processo produtivo, na formação do trabalhador coletivo da indústria, parece constituir a trajetória histórica dos 40 anos de Senai. Adaptabilidade que significa também uma forma de dar conta às próprias contradições que se gestam no interior da formação profissional.

O que gostaríamos de ressaltar é que há neste trabalho pedagógico uma nítida clareza política sobre a articulação dessa prática

---

54. Italo Bologna, um dos fundadores do Senai, explica o sentido da formação que se busca no Senai, ao afirmar: "Em trinta anos de atividade do Senai, estruturado e orientado como organismo da livre empresa, encerra uma significação que transcende o âmbito de uma entidade de formação profissional, para tornar-se autêntica expressão da cultura da indústria brasileira" (ver Bologna, I. *Formação profissional na indústria*. Rio de Janeiro: Senai/DN, 1972).

com as necessidades do capital. Esta clareza, por outra parte, é comandada pela eficiência emanada das relações capital-trabalho na indústria, que financia este tipo de formação profissional.

E por que não se poderia ter essa clareza política e eficiência na organização da escola que se articula com os interesses do próprio trabalhador?

Não se trata de negar a formação técnica do trabalhador. Pelo contrário, trata-se de não reduzir essa formação técnico-profissional a um esquema de adaptação à parcialização do processo de trabalho, mas de desenvolver de forma gradativa uma formação politécnica. Formação que, ao mesmo tempo prepara o aluno gradativamente, técnica e cientificamente para o domínio da *societas rerum* e capacita-o como cidadão para participar ativa e criticamente na construção da *societas hominum*.

A escola que convém ao trabalhador é concebida muito claramente pelas lideranças operárias. Operários expulsos da Fiat em 1979 por terem liderado uma greve, indagados sobre a diferença entre a escola-Senai e a escola-oficina que eles haviam organizado com um grupo de professores, primeiramente como "um meio de vida", uma forma de "qualificação e educação da classe operária", e também um como "serviço à comunidade", responderam claramente:

> O Senai joga no mercado fornadas de técnicos "treinados" em técnicas, sem visão do processo de produção como um todo. Nós buscamos formar o técnico que entenda de técnicas, que entenda do processo de produção como um todo, que entenda a sociedade. Aprenda que as relações de trabalho não são apenas relações técnicas, mas relações políticas, uma relação de classe.[55]

A perspectiva de organização da escola tendo como vetor básico de sua reflexão e de sua prática as relações de produção da existência dos diferentes segmentos da classe trabalhadora (inclusive os trabalhadores que atuam na escola), em realidades históricas

---

55. Depoimento dos operários e professores responsáveis pela escola-oficina. Universidade Santa Úrsula, Semana de Educação, 17 a 21/5/1982.

A PRODUTIVIDADE DA ESCOLA IMPRODUTIVA

determinadas, certamente não comporta fórmulas gerais aprioríscas. Nem é aqui o momento de enumerar as diferentes experiências em curso.

O que importa reter desta perspectiva é sua direção. Direção que não se reduz a efetivar uma crítica à visão burguesa de homem, sociedade, trabalho e escola, mas que faz germinar os mecanismos e instrumentos para fazer valer os interesses dos dominados. A viabilidade desta perspectiva de escola, que se organiza a partir das práticas sociais concretas existentes nas relações de produção da existência dos trabalhadores, não aparece apenas como hipótese, mas como resultado de sinais históricos de sua existência.[56] A formulação de sua possibilidade resulta da colocação histórica de sua necessidade.

---

56. Como sinalizações concretas desta perspectiva, ver Arroyo, Miguel. Operários e educadores se identificam: que rumos tomará a educação brasileira? *Educação & Sociedade*, São Paulo, n. 5, p. 5-23, 1980; do mesmo autor: A reforma na prática (a experiência pedagógica do mestrado da FAE-UFMG). *Revista Educação & Sociedade*, São Paulo, Cortez, n. 11, p. 106-32, 1982. Sob a mesma ótica, ver: A questão política da aprendizagem profissional. *Cadernos do Cedi*, Rio de Janeiro, n. 6, p. 9-28, 1980.

Problemas e pseudoproblemas: recolocando as questões centrais do trabalho

Este trabalho representou uma tentativa pessoal e coletiva de aprofundar a compreensão da natureza específica e contraditória das relações entre a prática educativa, especialmente a escolar, e as práticas sociais fundamentais no interior do capitalismo monopolista. Trata-se, como assinalamos na introdução, de um trabalho cujo escopo se define mais pela tentativa de apreender a problematicidade que subjaz às questões sobre a relação entre prática educativa e a estrutura econômico-social capitalista. O que buscamos, pois, não foram respostas a essas questões, mas um (re)exame das mesmas, com o propósito de revelar a problematicidade ou pseudoproblematicidade que engendram.

No decorrer dessa busca constatamos que os falsos problemas, em vez de serem simples *equívocos individuais*, emergem de uma base objetiva, ou seja, de uma forma historicamente determinada de apreender a realidade. No caso específico, uma forma historicamente determinada de apreender as relações entre educação e a prática fundamental de produção social da existência numa sociedade capitalista.

O trabalho se desenvolveu, então, dentro de um duplo movimento. Primeiramente procuramos revelar que os falsos problemas não são apenas decorrência de uma forma particular, linear, a-histórica (ótica burguesa) de apreender as relações entre educação e estrutura econômico-social capitalista; representam também o mecanismo pelo qual essa visão particular burguesa tenta manter e reproduzir as relações sociais capitalistas de produção da existência. Nisto consiste, eminentemente, o caráter ideológico da visão burguesa, tanto no sentido de falseamento da realidade, na medida em que põe como universal sua visão parcial, quanto no sentido de difusão desta ideologia como mecanismo de tornar essa concepção de mundo não apenas dominante, mas também hegemônica.

O segundo movimento deu-se mediante a intenção de identificar a problematicidade real das relações entre educação e a estrutura econômico-social capitalista seguindo o próprio movimento do capital na sua fase de acumulação ampliada — capitalismo monopolista.

Nesse segundo movimento procurou-se mostrar que a prática educativa escolar se articula com a prática social fundamental — a da produção da existência — de forma mediata e, enquanto uma prática social que se efetiva no interior da sociedade capitalista — cindida em classes, portanto — é uma prática contraditória que engendra interesses antagônicos.

Essa forma de conceber as relações entre a prática educativa escolar e a prática de produção social da existência implica como ponto de partida não só metodológico, mas também histórico:

a) apreensão da natureza diversa e ao mesmo tempo inter-relacionada destas práticas, sendo, entretanto, a prática de produção social da existência a determinante;

b) consequentemente, apreensão da infra e da superestrutura, não como entidades separadas, mas como uma unidade dialética, uma totalidade nas diferenças, dentro do movimento histórico concreto.

No segundo movimento, então, procurou-se não apenas superar a visão burguesa das relações entre educação e estrutura econômico-social capitalista, como também aquelas visões críticas parciais que, por não apreenderem a natureza específica e diferenciada dessas práticas, e por não precisarem a relação dialética entre infra e superestrutura no interior do movimento histórico, permanecem na discussão enviesada do vínculo direto (educação como produtora de mais valia relativa) ou do desvínculo total (educação escolar situada à margem do sistema capitalista de produção). No primeiro caso, inevitavelmente cai-se na visão fatalista que reforça a tese da *desescolarização*, e, no segundo, se estabelece um retrocesso histórico, à medida que se é conduzido à adoção da visão liberal da função da educação e da escola.

Se a prática educativa escolar — não por natureza, mas por determinação histórica enquanto prática que se efetiva no interior de relações de classe — é contraditória e medeia interesses antagônicos, o espaço que essa prática ocupa é alvo de uma disputa, de uma luta. Essa disputa dá-se, justamente, pelo controle deste espaço cuja função precípua, na sua dimensão política e técnica, é difundir o saber social historicamente elaborado, sistematizado e acumulado, articulando-o aos interesses de classe. Dimensão política que se define exatamente pela articulação desse saber do interesse de classe; e dimensão técnica, indissociável da primeira, que se define pela competência e preparo, para que essa difusão seja eficaz e se prolongue para além da escola.

Ora, se efetivamente o trabalho não se definiu pela busca de respostas, mas pela colocação adequada do problema das relações entre prática educativa e estrutura econômico-social capitalista, a partir desta adequação o foco central passou a ser o de apontar, através da reflexão teórica e à luz de alguns sinais históricos, a direção mediante a qual este espaço — mesmo no interior das relações capitalistas de produção — pode ser articulado política e tecnicamente ao interesse da classe trabalhadora na produção social de sua existência, nas suas organizações e nos seus movimentos coletivos. Neste particular, o estudo não passa das indicações, uma vez que um avanço — e que efetivamente já vem sendo dado — implica a apreensão historicamente determinada dessa articulação, tendo como vetor de análise os próprios movimentos sociais concretos dentro de realidades específicas.

Dentro daquilo que definimos como preocupação pedagógica deste trabalho, excluindo o caráter conclusivo, realçaremos alguns aspectos por nós entendidos como os fundamentais e que foram discutidos ao longo da análise em seu duplo movimento anteriormente aludido.

Da primeira parte, o que julgamos importante reter é que a teoria do capital humano — posta como uma especificidade das teorias de desenvolvimento e uma teoria da educação — constitui-se tão-somente na forma burguesa de conceber o desenvolvimento e a educação, reflexo da forma a-histórica de conceber a realidade no seu conjunto.

A circularidade da análise das relações entre a educação e o desenvolvimento, educação e estrutura econômico-social — calcada na forma atomizada de apreender o real sob a aparência de uma complexa e rigorosa análise científica — expressa apenas a sua função apologética. O instrumental estatístico utilizado — um meio que pode ser útil no processo de investigação e análise do real — porque utilizado como um fim em si e a partir de pseudoproblemas, se constitui num elemento camuflador da realidade.

Essa circularidade de análise, seguindo-se o curso do desdobramento da investigação que se fundamenta na teoria do capital humano (Schultz, 1958; Coleman, 1972), parece-nos irrefutável. De fato, aquilo que na origem da teoria aparece como sendo um dos *fatores* determinantes do crescimento econômico, dos diferenciais de renda ou dos salários, nos seus desdobramentos metamorfoseia-se em determinado. Ou seja, o capital humano resultante do investimento em educação, apresentado na origem da teoria como um dos *fatores* fundamentais do crescimento econômico, do diferencial da renda e salários, passa a ser determinado pelo *fator econômico*, pelo diferencial de renda e pelo nível salarial. De fato, o que Coleman e dezenas de trabalhos — a partir de seu relatório — vão tentar mostrar é que a variação da educabilidade, do rendimento escolar, do acesso e da permanência na escola etc., tem no *fator socioeconômico* sua explicação fundamental.

Mediante a adoção de uma postura positivista e o consequente individualismo metodológico, a totalidade do real é assepticamente recortada por fatores isolados (político, econômico, social, ético etc.) que se alternam e se somam, ou se relacionam com essas análises, passando a ter uma função fecunda como mecanismo de evadir a verdadeira natureza das relações capitalistas de produção. Além de estabelecerem relações mecânicas e lineares, invertem a função específica das diferentes práticas sociais, secundando aquilo que é determinante.

Tem-se, então, como corolário dessa forma de conceber as relações entre a prática social de produção da existência e a prática educativa, uma metamorfose das relações antagônicas entre as classes sociais e uma redução do conceito de capital, trabalho, homem, e educação.

A realidade histórica da cisão entre classes antagônicas, especificidade do modo capitalista de produção da existência, transfigura-se numa estratificação social, um *continuum* onde encontramos, numa extremidade, possuidores e ricos, e na outra, não possuidores e pobres. Passar de uma a outra extremidade é uma questão de tempo e de esforço. O investimento no *capital humano*, elevado à categoria de capital, constitui-se num *futur* de aceleramento nesta passagem. A ideia de conflito, de antagonismo, de contradição transmuta-se em equilíbrio e harmonia. As relações de poder, de dominação e exploração cedem lugar à ideologia do mérito, do esforço do indivíduo, da racionalidade e do dom.

O conceito de capital — uma relação social — reduz-se aos seus aspectos puramente físicos onde as máquinas, enquanto fatores de produção, têm a propriedade de produzir valor. O centro unitário de análise das relações capitalistas de produção deixa de ser o valor-trabalho e passa a ser as relações de troca entre compradores e vendedores de mercadorias. Mascara-se, desta forma, a origem real e única da produção do valor, a expropriação do sobretrabalho mediante a transformação do trabalho humano numa mercadoria especial — a força de trabalho assalariado. O capital humano, concebido como força de trabalho, potenciada com educação ou treinamento, constitui-se no elemento-chave para dar a entender que o trabalhador assalariado que investe nesse capital se torna ele mesmo um capitalista. Desaparecem, portanto, nesta ótica, as diferenças de classes.

O trabalho, processo pelo qual o homem entra em relação com as condições objetivas de sua produção, e por sua ação — conjuntamente com os demais homens — transforma e modifica a natureza para produzir-se e reproduzir-se, fundamento do conhecimento humano e princípio educativo, transfigura-se — sob as condições capitalistas — numa mercadoria força de trabalho, trabalho assalariado. De elemento que possui a peculiaridade histórica do ser homem, isto é, de elemento que constitui o devir humano, reduz-se a uma ocupação, um emprego, uma ação alienada. E o homem, que é ao mesmo tempo natureza, indivíduo e, sobretudo, relação social, que pelo trabalho não só faz cultura, mas faz a si mesmo, fica reduzido a uma abstração — *homo oeconomicus* racional — cujas características genéricas, universais e a-históricas são a racionalidade, o individualismo e o egoísmo.

Finalmente, a educação, uma prática social, política e técnica que se define no bojo do movimento histórico das relações sociais de produção da existência, e com elas se articula, reduz-se a uma dimensão técnica assepticamente separada do político e do social. A função precípua — enquanto uma técnica social — é formar *recursos humanos*, produzir *capital humano*. Uma maneira inversa de apresentar a relação entre mundo de trabalho, da produção e mundo da escola, da qualificação.

Ora, essa redução histórica da concepção de educação — *capital humano*, que decorre da própria forma burguesa de metamorfosear o conceito de classe, trabalho, capital e homem — não é fortuita. Também não é resultante de uma ideia de um economista iluminado. Pelo contrário, trata-se da produção de uma forma de conceber a educação que não só tem uma base histórica objetiva, como também tem uma função real no interior das relações capitalistas de onde emerge. Ao longo do Capítulo II, buscamos, exatamente, mostrar que a base objetiva do seu surgimento é, ao mesmo tempo, o aguçamento da crise do capitalismo, em sua fase monopolista, e a necessidade de recomposição, através de diferentes mecanismos, do sistema.

Aquilo que objetivamente se apresenta como um contrassenso histórico, na atual fase do capitalismo, na verdade se constitui em

244

GAUDÊNCIO FRIGOTTO

algo necessário, não pelas razões teóricas nem pelos resultados, mas exatamente pelo seu contrário. Em que consiste o contrassenso histórico e em que consiste sua função necessária na atual fase do novo imperialismo?

O contrassenso histórico da teoria do capital humano consiste no fato de que a tese que engendra — mais educação, mais treinamento, que geram mais produtividade e, consequentemente, maior renda e, por essa via, ter-se-ia um adequado caminho para a superação da desigualdade entre países e entre as classes sociais — dá-se, exatamente, num contexto e num momento onde: se rearticula a dominação imperialista; a competição intercapitalista impele a uma incorporação crescente do progresso técnico ao processo de produção, cindindo de forma cada vez mais radical o processo de trabalho; se delineia, de forma cada vez mais acentuada, a divisão internacional da força de trabalho e a formação do corpo coletivo de trabalho; o processo de automação, em suma, não só tende a rotinizar, simplificar e *desqualificar* o trabalho, mas também, sob as relações capitalistas, tende a aumentar o subemprego e o desemprego e exasperar a extração da mais valia.

Contraditoriamente, a teoria, então, surge no bojo de condições históricas em que se delineia a *idade de ouro do desemprego* (Gorz, 1983). Na formação social onde a teoria teve sua gestação e seu desenvolvimento — Estados Unidos, contrariando Schultz, que postulava que o investimento em educação era o grande investimento que as pessoas podiam fazer nelas mesmas —, tem-se hoje um quadro de aproximadamente dez milhões de desempregados. O Instituto Battelle, de Frankfurt, indica, por outro lado, que nos próximos anos as *máquinas-ferramenta* permitirão dispensar 30% dos operários de produção; já no setor de montagem, os robôs poderão dispensar até 90% dos trabalhadores. No âmbito dos serviços, o Projeto Escritório da Siemens assinala que a mini-informática, até 1990, poderá substituir até 30% dos empregados nos escritórios de grandes e médias empresas (Gorz, 1983). Em suma, a teoria encontra seu espaço de desenvolvimento, não apenas quando se patenteia uma desqualificação crecente do trabalho, como também quando se manifesta historicamente, de forma mais clara, a não correspondência entre crescimento da produção e crescimento do emprego. Ou seja, quando se patenteia que a forma intrínseca de organização da produção e do desenvolvimento do modo de produção capitalista não leva, pela retomada ou ampliação dos investimentos, a uma redução do desemprego. A tendência, pelo contrário é justamente ampliar o investimento em novas tecnologias poupadoras de mão de obra. E isso não constitui escolha, senão a própria forma de o capital ampliar-se de forma acelerada.

A função da teoria do capital humano passa a ser entendida quando se percebe que é neste contrassenso histórico que ela se funda. Sob sua aparente elaboração científica e suposta função técnica, evade sua função política e ideológica. Função que se efetiva tanto a nível das relações imperialistas quanto das relações entre as classes sociais no interior de formações sociais específicas.

Do ponto de vista das relações intercapitalistas, enquanto uma especificidade das teorias neocapitalistas de desenvolvimento evadem as relações de poder, dominação e força — as relações imperialistas. Isto se dá mediante o desenvolvimento da crença de que a desigualdade entre países não é uma questão orgânica do sistema no seu conjunto, mas algo conjuntural que pode ser corrigido mediante a alteração de fatores tais como a qualificação de *recursos humanos*, a modernização etc. A passagem do subdesenvolvimento ao desenvolvimento, neste caso, passa a ser uma questão de tempo e adequação de fatores. Mais amplamente, porém, enseja-se um intervencionismo, uma vez mais apenas aparentemente técnico, no planejamento dos sistemas educacionais formais e nos processos educativos embutidos em planos específicos de desenvolvimento regional etc., dos países subdesenvolvidos. Intervencionismo que se articula em nível mais amplo ao plano econômico e político.

Ao longo do texto apontamos análise que mostra, no caso brasileiro, a nível tanto da política educacional quanto de pesquisa científica e tecnológica, a forma desse intervencionismo. Vale ressaltar, entretanto, que esse intervencionismo se dá de forma mais velada, e talvez mais eficaz, nos processos educativos embutidos nos planos econômicos, como, por exemplo, os Planos de Desenvolvimento Regional Integrado (PDRI). Sob a aparência de modernização, *planejamento participativo, desenvolvimento de comunidade* etc., educa-se para a incorporação de tecnologias a serem transferidas, para a vinculação ao crédito bancário e, em suma, para a dependência da lógica do capital que não garante o aumento da qualidade de vida, mas o aumento da exploração.

A nível de formações sociais capitalistas específicas, a teoria, igualmente incute a crença de que as desigualdades regionais, a concentração e centralização do capital não são decorrência da própria forma de organização e das relações capitalistas de produção, mas apenas de desequilíbrios determinados por diferentes fatores. A desigualdade entre as classes reduz-se, como vimos, a uma diferença de estratos socioeconômicos, explicada pela forma racional de utilização dos recursos (poupança, privação etc.), pelo esforço e pelo mérito. A superação das desigualdades regionais, aqui também, seria uma questão de tempo e de qualificação dos *recursos humanos, modernização* etc. A eliminação da desigualdade social, da desigualdade de classes se atingiria mediante, especialmente, o investimento no capital humano. Erige-se, por essa via, o conceito ideológico de trabalho (reduzido a emprego ou ocupação) e de trabalho potenciado por treinamento e educação. Conceito que traduz a ideia de que a forma *adequada* de ascender na vida é mediante a hierarquia dos postos de trabalho nas diferentes escalas profissionais, onde o fator educação ou treinamento é determinante.

A análise do caso brasileiro, uma vez mais, como apontamos ao longo do texto é muito elucidativa. A teoria do capital humano, nos últimos vinte anos, não só permitiu desenvolver uma política educacional contrária aos interesses da classe trabalhadora, como também justificou, mediante a tese da equalização das oportunidades educacionais e da *democratização do ensino*, a concentração do capital na mão de uma fração cada vez menor da classe burguesa aliada ao capital internacional.

A função mais ampla da teoria do capital humano, de caráter predominantemente ideológico-político, articula-se uma função mais específica a nível do sistema educacional, programas de formação profissional e, até mesmo, a nível de ações educativas mais difusas. O conceito de capital humano, que enquanto especificidade das teorias neocapitalistas de desenvolvimento não apenas evade a natureza do intervencionismo imperialista e da dominação de classe, mas a reforça, tende enquanto uma concepção que reduz a prática educativa a um fator técnico de produção, a direcionar a organização da escola e outros programas educativos, de acordo com as necessidades e interesses do capital em sua fase de acumulação ampliada. Entretanto, à medida que a prática educativa escolar ou não escolar não é por natureza capitalista e se efetiva no bojo de relações sociais e de interesses antagônicos, essa função não se efetiva sem contradições.

A terceira parte do estudo busca apreender, justamente, a natureza contraditória das relações entre a prática educativa escolar e a estrutura econômico-social capitalista no interior do capitalismo monopolista.

Algumas questões que sustentam a controvérsia de boa parte da literatura crítica sobre essa problemática, julgamos terem encontrado, ao longo da análise, um encaminhamento mais adequado. Obviamente com isso não queremos dizer que a controvérsia sobre o tema esteja esgotada.

Primeiramente, percebemos que a polêmica sobre o vínculo direto ou o desvínculo entre educação escolar e processo de produção e acumulação capitalista não procede e se funda num erro comum de análise histórica das diferentes práticas sociais. Não se apreende que a especificidade da prática educativa escolar não é da mesma natureza da prática fundamental das relações sociais de produção sobre as quais se calca e se articula. Ignora-se, portanto, o caráter não fundamental da prática educativa e sua *natureza mediadora* no interior das relações sociais de produção.

Aqueles críticos que enfatizam ser a prática educativa escolar um mecanismo de qualificação técnica, de potenciação do trabalho e, enquanto tal, nas relações capitalistas de produção, não uma forma de aumentar salário mas de produzir mais valia relativa, além de não apreenderem a especificidade desta prática, ignoram o movimento histórico de acumulação, concentração e centralização do capital que não apenas determina mutações nas formas de organização da produção, mas na gerência científica do trabalho.

Isto os conduz a não perceberem que à medida que o capital avança tende, organicamente, a poupar mão de obra, cindir, simplificar e desqualificar a maior parte das ocupações e criar um corpo coletivo de trabalhadores.

É justamente sob esse aspecto que entendemos que a tese de Salm tenha significado uma contribuição para o avanço nas análises críticas das relações entre educação e estrutura econômico-social capitalista. Todavia, por não apreender, igualmente, a especificidade da prática educativa escolar, seu caráter não fundamental mas mediador, vai postular o desvínculo ou apenas uma relação ideológica entre a prática educativa e as relações capitalistas de produção.

De outra parte, esta postura decorre da separação que se estabelece entre infra e superestrutura. A não determinação adequada da relação dialética entre infra e superestrutura, no desenvolvimento do processo histórico das relações sociais capitalistas que analisa, leva-o a tomar a separação metodológica entre estas instâncias como sendo uma separação orgânica. Embora Salm apreenda o processo histórico de divisão e desqualificação do trabalho e criação do corpo coletivo de trabalho pelo capital, esta visão estanque da relação entre infra e superestrutura impede-o de perceber que o trabalho produtivo e o improdutivo, ao longo do desenvolvimento capitalista, enquanto tais, se constituem, de forma cada vez mais nítida, em verso e reverso de um mesmo movimento, de uma mesma totalidade — da produção, circulação e realização da mais valia, portanto, da acumulação capitalista.

O que contrapomos neste trabalho — seguindo o processo histórico orgânico de acumulação, concentração e centralização do capital que determina novas formas de organização de produção, uma crescente incorporação do progresso técnico ao processo produtivo e consequente divisão e desqualificação das ocupações, e a criação de um corpo coletivo de trabalho constituindo o *funcionário coletivo* do capital apreendendo, neste processo, a relação dialética entre infra e superestrutura e a necessária complementaridade, embora de natureza diferente, do trabalho produtivo e improdutivo no circuito da produção, circulação e realização das mercadorias e na acumulação capitalista — é a *tese* que a prática educativa esco-

lar, enquanto prática social específica, que não é da mesma natureza da prática social de produção material da existência, relaciona-se
com essa não de forma imediata e direta, mas de forma *mediata*.
Sendo essas relações sociais relações de classe e, como tais, expressam interesses antagônicos, essa mediação é contraditória. A contradição consiste no fato de que não é da natureza da escola ser
capitalista, senão que por ser o modo de produção social da existência dominantemente capitalista, tende a mediar os interesses do
capital. Por não ser, então, de natureza capitalista, esta mediação
pode articular os interesses da classe trabalhadora, contra o próprio
capital. Por isso a luta pelo controle da escola é uma luta pelo acesso efetivo ao saber elaborado — saber que é poder — historicamente sistematizado e acumulado, e por sua articulação aos interesses
de classe.

Do ponto de vista das condições de produção, circulação e
realização das mercadorias no processo de acumulação capitalista,
enfatizamos, então, diferentes mediações da prática educativa escolar, além de sua função ideológica.

Na sua dimensão mais ampla, a mediação da escola com o
processo produtivo capitalista dá-se mediante o fornecimento de
um saber geral que se articula ao saber específico e prático que se
desenvolve no interior do processo produtivo, e mediante a dotação
de traços ideológicos, necessários ao capital, para a grande massa
de trabalhadores que constituem o corpo coletivo de trabalho. O
conceito de *alfabetização funcional* desenvolvido pela Unesco e muito utilizado nos programas e contratos do Banco Mundial expressa,
nas condições históricas atuais, o nível de educação requerido e
aquilo que A. Smith quis dizer, ao aconselhar educação para as
classes populares, porém em *doses homeopáticas*.

Entretanto, a escola, mediante processos de seletividade social
e criação de centros de excelência, prepara com o domínio aprofundado em diferentes ramos do conhecimento *os intelectuais de diversos
níveis* (Gramsci, 1979) que atuam como quadros de trabalhadores
improdutivos, mas necessários à produção e realização da mais
valia, principalmente no âmbito de organização, planejamento,
gerência, controle e supervisão da produção. Trata-se de funcioná-

rios do capital e parte de corpo coletivo de trabalho. Atuam, fundamentalmente, para maximizar as condições de produção da mais valia. O domínio aprofundado de diferentes saberes transmitidos na escola é fundamental nesta tarefa.

A escola também cumpre uma função mediadora no processo de acumulação capitalista, mediante sua ineficiência, sua desqualificação. Ou seja, sua improdutividade, dentro das relações capitalistas de produção, torna-se produtiva. Na medida que a escola é desqualificada para a classe dominada, para os filhos dos trabalhadores, ela cumpre, ao mesmo tempo, uma dupla função na reprodução das relações capitalistas de produção: justifica a situação de explorados e, ao impedir o acesso ao saber elaborado, limita a classe trabalhadora na sua luta contra o capital. A escola serve ao capital tanto por negar o acesso ao saber elaborado e historicamente acumulado, quanto por negar o saber social produzido coletivamente pela classe trabalhadora no trabalho e na vida.

Sob este mesmo ângulo de análise, como nos assinala Gramsci, em determinadas circunstâncias históricas, funções parasitárias podem tornar-se necessárias dentro da sociedade capitalista. O prolongamento da escolaridade desqualificada pode cumprir esta função, tendo como efeito produtivo tanto o represamento de um exército de reserva funcional à extração da mais valia, quanto como válvula de escape das tensões sociais.

Finalmente cabe ressaltar um tipo de mediação pouco explorado que efetiva o sistema educacional enquanto um processo de circulação e realização de capital. A *indústria do ensino*, particularmente a privada, longe de representar uma queima de excedente, representa a utilização produtiva da riqueza social na realização da mais valia produzida em outras esferas produtivas.

A gestão e o controle da escola e dos diferentes processos educativos pelo capital, entretanto, historicamente sempre foram algo problemático. Isto decorre essencialmente do caráter contraditório das relações sociais de produção da existência no interior do modo de produção capitalista. Contradição que não é algo externo mas orgânico ao modo como o capital evolui e, como tal, fora do contro-

A PRODUTIVIDADE DA ESCOLA IMPRODUTIVA 251

le total tanto da burguesia quanto do Estado, guardiã de seus interesses. Decorre, igualmente, do antagonismo e da luta de interesses entre as classes sociais. A classe trabalhadora não é desprovida de saber e nem de consciência. A luta fundamental capital-trabalho, que é primeiramente uma luta pela sobrevivência material, é também uma luta por outros interesses, entre esses, o acesso ao saber social elaborado e sistematizado e cuja apropriação se dá dominantemente na escola.

O avanço nas conquistas da classe trabalhadora, tanto nas relações de trabalho quanto no acesso à escola, não resulta, porém, mecanicamente da simples existência das contradições. Nem se trata de um avanço, apenas resultante do a)roveitamento das *brechas* deixadas pela burguesia. Resulta, sobretudo, da apreensão adequada da natureza das contradições, de sua exploração política e, em suma, da organização da classe trabalhadora na luta por seus interesses. É dentro deste aspecto que se situa a discussão final do trabalho sobre a dimensão política e técnica da prática educativa que se articula aos interesses da classe trabalhadora, e sobre o elemento objetivo por onde passa a unidade destas dimensões.

Sob este aspecto destacamos, inicialmente, que a escola tal qual é gerida pela burguesia — uma escola que discrimina, que nega o saber da classe dominada e que a impede de expressar esse saber bem como de ter acesso ao saber elaborado e sistematizado, ou lhe dá apenas acesso parcial, que inculca como universal a visão burguesa de realidade — não atende aos interesses da classe trabalhadora. Mostramos, neste sentido, que a volta a Dewey como o caminho de resgate da escola para os interesses da classe. trabalhadora, é, pelo contrário, o caminho que recompõe a escola mantenedora da discriminação e do privilégio, a escola que se articula aos interesses burgueses.

O que contrapomos neste trabalho, voltando à herança teórica marxista, é que a escola que interessa à classe trabalhadora — escola única, politécnica, que prepara o homem desde os primeiros anos de vida para entender e atuar na *societas rerum* e na *societas hominum* — tem como elemento de unidade do político e do técnico e do teórico e do prático as relações sociais de produção da existência historicamente determinadas. Não se trata, portanto, *da escola e do trabalho*, mas de uma escola cujo vetor de organização política e técnica são as próprias relações sociais de produção vividas concretamente pela classe trabalhadora e onde o trabalho se constitui no princípio educativo fundamental.

Isto nos indica que a organização da escola que se articula aos interesses da classe trabalhadora define-se, no seu ponto de partida, por uma direção política cuja determinação é localizada não na escola, mas nas práticas sociais fundamentais, onde o partido ideológico, como *intelectual coletivo*, é sua origem. Entretanto, a dimensão política específica da escola explicita-se pela aquisição efetiva do saber elaborado e sistematizado e por sua articulação à luta hegemônica da classe. A tarefa de organização da escola para que isso ocorra pressupõe não apenas a direção política, mas uma competência técnica orientada pela primeira.

As relações objetivas de produção social da existência constituem-se no elemento de unidade do político e do técnico da prática educativa escolar, porquanto é nessas relações que se localizam as contradições, se explicitam os interesses antagônicos, se gesta a consciência de classes, bem como é através delas que se define o *modus vivendi* e se produz o saber social dos diferentes segmentos da classe trabalhadora. Ora, a escola ativa — aquela que está intimamente ligada à vida, com a luta do dia a dia da classe trabalhadora — só pode emergir no bojo destas relações. Aí encontramos o *locus* de organização do currículo e do método que permitem à criança proletária, a partir do seu saber, ascender ao saber elaborado e sistematizado, igualmente negados, historicamente, pela escola burguesa. Esta tarefa, certamente, não tem fórmulas apriorísticas, mas se define no confronto da teoria e da prática nos movimentos sociais concretos, e implica que o professor ou o educador seja, ao mesmo tempo — como assinala Gramsci — técnico e dirigente.

Neste trabalho — cujo foco central foi o (re)exame das análises que discutem as relações entre educação e estrutura econômico-social capitalista — apenas exemplificamos, no caso específico da formação social capitalista brasileira, alguns elementos no campo da pesquisa e de experiências educativas que caminham nesta direção, que nos permitem afirmar que esta tarefa é possível e está sendo praticada.

O avanço desta perspectiva está condicionado ao movimento de correlações de forças externas e internas à escola. Num e noutro caso demanda a ampliação de formação de quadros de intelectuais progressistas politicamente compromissados com a luta e interesse da classe trabalhadora, teórica e tecnicamente instrumentalizados não apenas para entender a realidade na sua complexidade e diversidade, mas principalmente para transformá-la.

Referências bibliográficas

ABRAMOVITZ, M. Economic growth in the United States. *American Economics Review*, s/l., Sept. 1962.

ALTHUSSER, L. *Ideologia e aparelhos ideológicos do Estado*. Lisboa: Editorial Presença, s/d.

ALVEZ, Gilberto Luiz. *Da história à história da educação*. Dissertação (Mestrado) — Universidade Federal de São Carlos. São Carlos, 1981.

ANDERSON, C. A. A skeptical note on education and mobility. *American Journal of Sociology*, s/l., v. 66, 1961.

ANDES. *Boletim Nacional dos Docentes de Nível Superior*, s/l., v. 2, n. 10, p. 9, 1982.

ARAPIRACA, J. O. *Usaid e a educação brasileira*. São Paulo: Cortez/Autores Associados, 1982.

ARROYO, Miguel. Educação e trabalho. In: *REUNIÃO ANUAL DA ASSOCIAÇÃO NACIONAL DE PÓS-GRADUAÇÃO*. Rio de Janeiro, 1981.

_____. Operários e educadores se identificam: que rumos tomará a educação brasileira? *Educação & Sociedade*, São Paulo, n. 5, p. 5-23, 1980.

_____. A reforma na prática (a experiência pedagógica do mestrado da FAE-UFMG), *Educação & Sociedade*, São Paulo, n. 11, p. 106-32, 1982.

ATKINSON, A. B.; STIGLITZ, J. E. A new view of technical change. *Economic Journal*, s/l., Sept. 1969.

ATALAI, Jacques; MAC, Guillaume. *A antieconomia*: uma crítica à teoria econômica. Rio de Janeiro: Zahar, 1975.

BARAN, Paul A. *A economia política do desenvolvimento*. Rio de Janeiro: Zahar, 1972.

BECKER, B. F. *The historical roots of the concept of human capital*. University of South Carolina, s/l., s/d.

_____. *Human capital*: a teorical and empirical analysis with special reference to education. Columbia: s/ed., 1964.

BELLUZZ,O, L. G. Distribuição de renda: uma visão da controvérsia. In: TOLIPAN, R.; TINELLI, A. C. *A controvérsia sobre distribuição de renda e desenvolvimento*. Rio de Janeiro: Zahar, 1978.

_____. A transfiguração crítica. *Estudos Cebrap*, São Paulo, n. 24, s/d.

_____. *Valor e capitalismo*: um ensaio sobre a economia política. São Paulo: Brasiliense, 1980.

BLAUG, M. *An introduction to the economics of education*. New York: s/ed., 1972,

BOLOGNA, I. *Formação profissional na indústria*. Rio de Janeiro: Senai/DN, 1972.

BOWLES, S. Unequal education and reproduction of social division of labor. In: KARNOY, M. *Schooling in a corporate society*: the political economy of education in American. New York: s/ed., 1972.

_____; GINTIS. The problem with the human capital theory: a marxian critique. *American Economic Review*, s/l., May 1975.

BRANDÃO, Z. A lei que não era para pegar. *Boletim de Documentação e Informação Técnica*, São Paulo: Senac, n. 519, p. 11, maio 1982.

BRAVERMAN, H. *Trabalho e capital monopolista*: a degradação do trabalho no século XX. Rio de Janeiro: Zahar, 1977.

CARONE, Edgard. *A Primeira República*. São Paulo: Difusão Europeia do Livro, 1969.

CATANI, A. M. *O que é o imperialismo*. São Paulo: Brasiliense, 1981.

CASTRO, Claudio Moura. *Educação, educabilidade e desenvolvimento econômico*, s/l., MEC, 1976.

_____. Investimento em educação no Brasil: comparação de três estudos. *Revista de Pesquisa e Planejamento Econômico*, Rio de Janeiro, v. 1, n. 1, p. 141-59, jun./nov. 1971.

A PRODUTIVIDADE DA ESCOLA IMPRODUTIVA 257

CASTRO, J. F. Prólogo. In: SKINER, B. F. *Tecnología de la enseñanza*. Barcelona: Labor, 1970.

COELHO, M. J. A questão política do trabalho pedagógico. In: BRANDÃO, C. L. (Org.). *Educador*: vida e morte. Rio de Janeiro: Graal, 1982. p. 29-49.

COLEMAN, J. S. et al. *Equality of educational opportunity*. The Coleman Report. Washington: U. S. Printing Office, 1966.

CORTEZ, ROMERO, Carlos. *A Lei n. 6.297/75*: um incentivo à formação ou à reprodução? Dissertação — Pontifícia Universidade Católica. Rio de Janeiro, 1981.

COUTINHO, C. N. O capitalismo monopolista de Estado no Brasil: algumas implicações políticas. In: _____. *Democracia como valor universal*. São Paulo: Livr. Ed. Ciências Humanas, 1980. p. 93-118.

CUNHA, L. A. A expansão do ensino superior: causas e consequências. *Revista Debate e crítica*, Rio de Janeiro, n. 5, 1979.

_____. *A política educacional no Brasil e a profissionalização no ensino médio*. Rio de Janeiro: Eldorado, 1977.

_____. A reforma da reforma da reforma. *Boletim de Documentação e Informação Técnica*, São Paulo: Senac, n. 519, p. 12, maio 1982.

_____. *A universidade crítica*: o ensino superior na República populista. Tese (Doutorado) — Pontifícia Universidade Católica. São Paulo, 1981. 227 p.

CURY, J. *Educação e contradição*: elementos metodológicos para uma teoria crítica da educação. Tese (Doutorado) — Pontifícia Universidade Católica. São Paulo, 1980.

DENISON, E. F. *The sources of economic growth in the United States*. New York: s/ed., 1962.

DEPOIMENTOS DOS OPERÁRIOS E PROFESSORES RESPONSÁVEIS PELA ESCOLA-OFICINA. In: *SEMANA DE EDUCAÇÃO*. Rio de Janeiro: Universidade Santa Orsula, 17-21 maio 1982. s.n.t.

DREBEN, Robert. *On what is learning in school*. Massachusetts: s/ed., 1968.

EDWARDS, R. The social relations of production in the firm and labor structure. In: EDWARDS, E. et al. *Labor market segmentation*. Lexington: s/ed., 1976.

ESCOBAR, C. H. *Ciência da história e ideologia*. Rio de Janeiro: Graal, 1979.

FINKEL, S. E. Capital humano: concepto ideologico. In: LABARCA, G. et al. *La educatión burguesa*. Mexico: Nueva Imagen, 1977. p. 264-5.

FREITAG, B. *Escola, Estado e sociedade*. São Paulo: Cortez e Moraes, 1980.

FRIGOTTO, Gaudêncio. Fazendo pelas mãos a cabeça do trabalhador: trabalho como elemento pedagógico na formação profissional. In: *CONFERÊNCIA BRASILEIRA DE EDUCAÇÃO*, 2, Belo Horizonte, 1982. Rio de Janeiro: Senac/ Diplan, 1983.

_____. Política de financiamento da educação: sociedade desigual, distribuição igual dos recursos. *Caderno Cedes*, São Paulo, n. 5, p. 311, 1981.

_____. Pressupostos teóricos da atuação metodológica do Senai e escola acadêmica convencional. In: _____. *Efeitos cognitivos da escolaridade do Senai e da escola acadêmica convencional*: uma pedagogia para cada classe social? Rio de Janeiro: Iesae/Departamento de Administração de Sistemas Educacionais, 1977. Dissertação submetida como requisito parcial para a obtenção do grau de mestre em Educação.

_____; MARTINS, R. C. As múltiplas faces da desigualdade no ensino público: indicações de uma pesquisa. *Forum Educacional*, Rio de Janeiro, v. 6, n. 4, p. 62-64, out./dez. 1982.

_____ et al. *Custo, financiamento e determinantes da escolaridade de 1º e 2º graus*: um estudo da Região Metropolitana do Rio de Janeiro. Rio de Janeiro: Iesae/ FINSP, 1980.

FUNDAÇÃO GETÚLIO VARGAS. *Trabalho rural e alternativa metodológica de educação*: dimensionamento de necessidade e oportunidades de formação profissional. Rio de Janeiro: Iesae/CPDA-EIAP, 1981.

GALVAN, C. G. É possível uma economia da educação? *Educação & Sociedade*, São Paulo, n. 2, 1979.

GIANOTTI, Arthur. Em torno da questão do Estado e da burocracia. *Estudos Ceprab*, São Paulo, n. 20, p. 113-29.

_____. Formas de sociabilidade capitalista. *Estudos Ceprab*, São Paulo, n. 24, 1981.

GIANOTTI, J. A. Notas intempestivas sobre a questão da universidade. Campinas: Universidade de Campinas, 1980.

GINTIS. Education, technology and caracteristics of worker productivity. *American Economic Review*, s/l., May 1971.

A PRODUTIVIDADE DA ESCOLA IMPRODUTIVA   259

GIROUX, H. *Pedagogia radical*: subsídios. São Paulo: Cortez/Autores Associados, 1983.

GLUCSKMANN, C. B. *Gramsci e o Estado*. Rio de Janeiro: Paz e Terra, 1980.

GORDON, D. M. *Theories of poverty an underemployment*: orthodox, radical and dual labor market perspective. Lexington: s/ed., 1972.

GORZ, A. *Crítica da divisão do trabalho*. São Paulo: Martins Fontes, 1980.

_____. *Adeus ao proletariado*: para além do socialismo. Rio de Janeiro: Forense, 1982.

GRAMSCI, A. *Concepção dialética da história*. Rio de Janeiro: Civilização Brasileira, 1978a.

_____. *Maquiavel, política e o Estado moderno*. Rio de Janeiro: Civilização Brasileira, 1978b.

_____. *Os intelectuais e a organização da cultura*. Rio de Janeiro: Civilização Brasileira, 1979.

GRAS, A. *Sociologie de l'education*: teses fundamentaux. Paris: s/ed., 1974.

GREEN, F.; NORE, P. (Org.). *Economia*: um antitexto. Rio de Janeiro: Zahar, 1978.

_____. *Perle della progettomania populista, en Opere*, s/1: Edizioni Rinascita, 1954. v. 2, p. 466.

LIMA, Ricardo. Mercado de trabalho: o capital humano e a teoria da segmentação. *Revista Pesquisa e Planejamento Econômico*, Rio de Janeiro, v. 10, n. 1, p. 217-72, abr. 1980.

LIMOEIRO, M. A ideologia como problema teórico. In: _____. *Ideologia e desenvolvimento — Brasil*: JK, JQ. Rio de Janeiro: Paz e Terra, 1978.

_____. Indicaciones sobre la construcción de categorias en un análisis de la ideologia. In: *La construcción del conocimiento*. México: Ed. Era, s/d. p. 71-113.

_____. Universidade e estrutura de poder. *Cadernos de Cultura da USU*, Rio de Janeiro, v. 3, n. 3, p. 33, 1981.

LÖWY, M. Objetividade e ponto de vista de classe nas ciências sociais. In: *O método dialético e a teoria política*. Rio de Janeiro: Paz e Terra, 1978. p. 9-34.

LUXEMBURGO, Rosa de. *A acumulação do capital*: estudo sobre a interpretação econômica do imperialismo. Rio de Janeiro: Zahar, 1970.

MAGDOF, H. *Era do imperialismo*. São Paulo: Hucitec, 1978. p. 22.

MAIGNIEN, Y. *La division du travail manuel et intellectuel et sa suppression dans le passage au communisme chez Marx et ses successeurs.* Paris: François Maspero, 1975. (Documenta et recherches d'économie et socialisme, 8.)

MANACORDA, M. *Marx y la pedagogía de nuestro tiempo.* Roma: USPAG, 1966. p. 19-48.

MÂNFIO, Antonio João. *Centro Intercolegial de Tubarão*: a teoria na prática. Rio de Janeiro: Iesae, 1981. Dissertação submetida como requisito parcial para a obtenção do grau de mestre em Educação.

MAO TSE-TUNG. Sobre a relação entre conhecimento e prática: a relação entre conhecer e agir. In: SAMPAIO, Carlos Augusto. *Filosofia de Mao Tse-Tung.* Belém: Boitempo, 1979. p. 12-29.

MARSHAL, Alfrede. *Principles of economics.* 6. ed. London: s/ed., 1980.

MARTINS, J. S. As relações de classe e a produção ideológica da noção de trabalho. In: _____. *O cativeiro da terra.* São Paulo: IESCH, 1981.

MARX, K. *Contribuição à crítica da economia política.* São Paulo: Martins Fontes, 1977a. p. 24.

_____. *Formações econômicas pré-capitalistas.* Rio de Janeiro: Paz e Terra, 1977b.

_____. *O capital.* Rio de Janeiro: Civilização Brasileira, 1980. Livro 1, v. 1.

_____. *Teoria da mais valia*: história crítica do pensamento econômico. Rio de Janeiro: Civilização Brasileira, 1980. p. 404.

_____. *A ideologia alemã.* São Paulo: Editorial Grijalbo, 1977. p. 49

_____; ENGELS, F. *Crítica da educação e do ensino.* Lisboa: Moraes, 1978. 265 p.

MELLO, G. N. Acerca da mediação: uma visão da escola. In: _____. *Magistério de 1º grau*: da competência técnica ao compromisso político. São Paulo: Cortez/ Autores Associados, 1982.

MENDEL, E. A economia do neocapitalismo. In: PEREIRA, L. (Org.). *Perspectivas do capitalismo moderno.* Rio de Janeiro: Zahar, 1971.

MENDES, Durmeval Trigueiro. *Processo político e educação.* Relatório de pesquisa. Rio de Janeiro: Iesae/FGV, 1978. p. 32.

MISHAN, E. J. *Cost-benefit analysis.* London: s/ed., 1971.

MUGUERZA, J. (Org.). *La concepción analítica de la filosofia.* Madrid: s/ed., 1974.

NAPOLEONI, C. *Lições sobre o capítulo sexto (inédito) de Marx*. São Paulo: Livraria Editora Ciências Humanas, 1981. p. 87.

_____. *Smith, Ricardo e Marx*. Rio de Janeiro: Graal, 1978.

NLAU, P. M.; DUCAN, O. D. *The American occupational structure*. New York: s/ed., 1967.

O'CONNOR, James. *USU*: a crise do Estado capitalista. Rio de Janeiro: Paz e Terra, 1981.

O'DONNEL, G. Anotações para uma teoria de Estado II. *Revista Cultura e Política*, Rio de Janeiro, CEDC/Paz e Terra, n. 4, fev./abr. 1981.

OLIVEIRA, Francisco de. *Apontamentos de aula*. s/l., Pontifícia Universidade Católica, 1981a.

_____. *A economia da dependência imperfeita*. São Paulo: Graal, 1980.

_____. O terciário e a divisão social do trabalho. *Estudos Cebrap*, São Paulo, n. 24, 1981b.

_____. A transição para o capitalismo monopolista no Centro-Sul. In: *Elegia para uma re-[li]-gião*. Rio de Janeiro: Paz e Terra, 1978.

_____; BORGES, W. Notas intempestivas sobre a questão da universidade II. *Estudos Cebrap*, n. 27, São Paulo, s/ed. 1980.

PARNES, H. S. *Manpower analysis in educational planing*. Paris: OCCD, 1964.

PARSONS, T. The school class as a social system: some functions in American society. In: HELSEY, R. H. et al. *Educations, economy and society*. New York: s/ed., 1961.

PASTORE, J. *Desigualdade e mobilidade social no Brasil*. São Paulo: Editora Queiroz, 1979.

_____; OWEN, C. Mobilidade educacional, mudança social e desenvolvimento no Brasil: notas preliminares. *Revista da Pontifícia Universidade Católica de São Paulo*, São Paulo, v. 35, n. 67/68, 1968.

PEREIRA, L. *Capitalismo*: notas teóricas. São Paulo: Duas Cidades, 1977.

PINTO, A. V. *Ciência e existência*. Rio de Janeiro: Zahar, 1979.

PIOTTE, J. M. *O pensamento político de Gramsci*. Porto: Afrontamento, 1975. p. 35-56.

PISTRAK. *Fundamentos da escola do trabalho*. São Paulo: Brasiliense, 1981.

PRANDI, R. *Os favoritos degradados*: ensino superior e profissões de nível universitário no Brasil hoje. São Paulo: Loyola, 1982.

PREST; TUVEY. Cost-benefit analysis: a survey. *Economic Journal*, v. 75, n. 300, 1965.

PSACHAROPOLOUS, G. *The rate of return to investment education at the regional level*. Hawai: s/ed., 1969.

QUESTÃO POLÍTICA DA APRENDIZAGEM PROFISSIONAL. *Cadernos do Cedi*, Rio de Janeiro, n. 6, p. 9-28, 1980.

REICH, M.; GORDON, V. M.; EDWARDS, R. C. A theorie of labor market segmentation. *Industrial Relations Research Association*, s/l., 1972.

RODRIGUES, N. *Estado, educação e desenvolvimento econômico*. São Paulo: Cortez/Autores Associados, 1982.

ROSSI, W. *Capitalismo e educação*. São Paulo: Cortez e Moraes, 1978.

SCHAFF, A. O caráter de classe do conhecimento histórico. In: _____. *História e verdade*. São Paulo: Martins Fontes, 1971. p. 141-86.

SALM, C. *Escola e trabalho*. São Paulo: Brasiliense, 1980.

SARUP, Madan. *Marxismo e educação*. Rio de Janeiro: Zahar, 1980.

SAVIANI, Dermeval. *Educação*: do senso comum a consciência filosófica. São Paulo: Cortez/Autores Associados, 1980.

_____. *Escola e democracia*. São Paulo: Cortez/Autores Associados, 1983.

_____. A filosofia da educação e o problema da inovação em educação. In: GARCIA, W. E. (Org.). *Inovação educacional no Brasil*. São Paulo: Cortez/Autores Associados, 1980.

_____. Tendências e correntes da educação brasileira. In: MENDES, D. T. (Coord.). *Filosofia da educação brasileira*. Rio de Janeiro: Iesae/FGV, 1978.

_____. As teorias da educação e o problema da marginalidade na América Latina. *Cadernos de Pesquisa*, São Paulo, n. 42, p. 18, 1982b.

SERVIÇO NACIONAL DE APRENDIZAGEM INDUSTRIAL. *O meio e o Senai*. Rio de Janeiro: Senai/DN, 1982.

SHEEHAN, J. *The economics of education*. London, 1973.

SCHULTZ, T. O *valor econômico da educação*. Rio de Janeiro: Zahar, 1962.

_____. *O capital humano*. Rio de Janeiro: Zahar, 1973.

A PRODUTIVIDADE DA ESCOLA IMPRODUTIVA 263

SIMPSON, M. T. *Semântica filosófica*. Buenos Aires: Siglo XXI, 1973.

SINGER, P. Escola e capital. *Folha de S.Paulo*, São Paulo, p. 3, 10 nov. 1980.

SNYDERS, G. *Escola, classe e luta de classes*. São Paulo: Moraes, 1981. p. 392.

SIMONSEN, M. H. *Brasil 2001*. Rio de Janeiro: Anpec, 1969.

SRAFFA, P. *Produção de mercadorias por mercadorias*. Rio de Janeiro: Zahar, 1977.

STRAWSON, P. F. *Escritos lógico-linguísticos*. São Paulo: Abril, 1975. (Col. Os Pensadores, v. 52.)

TAVARES, J. N. Educação e imperialismo no Brasil. *Educação & Sociedade*, São Paulo n. 7, p. 5-52, set. 1981.

TRENTIN, B. A ideologia do neocapitalismo. In: PEREIRA, L. (Org.). *Perspectivas do capitalismo moderno*. São Paulo: Zahar, 1971. p. 100.

UNESCO. Instituto de Planejamento de la Educación. *Los problemas y la estrategia del planeamiento de la educación*. La experiencia de América Latina. s.l., 1964.

UNIVERSIDADE e estrutura de poder. *Cadernos de Cultura da USU*, Rio de Janeiro, v. 3, n. 3, p. 33, 1981.

VEIGA, Laura. Os projetos educativos como projetos de classe: Estado e universidade no Brasil (1964-1964). *Educação & Sociedade*, São Paulo, n. 11, p. 25-70, jan. 1982.

VIEITEZ, C. G. Os *professores e a organização da escola*. São Paulo: Cortez/Autores Associados, 1982. p. 11-24.

WARDE, M. *Educação e estrutura social*: a profissionalização em questão. São Paulo: Cortez e Moraes, 1977. p. 87.

WEIMBERG, J. R. *Examen del positivismo logico*. Madrid: Aguilar, 1959.

WILLIAMS, K. Facing rigth; a critique of Karl Popper's experience. *Economic and Society*, s/l., v. 4, n. 8, 1975.